WAREGEM
298C
GW01606485
Zone urbanisée
Autoroute ou route à
2 chaussées séparées
Voie principale
Voie secondaire
Rivière ou canal
Ligne TGV
Frontière
Limites communales
265B
Renvoi au numéro de
page du guide
AVELGEM
Escaut
300C
182B
140B
ESPIERRES
141B
BELGIQUE
FRASNES-
CORDES
82 A
Escaut
A8
Vers BRUXELLES
A16
0 1 2 3 4 5 km
TOURNAI

Les auteurs souhaitent remercier pour leur concours précieux tous ceux qui ont contribué à la réalisation de ce guide et en particulier Christine Averlant, Patrick Baquin, Pierre Barbe, Nicolas Bayart, Sophie Beckary, Yann Bello, Martine Beltra, Marcel Bencik, François Bisman, Nathalie Bohée, Jean-François Boudailliez, Xavier Bouffart, Bernard Castelain, Jean-Denis Clabaut, Caroline David, Karel Debaere, Ernest Deconinck, Réjeane Degroote, Bernard Delebecque, Armelle Delevallée, André Delpont, Guy Demeulemeester, Stanislas Dendiével, Marc Desjardins, Laurence Desmazières, Matthieu Depin, Dominique Anne Falys, Sylvie Férey, Sébastien Frémont, Alain Gérard, Pierre Gilbert, Sylvie Gonzalez, Pieter Jacobs, Caroline Jaeger, Isabelle Laforce, Maxime Lamarque, Aline Lefort-Lecœur, Brigitte Legrand, Valérie Lévin, Laurette Locatelli, Peter Maenhout, Emmanuel Martineau, Gilles Maury, Dominique Mestressat-Cassou, Marie-Claire Mourouvin, Véronique de Nercy, Éline Olivier, Marc Panien, Jacques Philippon, Monique Reisch, Brigitte Renier-Labbée, Sandrine Rodriguez, Dominique Rosselle, Marie-Pierre Sampson, Nicolas Sarosdi, Jean-Pierre Secq, Frédéric Seynhaeve, Emmanuelle Thieffry, Manu Tuytens, Patric Tuytens, Frans Vandenbossche, Charles Vollery, David Wauthy, Bernard Welcomme, Odile Werner, Sophie Wilhelm.

Merci à Max Lerouge et à ses collègues de la photothèque de Lille Métropole Communauté urbaine pour leur collaboration active.

Merci à l'ensemble de l'équipe des éditions Le Passage.

Merci aussi à François-Xavier Goemaere, à Vanessa Spriet, à Sophie Villebrun, ainsi qu'à l'ensemble du personnel de l'Agence de développement et d'urbanisme de Lille Métropole.

Une mention particulière pour Véra Dupuis et Nathalie Thieuleux, sans l'enthousiasme de qui ce guide n'aurait sans doute pas vu le jour.

Cette publication a bénéficié d' un cofinancement européen dans le cadre du Fonds européen de développement économique régional (FEDER)

GUIDE D'ARCHITECTURE DE LA
MÉTROPOLE LILLOISE

LILLE MÉTROPOLE – COURTRAI – TOURNAI – YPRES

2e édition revue et complétée

THIERRY BAERT
SERGE LE BAILLY DE TILLEGHEM
DIDIER JOSEPH-FRANÇOIS
RICHARD KLEIN
CATHERINE MARTOS
DOMINIQUE MONS
BERNARD WITTEVRONGEL

Avec la participation de :

JEAN BRUGGEMAN
OLIVIER LALOUX
PIERRE LEBRUN
MARIE-CÉLINE MASSON
GHISLAIN TENEUR

PHOTOGRAPHIES VINCENT LECIGNE

LEPASSAGE

SOMMAIRE

COMMENT UTILISER CE GUIDE

Chaque partie du *Guide d'architecture de la métropole lilloise* est identifiée par une couleur distincte.
Le lecteur pourra ainsi aisément se repérer grâce à des cartouches de couleur renvoyant aux numéros de pages correspondants.

Deux types de correspondances font dialoguer les différentes parties de l'ouvrage :

I. CORRESPONDANCE ENTRE PROMENADES ET BÂTIMENTS REMARQUABLES

Chaque bâtiment remarquable intégré dans une promenade est signalé, en légende de la promenade, par un cartouche qui renvoie à la page où ce bâtiment est décrit.

Exemple : légende de la promenade dans le Vieux Lille 2 (p. 26)

15. Maison Gilles de le Boé 114
16. Hôtel d'Avelin 137
17. Rang des Arbalétriers 120
18. Porte de Gand et système bastionné de la « corne de Gand » 128

La notice du bâtiment « Maison Gilles de le Boé » se trouve page 114, celle de l'« hôtel d'Avelin » page 137...

II. LOCALISATION SUR PLAN D'UN BÂTIMENT REMARQUABLE

À chaque bâtiment remarquable correspond un cartouche vert permettant de le repérer sur un plan (plan de promenade ou plan général en début et fin de guide).
Dans le cas d'un bâtiment situé sur le parcours d'une promenade, le cartouche vert renvoie à la légende de la promenade.
Dans les autres cas, le cartouche vert renvoie directement à un plan.
Sur ce plan, le repérage du bâtiment se fait par un cartouche indiquant le numéro de la page ainsi que la position de la notice du bâtiment dans la page (A, B ou C pour haut, milieu et bas).

Exemple : le cartouche 249A sur la carte page 27 renvoie à la notice « Palais de l'automobile » en haut de la page 249.

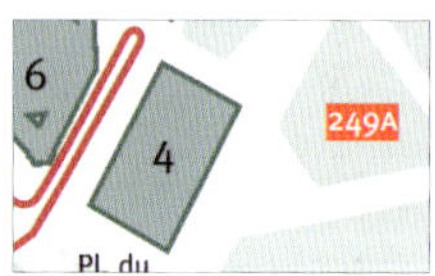

AVANT-PROPOS

En 2004, j'avais le plaisir de présenter le premier Guide d'architecture de la métropole lilloise franco-belge. Rapidement épuisé, ce livre était devenu introuvable. C'est donc pour moi un plaisir renouvelé de voir aujourd'hui de nouveaux lecteurs à même de découvrir cet ouvrage, enfin réédité et mis à jour.

La ville du XXIe siècle que nous voulons construire, à Lille et dans l'Eurométropole, réside dans notre capacité à imaginer une ville-territoire attractive, capable de renouer avec la mixité urbaine, fonctionnelle, sociale et générationnelle. Mais au-delà, c'est notre capacité à donner un sens, des repères permettant aux habitants de se reconnaître mais aussi d'envoyer des signes vers l'extérieur.

Révéler l'architecture et le patrimoine bâti contribue à cette reconnaissance. L'Eurométropole possède un ensemble de témoins dont le rayonnement nous place parmi les plus grandes cités européennes avec, parmi bien des chefs-d'œuvre, la cathédrale de Tournai, les halles d'Ypres, le béguinage de Courtrai ou encore la citadelle et la vieille bourse de Lille !

Ces monuments ne doivent cependant pas faire oublier ce que notre agglomération a peut-être de plus singulier : la qualité de son architecture domestique, logements sociaux comme demeures bourgeoises, celle des « châteaux de l'industrie » et aussi des équipements publics. Ce remarquable héritage a permis des reconversions spectaculaires comme le Fresnoy à Tourcoing, la Piscine de Roubaix, EuraTechnologies à Lille, et le réseau des Maisons folies.

Tout au long de son histoire, notre métropole a su intégrer et assimiler à son génie propre les grands mouvements de l'architecture européenne et mondiale. Elle l'a fait grâce à des architectes originaires de la région ou venus d'ailleurs, dont certains ont acquis une célébrité nationale ou internationale et beaucoup d'autres sont restés méconnus ; plus de cinq cents d'entre eux sont cités dans cet ouvrage.

Ce guide d'architecture ne saurait, bien sûr, prétendre à l'exhaustivité, mais il illustre l'importance et la diversité, encore trop peu connues, du patrimoine de notre Eurométropole. Et ce patrimoine n'est pas figé ; il associe créations d'hier, aujourd'hui et demain. Depuis quelques années, notre métropole s'est en effet placée à la pointe de l'innovation avec, par exemple, les réalisations d'Euralille ou les espaces publics de Courtrai. Nous voulons diffuser cette créativité – architecture, paysage,

design – dans tous nos territoires, dans tous les quartiers de nos villes.
La capacité d'innover et de surprendre, de s'appuyer sur notre passé et ses valeurs pour entrer résolument dans la société de la connaissance, fera de notre agglomération un vrai creuset où s'invente la ville du XXIe siècle.
Depuis 2004, année où elle fut Capitale européenne de la Culture, Lille est inscrite sur la carte des grandes villes européennes. Des visiteurs, de plus en plus nombreux viennent découvrir notre métropole – ou la retrouver – et sont séduits par son ambiance et son art de vivre. Je forme le vœu que ce guide leur permette de mieux en apprécier toutes les richesses architecturales et leur donne de nouvelles raisons d'y revenir.

MARTINE AUBRY

Maire de Lille

Présidente
de Lille Métropole
Communauté urbaine

PRÉSENTATION

Réaliser un guide d'architecture qui soit un véritable outil de découverte du patrimoine métropolitain, agréable et pratique mais rigoureux dans son approche, voilà l'ambition de cet ouvrage. Le pari n'est pas mince, si l'on considère les dimensions du territoire concerné, la période à couvrir et le nombre des constructions dignes d'intérêt.

Je tiens donc à remercier chaleureusement tous ceux qui ont participé à la réalisation de ce guide, à sa rédaction, à son illustration photographique et cartographique, à sa mise en forme, ainsi qu'à son financement et à sa promotion. Le partenariat réuni et la motivation de tous ont permis de mener à bien ce projet.

Je voudrais saluer particulièrement le petit groupe d'auteurs – Didier Joseph-François, Richard Klein, Serge Le Bailly de Tilleghem, Dominique Mons et Bernard Wittevrongel, enseignants dans les écoles d'architecture de Lille et de Tournai – qui ont accepté de relever le défi avec l'Agence de développement et d'urbanisme de Lille Métropole, représentée par Thierry Baert et Catherine Martos. Ils n'ont pas compté leur temps ni ménagé leurs efforts tout au long du parcours. Les contributions de chacun d'eux sont clairement identifiées dans les pages qui suivent, mais il importe de souligner que c'est le comité éditorial qu'ils formaient ensemble qui a fait les choix de base dans l'élaboration de cet ouvrage.

Face à l'étendue du sujet et à des délais assez serrés, il a donc été rapidement décidé d'exclure toute tentative d'approche exhaustive, parce que hors d'atteinte pour les auteurs et sans doute fastidieuse pour les lecteurs. Une démarche appuyée sur une typologie a été retenue afin de limiter le nombre des bâtiments décrits et surtout d'offrir au lecteur une meilleure vision d'ensemble de la diversité de la production architecturale de la métropole lilloise à travers l'histoire.

Cinquante-huit types de bâtiments ont ainsi été définis à partir de leur fonction et de l'époque de leur construction. Pour chacun de ces types le guide présente d'abord, de façon détaillée, un bâtiment particulièrement représentatif. Cet exemple a été choisi pour sa grande qualité, pour son caractère pionnier, pour son bon état de préservation ou pour sa facilité d'accès, et souvent pour plusieurs de ces raisons à la fois ; il est suivi par la description succincte d'autres bâtiments du même type, en nombre limité – trois à six en général –, présentant des variations notables, mais ayant en commun leur accessibilité, au moins extérieure, afin qu'ils puissent être vus aisément. Les choix opérés n'ont donc aucune vocation à établir une hiérarchie entre des œuvres très hétérogènes, certaines familières, d'autres méconnues, quelques-unes monumentales, la plupart d'échelle modeste.

Dix propositions de promenades précèdent cette sélection de bâtiments. Elles ont pour objectif d'inviter à la découverte de la métropole dans toute sa richesse et sa diversité. Elles permettent aussi de replacer les édifices dans leur contexte urbain et, accessoirement, d'ajouter certains bâtiments intéressants qui n'avaient pas été retenus par le mode de sélection décrit ci-dessus.

Au total, près de six cents œuvres sont mentionnées; mais cet effectif important ne représente qu'une part limitée du patrimoine de la métropole et bien d'autres réalisations intéressantes ne figurent pas dans cet ouvrage.

Ce guide veut mettre en évidence la qualité du patrimoine architectural de la métropole lilloise, qualité qui frappe souvent le visiteur, mais qui reste mésestimée par la plupart des habitants, y compris parmi les professionnels de l'architecture et de l'urbanisme. Cela explique, peut-être, que des chefs d'œuvre aient disparu dans une trop grande indifférence (« rangs » de maisons ou censes du XVIIIe siècle, hôtels particuliers d'Émile Vanderbergh ou de Charles Maillard, châteaux de l'industrie, etc.) ou que des réalisations remarquables du mouvement moderne, aient été dénaturées, parfois même à l'occasion de leur « réhabilitation ».

Les pages qui suivent illustrent la qualité et l'originalité de l'architecture de la métropole transfrontalière : celles du gothique scaldien, du maniérisme flamand, du classicisme « franco-flamand », du « siècle de l'éclectisme », des réalisations du mouvement moderne, mais aussi de nombreuses réalisations récentes, tant en France qu'en Belgique. Et il est particulièrement important que ce patrimoine, constitué d'additions au fil du temps, continue de s'enrichir dans les opérations d'aujourd'hui et de demain.

Beaucoup a été dit et écrit récemment sur une certaine uniformisation des villes, liée à l'évolution des sociétés européennes. Dans ce contexte, les villes qui « gagnent » seraient, dit-on, celles qui parviennent à faire reconnaître leur identité et à valoriser leur potentiel créatif. Si tel est bien le cas, cet ouvrage devrait montrer que Lille Métropole a beaucoup d'atouts.

NATHAN STARKMAN

Directeur général de l'Agence de développement et d'urbanisme de Lille Métropole

UNE MÉTROPOLE TRANSFRONTALIÈRE AU CŒUR DE L'EUROPE DU NORD-OUEST

L'agglomération lilloise s'étire selon un axe sud-ouest/nord-est traversant la frontière entre la France et la Belgique. Important carrefour autoroutier, elle est directement reliée aux principaux centres économiques du Nord de l'Europe. Proche de Bruxelles (100 km), elle est à égale distance, environ 250 km, de Londres, de Paris et de la Randstad. La nouvelle économie des transports a encore renforcé cet atout géographique : avec l'ouverture du tunnel sous la Manche et la réalisation du TGV nord européen, Lille n'est plus qu'à une heure vingt de Londres, une heure de Paris et trente-cinq minutes de Bruxelles.

Cette agglomération polycentrique regroupe environ 2 millions d'habitants dont 1,2 million en France et 800 000 en Belgique. Lille Métropole a en effet pour première caractéristique sa situation transfrontalière, unique en Europe occidentale pour une agglomération de cette taille. Elle s'étend de ce fait sur deux aires linguistiques, française et néerlandaise, et sur trois régions : le Nord-Pas-de-Calais côté français, dont la ville de Lille est la préfecture, et côté belge, la Flandre néerlandophone et la Wallonie francophone. Si la frontière linguistique est semble-t-il très ancienne, le tracé de la frontière politique entre France et Belgique résulte de l'arrêt mis à la conquête de la région par le roi de France en 1713. Pas plus que la frontière linguistique, elle ne correspond à une limite géographique nette si ce n'est, au nord-ouest, le tracé de la Lys, rivière de faible largeur et axe de circulation plus que barrière physique.

L'histoire de la métropole lilloise lui a laissé en héritage un espace urbain hétérogène et éclaté. Il existe en effet de grandes disparités entre Lille et sa première couronne, le pôle urbain constitué par Roubaix, Tourcoing, Wattrelos et Mouscron, la « ville nouvelle » de Villeneuve d'Ascq, les villes « historiques » de Tournai et d'Ypres, à la structure plus traditionnelle, l'agglomération de Courtrai, le reste de la vallée de la Lys avec son chapelet de « villes doubles », et des secteurs périurbains comme la Pévèle et les Weppes, peu urbanisés et dominés par l'espace agricole.

On rencontre cependant, au sein de cet espace une conformité des modes d'urbanisation et une parenté des modes de vie, ce qui se traduit par une réelle unité de l'architecture.

Si ceci s'explique d'abord par la continuité géographique et des siècles d'histoire commune, il ne faut cependant pas négliger le rôle joué par les brassages de population. À la fin du XIXe siècle, par exemple, Roubaix, pourtant bien française, était, au regard de la nationalité de la majorité de ses habitants, la cinquième plus grande ville « belge » (seules Bruxelles, Anvers, Liège et Gand comptaient alors plus de citoyens belges). Un siècle plus tard, ce « fond » commun reste une réalité en dépit des raidissements communautaires belges et des amples mouvements migratoires – en provenance surtout des deux bords de la Méditerranée – qui ont fait de Lille Métropole une des grandes agglomérations multiculturelles d'Europe.

Un cadre géographique peu déterminant

Lille Métropole s'étale au sein d'une plaine légèrement ondulée qu'aucun accident géographique ne vient interrompre, exceptées quelques rares buttes, tel le Mont Saint-Aubert. Les rivières y coulent, lentes, au sein de vallées peu marquées où les zones marécageuses abondent. Un fleuve domine à l'est, l'Escaut, qui, venu du sud, arrose Tournai avant de

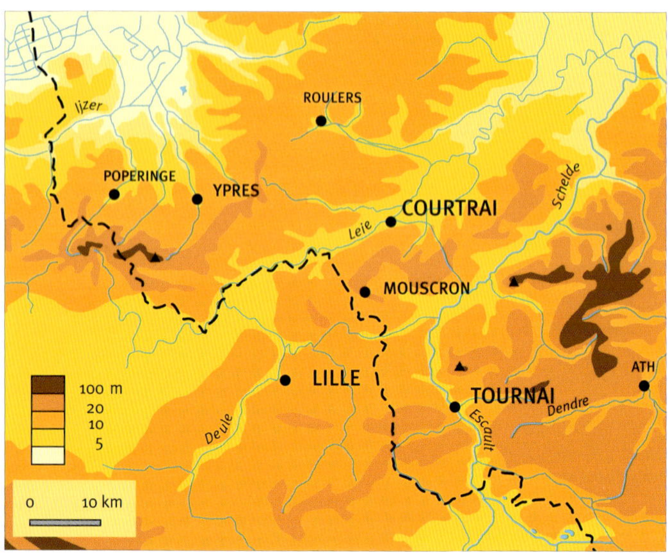

Carte schématique de la géographie physique

gagner la mer du Nord à Anvers. À l'exception de l'Yperlée, dont les eaux baignent Ypres, les autres rivières de la métropole lilloise sont toutes tributaires de l'Escaut. La Lys, tout d'abord, dont le cours sud-ouest/nord-est, d'Armentières à Courtrai, l'amène à son confluent avec l'Escaut qui créa la ville de Gand. La Deûle ensuite, affluent de la Lys, qui vit naître Lille et dont le cours longtemps incertain est désormais entièrement canalisé. L'Espierre et la Marque, quant à elles, ne sont que des rivières de faible importance, si ce n'est celle qu'elles ont acquise comme voies de transit, après leur canalisation.

Sous cette apparente uniformité se cachent quelques diversités géologiques, qui expliquent en partie les variantes architecturales : sous l'argile qui offre la matière première des briques et des tuiles, les sous-sols recèlent des pierres, toutes calcaires, de qualités diverses. Ainsi, exploitée au sud et à l'est de Lille, une pierre très blanche et très tendre, la pierre de Lezennes, a permis toutes les fantaisies ornementales sur les façades, mais résiste très mal aux agressions du temps et de la pollution. Le Tournaisis, par contre, produit un calcaire très dur, la « pierre bleue », beaucoup plus durable, mais au registre décoratif limité. Ses qualités en ont fait un produit d'exportation important au Moyen Âge, sous forme de matériau de construction d'abord, puis de pierres tombales. Cependant elle est désormais surtout destinée à l'alimentation des fours à chaux.

En fait, le cadre géographique, ici plus qu'ailleurs, résulte principalement de l'activité humaine et il est souvent difficile de déceler sous la prégnance de l'urbanisation et des travaux d'infrastructure, les traces de la géographie physique.

Plus de quinze siècles d'histoire commune

De l'arrivée des Celtes jusqu'à la consolidation des états-nations, le territoire qui constitue aujourd'hui la métropole lilloise transfrontalière a vécu au sein d'un même ensemble politique. Appartenant à la vaste cité des Menapii, le territoire concerné est néanmoins limitrophe des territoires des Nervii au sud-est et des Atrebates au sud-ouest, tous peuples relevant pour les Romains de la Gaule Belgique.

Malgré les multiples preuves archéologiques d'une intense activité humaine, la présence des Romains n'a pas laissé de témoignage physique important. Certaines des villes du territoire existent déjà et leur prospérité semble importante, mais aucune ne joue de rôle majeur avant les « grandes invasions ». Il faut attendre la destruction de Bagacum (Bavay), et celle de Cassel, pour que Tournai s'impose comme capitale politique, et ce sont les rois francs « de l'Escaut », promis à une belle destinée, qui lui confèrent réellement ce statut, pour un temps d'ailleurs limité. Aux temps carolingiens, le territoire se situe au coeur de l'empire, et la famille impériale y possède de nombreuses « villae », mais les villes, et même Tournai, ne semblent pas avoir brillé d'un éclat bien important.

C'est pourtant l'époque où l'aventure urbaine commence réellement. Comment expliquer qu'en trois siècles (IXe-XIIe siècles) une explosion urbaine quasi unique en Europe se produise alors en Flandre ? À la suite d'Henri Pirenne, les historiens continuent d'en discuter les raisons et les origines : marchés ou châteaux ? marchands internationaux ou domaines pré-féodaux ? production agricole excédentaire ou proto-industrie ? ou une combinaison originale de tous ces facteurs ?

Tournai, bien sûr, mais à sa suite Lille et Ypres, entrent alors presque subitement dans le cercle des plus grandes villes d'Europe du Nord. Tournai acquiert assez vite, par son statut de ville épiscopale, une position particulière, tant au point de vue politique qu'économique. Lille et Ypres, quant à elles, ont longtemps partagé le sort des cinq autres grandes villes flamandes (Gand, Bruges, Arras, Douai, Saint-Omer) et plus largement celui des villes « drapantes » des Pays-Bas (comme on appelle alors les terres d'entre Somme et Frise). Celles-ci ont connu, du Xe au XIVe siècle, une croissance et une prospérité exceptionnelles, mais aussi des conflits internes (entre métiers et patriciat notamment) et externes (avec surtout les rois de France), conflits auxquels Ypres dut son déclin.

Ville jusqu'alors relativement modeste, comparée à ses grandes voisines Bruges et Gand, Lille a connu une époque de gloire et de faste au XVe siècle, sous les ducs de Bourgogne dont elle était une des résidences favorites. Relativement épargnée par les troubles religieux du XVIe siècle, à l'encontre de Tournai qui ne s'en relèvera jamais totalement, elle s'est affirmée alors comme une des villes principales des Pays-Bas espagnols.

Des destins divergents

La conquête de la région par Louis XIV, mais surtout les revers de la fin du règne, ont conduit à l'instauration, au cœur du territoire, d'une frontière qui, d'abord perçue comme provisoire, s'est finalement avérée définitive. Lille est alors devenue une importante place forte, ville militaire et capitale administrative de la Flandre française, alors que Tournai, Ypres et Courtrai restaient finalement unies à ce qui, au siècle suivant, allait devenir le royaume de Belgique. La croissance de ces villes s'est alors trouvée ralentie par les contraintes militaires et la proximité de la frontière.

Cependant, à l'encontre de ses voisines belges, Lille, devenue chef-lieu du département du Nord au début du XIXe siècle, a connu dès cette époque une accélération spectaculaire de son développement, sous l'impulsion de la révolution industrielle. L'industrie, surtout celle du textile (du lin, puis du

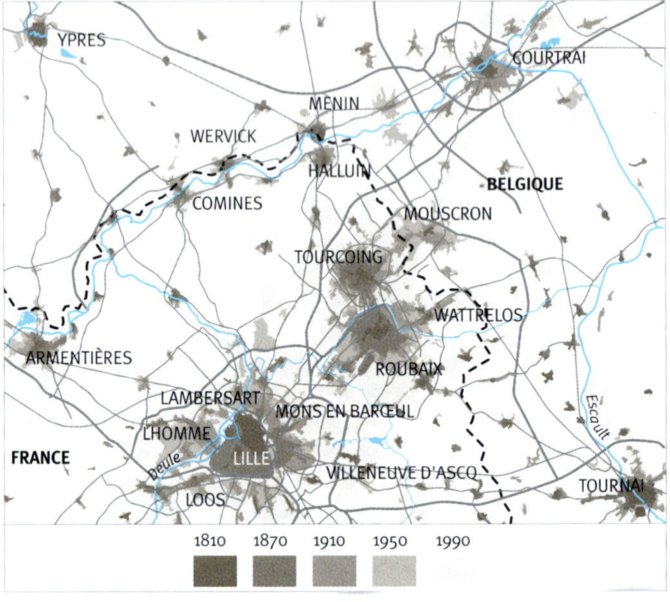

Schéma du développement de l' agglomération

coton), a façonné à sa mesure des quartiers entiers, surtout dans les faubourgs sud et est de la ville, qui ont d'ailleurs été annexés au milieu du siècle, après démantèlement partiel des remparts. Un plan d'extension particulièrement ambitieux et harmonieux est alors mis en œuvre qui magnifie le rôle de capitale régionale et de ville universitaire joué par Lille, tout en structurant les tissus urbains et industriels existants.

Situées plus près de la frontière, Roubaix et Tourcoing ont connu un développement urbain plus tardif, mais surtout plus brutal que celui de Lille. En quelques dizaines d'années, au milieu du XIXe siècle, ces deux gros villages se sont transformés en grandes villes industrielles spécialisées dans le traitement de la laine, entraînant dans leur développement les bourgs voisins, comme Wattrelos ou Mouscron, situé pourtant au-delà de la frontière.

Ce sont Armentières, les villes belges et les villes de la Lys qui ont le plus souffert des conflits mondiaux. Ypres, entièrement détruite pendant la Première Guerre mondiale, a été reconstruite selon un modèle historicisant particulièrement systématique. Armentières et Comines l'ont été de façon plus éclectique. Le centre de Tournai, détruit par les bombardements aériens de mai 1940, a été quant à lui rebâti selon un schéma plus hétérogène de qualité assez inégale.

Dans la seconde moitié du XXe siècle, la ville de Courtrai, qui n'avait pas fait preuve jusqu'alors d'un exceptionnel dynamisme, connaît une expansion, assez comparable à celle que Roubaix et Tourcoing avaient connue un siècle plus tôt, basée elle aussi principalement sur le textile. La ville se dote alors d'outils pour canaliser un développement rapide qui se poursuit depuis lors et se traduit par des réalisations architecturales et urbaines de grande ampleur et souvent de très grande qualité.

Au milieu du XXe siècle, la trame urbaine se densifie fortement et les tissus urbains des trois villes de Lille, Roubaix et Tourcoing et des villages voisins en viennent à se confondre pour former la partie dense de la métropole lilloise, structurée par une véritable épine dorsale : le « Grand Boulevard » qui relie depuis le début du siècle les trois centres-ville. En 1970, à l'est de Lille est créée une ville nouvelle : Villeneuve d'Ascq où se concentre une grande part des établissements universitaires et du développement urbain.

Cependant, dès le début des années 1970, la tendance générale à la périurbanisation et la crise de l'industrie textile commencent à entraîner des quartiers entiers, et une grande partie de Roubaix et Tourcoing en particulier, dans une spirale négative (obsolescence du bâti, concentration des problèmes sociaux, perte d'attractivité...) comparable à celle que connaissent alors les principales villes industrielles d'Europe.

De cette évolution défavorable, qui semblait inéluctable en dépit de leurs efforts, les villes concernées commencent à sortir au début des années 1990, grâce à la fois à des réalisations audacieuses voire spectaculaires, comme Euralille, et à une politique de qualité des constructions et des aménagements, comme celle appliquée au centre de Roubaix. Ce que l'on appelle la politique de ville renouvelée est désormais mise en œuvre avec détermination grâce à l'action de Lille Métropole Communauté urbaine, qui regroupe depuis 1966 l'ensemble des communes françaises de l'agglomération.

Une ambition commune

La métropole lilloise transfrontalière est certes une ambition mais aussi, déjà, une réalité. Il s'agit de faire fonctionner ce système urbain transfrontalier comme un ensemble et tirer parti de sa diversité. Cette ambition implique que les choix d'aménagement du territoire métropolitain répondent à des logiques qui dépassent les frontières. Dans cet esprit, depuis 1991, Lille Métropole Communauté Urbaine et les structures intercommunales belges (Leiedal, IDETA,WVI, IEG) ont coopéré, dans le cadre d'une association, la COPIT, qui leur a permis d'initier des projets communs avec le concours des programmes européens. En 2007, décidant de s'engager plus avant dans la construction d'un avenir commun, elles ont créé l'Eurométropole Lille-Kortrijk-Tournai, premier Groupement européen de coopération territoriale (GECT), auquel participent l'ensemble des autorités françaises et belges concernées (états, régions, département et provinces).

Pour la première fois, en 2004, une métropole polycentrique et binationale portait l'ambition d'être capitale européenne de la culture et Lille 2004 a connu un formidable succès populaire et critique.; l'agglomération surprenait et séduisait par sa qualité de vie, l'importance de son patrimoine et ses capacités d'innovation et de création dans tous les aspects de la culture.

TB

PROMENADES

PROMENADES DANS LE VIEUX LILLE

DE LA VILLE MÉDIÉVALE À LA VILLE CLASSIQUE

Deux promenades d'environ deux-trois heures chacune à réaliser à pied.
Départ et arrivée sur la Grand Place – métro Rihour (Ligne 1).

Ce que l'on nomme communément Vieux Lille correspond en fait à une partie de la ville flamande historique et au quartier royal édifié après la prise de la ville par Louis XIV. Deux itinéraires sont donc proposés pour illustrer les ambiances urbaines générées par le système de voies, support de l'édification des bâtiments sur un mode organique dans la ville flamande et sur un mode ordonné dans le quartier « français ».

D'abord ville flamande de bourgeoisie et de commerce, Lille reste centrée sur sa Grand Place, point de convergence des axes de communication entre la région parisienne et la Flandre : malgré les adaptations nécessaires au fil du temps, le Vieux Lille a su préserver son identité par son réseau complexe de rues en rapport avec les tracés des nombreux canaux aujourd'hui disparus, qui ont permis d'apprivoiser un site bas et marécageux dans les méandres de la Deûle. Plus que les monuments, ce sont les ensembles de maisons de ville sur un parcellaire étroit et lanièré, unifiés par le décor homogène sur rue, qui créent l'attrait paysager de cette partie de la ville : même les bâtiments institutionnels les plus anciens comme l'hospice Comtesse ou la vieille Bourse présentent en façade des rangs de maisons individuelles jointives dans la trilogie constructive grès, brique et pierre agrémentée de nombreuses sculptures sur le mode baroque flamand. Et c'est en s'aventurant à l'intérieur des nombreux magasins et restaurants le long de la rue de la Grande Chaussée ou rue de Gand que l'on prend conscience de la haute densité du bâti et de la variété de l'utilisation interne des parcelles toutes différentes malgré l'unité des façades. Cette impression de grande densité urbaine jusqu'à la limite des anciennes fortifications (Porte de Gand), malgré la faible hauteur relative des constructions et la présence de nombreuses petites places à la rencontre des rues, n'est interrompue que par les vastes dégagements issus de l'ancien port, avenue du Peuple Belge et ses abords. (C'est d'ailleurs là que se localiseront les grands édifices institutionnels et économiques en rupture du profil urbain homogène comme l'ancien Hospice général, la Halle aux sucres ou le Palais de justice au cours des XVIIIe, XIXe et XXe siècles.)

Le quartier édifié par Vauban entre la Citadelle et le port à partir de 1670 est d'une tout autre conception : un nouvel ordre urbain s'impose avec ses rues tirées au cordeau, ses constructions normalisées en brique et pierre, la hiérarchisation stricte entre l'importance des voies, leur direction et le type de constructions qui les bordent. Ici, les édifices les plus représentatifs ne sont ni les monuments ni les maisons de ville mais les hôtels particuliers entre cour et jardin ou directement sur rue. L'ordre classique règne et le rythme des façades et le jeu des matériaux remplacent la luxuriance de la sculpture baroque. Les rangs persistent cependant pour assurer par leur répétitivité le caractère homogène du décor urbain en dehors de toute monumentalité ostentatoire. Cette mode aristocratique a diffusé ses modèles dans les quartiers plus anciens à proximité du centre (quartier de la rue de la Barre) ou du port (rue du Pont Neuf et de Thionville) et a assuré ainsi la naissance d'un style franco-lillois.

DM

1. **Départ : place du Général de Gaulle (Grand Place)**
2. **Statue emblématique de Lille dite « la Déesse »**
   Théophile Bra sculpt., Charles Benvignat arch., 1842
3. **Grand Garde (Théâtre du Nord)** • Th.-J. Gombert arch., 1717
4. **Immeuble « La Voix du Nord »** 229
5. **Immeuble du Lingot d'Or** • Grand Place · L.-M. Cordonnier arch., vers 1920
6. **Maisons du type « Anselme Carpentier »** 120
7. **Place Rihour, ancien emplacement du palais Rihour** 94
8. **Vestiges du palais Rihour**
9. **Ancien collège des Jésuites** • 43 rue de l'Hôpital Militaire · XVIIe siècle ;
   transformé en hôpital militaire en 1781 par Th.-F.-J. Gombert arch ;
   transformé en service de la préfecture du Nord, Pattou, Inha'rchitects, 2007
10. **Église Saint-Étienne** 124
11. **Maison Pouillet** • autre maison du même architecte au 61 rue St-Étienne 207
12. **Hôtel néoclassique** • 104 rue de l'Hôpital Militaire · début du XIXe siècle
13. **Hôtel de la Garde** • 120 rue de l'Hôpital Militaire · Mihel Lequeux arch.,
    1780, fortement modifié en 1883 et 1927
14. **Hôtel Petitpas-de-Walle** 136
15. **Square Foch et square Dutilleul** 220
16. **Ancien couvent des Minimes**
    XVIIe siècle · transformé en hôtel, Pierre-Louis Carlier arch., 1991
17. **Quai du Wault** • aménagements Bruno Fortier, 2003
18. **Ancien immeuble EDF – résidence de la Porte de la Barre** 316
19. **Immeuble d'appartements**
    6 quai du Wault · Philippe Escudié, Jean-François Fermaut arch., 2002
20. **Maisons** • 63-65 rue de la Barre 116
21. **Hôtel Motte** • 32 rue de la Barre · fin XVIIIe siècle
22. **Rangs de maisons** • 5 à 13 place J. Louchart · XVIIe siècle
23. **Église Sainte-Catherine** 78
24. **Maison « néoclassique »** 144
25. **Maison unifamiliale**
    22 rue Ste-Catherine · Didier Joseph-François arch., 1984
26. **Cour de Pologne** • rue Sainte-Catherine 113
27. **Cour du vacher** • rue Léonard Danel
28. **Ancienne usine Commodore – logements** • 24 façade de l'esplanade
29. **Hôtel néoflamand** • 27 rue du Lt Colpin · Gustave Dehaudt arch., 1893
30. **Façade de l'Esplanade, « promenade du Préfet »** • XVIIe-XVIIIe siècle
31. **Maison Cordonnier** • 52 façade de l'Esplanade · XVIIIe siècle ;
    réaménagée au début du XXe siècle
32. **« Le Grand Magasin »** 129
33. **Hôtel de Lamissart** 136
34. **Église Saint-André** 125
35. **Maisons de premier rang** • 115-117 rue Royale 132
36. **Hôtel Van der Cruisse de Waziers** • 95 rue Royale · XVIIe siècle
37. **Maisons de second rang** • 1 à 3 rue du Lieutenant Colpin 132
38. **Passage des Trois Anguilles** • 29 rue Voltaire
39. **Hôtel de Pas** • 26 rue Jean Moulin · fin XVIIIe siècle
40. **Hôtel de Tenremonde** • 18 rue Jean Moulin · XVIIe siècle, portail du XVIIIe siècle
41. **Maison des Marthes** • 67 à 71 rue d'Angleterre · Louis Biarez arch., 1786
42. **Hôtel d'Hespel – Banque de France** • 75, rue Royale ; H. Meurillon arch, 1880
43. **Maisons « à pilastres-bustes »** • 1-3 rue Royale · 1685
44. **Refuge de l'Abbaye de Loos** • 38 rue Jean-Jacques Rousseau · 1739
45. **Loge maçonnique « Lumière du Nord »** • 2 rue Thiers · A. Baert arch., 1901
46. **Pâtisserie Meert** • 25-27 rue Esquermoise · Charles Benvignat arch.,1839
47. **Hôtel de Beaurepaire** 116
48. **Rang à angelots** • rue Esquermoise 120

Place
de
Brettignies
Av. du Peuple Belge
Rue de la Monnaie
Rue de la Collégiale
Rue d'Angleterre
Rue de la Halle
Rue de Saint André
Rue Voltaire
Passage des
Trois anguilles
Rue Jean Moulin
Rue Royale
Rue de Jemmapes
Rue Négrier
Rue Sainte Catherine
Rue du Lt Colpin
Rue du Magasin
Rue Princesse
Façade de l'Esplanade
26
28
29
30
31
32
33
34
35
36
37
38
39
40
41
42

0
100
200 m
Départ
Bâtiments
Métro
Rue des tanneurs
Rue Neuve
Pl. du Gal de Gaulle
Place Rihour
Rue des Fossés
236b
Rue Basse
Rue Esquermoise
Rue St Etienne
l'Hopital Militaire
Rue J.-J. Rousseau
Rue Doudin
Rue Thiers
Pl.de l'Arsenal
Rue de R. du Vert Bois
Rue de la Baignerie
Rue de Tenremonde
Square Foch
Rue Nationale
Boulevard de la Liberté
Square Dutilleul
Quai du Wault
Rue de la Barre
Pont du Ramponneau
1
2
3
4
5
6
6
7
8
9
10
11
11
12
13
14
15
16
17
18
19
20
21
21
22
23
24
25
43
44
45
46
47
48

1. **Départ : place du Général de Gaulle (Grand Place)**
2. **Vieille Bourse** 118
3. **Rang du Beauregard** 121
4. **Opéra** 187
5. **Immeuble proue** • angle bd Carnot – rue de la Clef · Armand Lemay arch., 1911
6. **Nouvelle Bourse – Chambre de commerce et d'industrie** 184
7. **Rang à Angelots** • rue Lepelletier 120
8. **Maisons du type « Anselme Carpentier »**
   6-8-10, 30 et 46 à 50 rue Grande Chaussée
9. **Magasin et restaurant l'Huîtrière** 232
10. **Maison à façade renaissance** • 16 rue Basse · v. 1590
11. **Caves médiévales** 98
12. **Maison** • 23-25 rue des Chats Bossus 117
13. **Maisons à arcures du début du XVIIe siècle** • 7-9 et 20-24 place des Patiniers ; 4 et 15-23 place Louise de Bettignies (21-23 : pignons reconstitués) ; 12-14 et 35 rue de la Monnaie (pignons reconstitués)
14. **Maisons** • 2 à 10, 5 à 27 rue de la Monnaie ; 11-13 place Louise de Bettignies 121
15. **Façade de maison provenant de la rue de Paris**
    25 place Louise de Bettignies · 1673
16. **Maison Gilles de le Boé** 114
17. **Hôtel d'Avelin** 137
18. **Rang des Arbalétriers** 120
19. **Maison de ville** • 88 rue de Gand · VDDT architecte, 2005
20. **Porte de Gand et système bastionné de la « corne de Gand »** 128
21. **Chapelle des Carmes Déchaux** • devenue église paroissiale Sainte-Marie-Madeleine · place de Gand · Thomas-Joseph Gombert arch., 1708
22. **Vestiges d'un rang à pilastres ioniques – maisons des Célestines**
    31, 35, 37 et 41 rue de Gand · v. 1650
23. **Hôtel néoclassique** • 26-28 rue de Thionville · début du XIXe siècle
24. **Hôtel Lambry-Scrive** • 41 rue de Thionville · avant 1840
25. **Église Sainte-Marie-Madeleine** 122
26. **Hôpital Général** 105
27. **Anciennes maisons de faubourgs** • 41-45 avenue du Peuple Belge · 1666
28. **Halle aux sucres** 174
29. **Présence d'un canal souterrain se déversant dans la basse Deûle**
    angle avenue du Peuple Belge – rue du Pont Neuf
30. **Rang d'hôtels particuliers** • 13-15-17 rue du Pont Neuf · 1684
31. **Place du Concert** • Ancien enclos canonial de la collégiale Saint-Pierre
32. **Conservatoire de musique et de danse** 171 280
33. **Rangs de maisons XVIIIe siècle** • 79 à 95 rue de la Monnaie, 1 pl. du Concert
34. **Palais de justice** • Jean Willerval, Michel Spender, Pierre Rignols arch., 1968
35. **Hospice Comtesse** 102
36. **Hôtel du Juge-garde des monnaies**
    61 rue de la Monnaie · Thomas-François-Joseph Gombert arch., 1781
37. **Ensemble de maisons de la fin du XVIIe et du début du XVIIIe siècle**
    reconstructions partielles à l'identique et constructions nouvelles entre 1985 et 1990 · rue des Vieux Murs – rue au Péterinck – place aux Oignons
38. **Maisons à arcures** 117
39. **Basilique Notre-Dame de la Treille et Parvis** 167 304
40. **Maison à pans de bois** 99
41. **Double rang de maisons milieu du XIXe siècle** • 2-24, 1-3, 9-23 rue Masurel 15-25 rue du Cirque ; 1 rue de Weppes
42. **Maison** • 45 rue Basse 116
43. **Rang de maison XVIIIe siècle** • en partie reconstitué · 7-17, et 23-41 rue Lepelletier
44. **Magasin** • 14 rue Lepelletier · Jean-Marc Vynckier aménagement

N
0
100
200 m
Départ
Bâtiments
Métro
Avenue du Peuple Belge
Rue des Bateliers
Rue du Pont Neuf
Rue de Gand
Rue de la Halle
Square Grimonprez
Rue de Thionville
Pl. de Gand
Place du Concert
Rue A. Colas
Rue de la Monnaie
Rue d'Angleterre
R. Péterinck
R. des Vieux Murs
Pl. aux Oignons
Pl. de Bettignies
Rue de Gand
Rue de Tours
Rue de Courtrai
Place aux Bleuets
Rue Saint Jacques
Pl. du Lion D'or
Place Gilleson
R. B. Masurel
R. des Chats Bossus
Pl. des Patiniers
Rue Basse
Rue de la Gde Chaussée
Rue de la Clef
Boulevard Carnot
Rue Lepelletier
Rue Esquermoise
Pl. du Gal de Gaulle
Pl. du Théâtre
Rue Faidherbe
Gare SNCF
Rue Nationale
249A

PROMENADE À LILLE SAINT-SAUVEUR

RÉNOVATION URBAINE ET ÉQUIPEMENTS DE LA CAPITALE RÉGIONALE

Promenade d'environ deux heures à réaliser à pied.
Départ : métro Mairie de Lille (Ligne 2). • Arrivée : métro Lille Grand Palais (Ligne 2).

Tout à la fois un des plus anciens quartiers de la métropole par son histoire et un des plus récents par sa rénovation, Saint-Sauveur présente quelques bâtiments incontournables des particularités architecturales lilloises. La Noble Tour édifiée en 1401 sur les fortifications de la ville médiévale fait face désormais au palais des Congrès construit par Rem Koolhaas dans le cadre d'Euralille.

Entre l'édification de ces deux bâtiments, l'histoire de Saint-Sauveur aura été mouvementée comme en témoigne la diversité encore présente de son architecture malgré un remodelage presque total de la trame urbaine dans les années soixante. La rue de Paris reste l'axe structurant depuis la Porte de Paris, entrée de ville monumentale à la gloire de Louis XIV, jusqu'à la Grand Place, cœur de la ville historique.

Du quartier populaire et industrieux fait de maisons de villes, de ruelles et d'impasses enserrant quelques grandes institutions charitables, il ne reste que peu de traces : quelques maisons à pignon sur rue du XVIIe siècle accompagnent encore l'hospice Gantois, un des plus vieux édifices de la ville, et les façades sauvegardées des rangs de maisons caractéristiques du Vieux Lille témoignent çà et là (rang des Pauvres Claires, Cour des Brigittines, rue Sainte-Anne…) du paysage urbain de la ville flamande et de la ville franco-lilloise. La chapelle baroque du Fort du Réduit, le pavillon restant de l'Hôpital Saint-Sauveur semblent aujourd'hui bien isolés dans le contexte actuel du quartier. Cependant la densification à outrance de ce secteur de Lille dès le XVIIIe siècle avec l'essor de l'industrialisation, les ravages des bombardements autrichiens de 1792, la paupérisation et l'insalubrité constatées au cours du XIXe siècle ont très tôt alerté les édiles municipaux sur la nécessité d'une intervention d'envergure.

C'est suite à l'élaboration du plan d'aménagement, d'embellissement et d'extension de 1921 en accord avec la loi Cornudet que les premières propositions de transformation radicale du quartier sont décidées d'après le plan d'Émile Dubuisson : le premier acte de la reprise du quartier est la construction de l'hôtel de ville et de son beffroi (1925-1932), en place, il est vrai, du seul espace de jardin public alors existant, le square Ruault. Mais il faut attendre les années 1958-1964 pour que la décision de démolition du quartier soit appliquée sans trop de ménagement et qu'un nouveau paysage urbain se structure : la théorie alors en vogue de la rénovation urbaine et de l'affinage des centres transforme le vieux quartier populaire et commerçant en un centre d'affaires accompagné de résidences collectives, desservi par de larges voies pour le confort des automobilistes.

Le revirement de conception urbaine dès les années 80 tentera de retrouver un langage plus traditionnel avec des immeubles à l'alignement des rues, mais la qualité du bâti ne pourra masquer la déstructuration urbaine générée par ces différentes phases non abouties de l'urbanisme du XXe siècle.

DM

1. **Départ : métro Mairie de Lille**
2. **« L'Homme à l'enfant »** • céramique d'Édouard Pignon sur le mur de l'école maternelle Boufflers · 4 rue Saint-Sauveur · Jean Vergnaud, 1977
3. **Résidence du Beffroi** 261
4. **Hôtel de ville** 226
5. **Église Saint-Sauveur** • 127, rue Ch. Debierre · Louis Delemer arch., 1890
6. **Pavillon Saint-Sauveur** 99 rue Saint-Sauveur · vestige de l'Hôpital Saint-Sauveur, 1730
7. **Fort, chapelle et square du Réduit** 129 221
8. **École des arts et métiers** 168
9. **Gare de marchandises de Lille-Saint-Sauveur** 163
10. **Aménagement du bd Jean-Baptiste Lebas** • West 8 arch., 2006 312
11. **Rang de maisons bourgeoises** 198
12. **Hôtel particulier** 203
13. **Immeubles collectifs « haussmanniens »** Place Simon Vollant · L. Six et A. Lemay arch., v. 1895
14. **Porte de Paris** 128
15. **Hospice Gantois et maisons de louages, 1651** • Transformé en hôtel, Hubert Maes et Matthieu Duriez arch., Jean-Marc Vynckier déco., 2003 104
16. **Barre d'habitations** • 8-46 avenue Kennedy · Jean Dubuisson arch., vers 1965 · réhabilitation « lourde », 1985
17. **Immeuble de la mutualité meunière** 237
18. **Refuge de l'Abbaye de Marchiennes** • 191 rue de Paris · 1715
19. **Cour des Brigittines** 112
20. **Hôtel particulier « lillois »** • 146 rue de Paris · XVIIIe siècle
21. **Rang des Pauvres Claires** • 110 à 122 rue de Paris · autre rang de même époque, 100 à 108 rue de Paris · vers 1680
22. **Maison des Trois Grâces** • 74 rue de Paris · 1690
23. **Église Saint-Maurice** 76
24. **Maison du Renard** • 18 parvis Saint-Maurice · après 1640
25. **Hôtel du Chambge d'Elbecq** • 3 rue St-Genois · Michel Lequeux arch., 1781
26. **Rang de maisons fin XVIIe siècle** • 8-18 rue Sainte-Anne
27. **Gare de Lille-Flandres** 163 175
28. **Forum directionnel** • rue G. Delory/av. Ch. St-Venant · J. Willerval arch., 1972
29. **Bâtiment de la DDE** 281
30. **Bâtiment de l'INSEE** • 130, av du Pdt Kennedy · Luc Delemazure arch., 1996
31. **Cité administrative** • rues de Tournai et Javary · Albert Laprade et Serge Menil arch., 1950-1958 · extension aile du bd Dubuisson, 1965
32. **Lille Grand Palais** 286
33. **Bâtiment des Chèques Postaux** angle rue Paul Duez – bd Dubuisson · Serge Menil arch. (attr.), vers 1950
34. **Central téléphonique et poste** • angle rue Paul Duez – rue Charles Debierre · René-François Delannoy arch., 1927
35. **Ancienne faculté de médecine** • angle rue Paul Duez – rue Charles Debierre · René-François Delannoy arch., 1937
36. **Ancienne Médecine préventive** • 1-1bis rue G. Lefebvre · Pierre-François Delannoy arch., 1954 · en partie transformée en 1998, Luc Delemazure arch.
37. **Noble Tour** 86
38. **Groupe Gustave Delory** 241
39. **Immeubles-tours de logements** • bd Hoover – bd Dubuisson J.-H. Collet de Cantelou et autres arch., 1951-1955
40. **Siège du conseil régional** 289
41. **Résidence Georges Lefebvre** • bd Calmette · R.-F. Delannoy arch., 1934
42. **Institut de biologie – CNRS** 298
43. **Institut Pasteur**• bd Louix XIV · Léonce Hainez arch., 1899
44. **Institut Pasteur – CEREAT** 300

Gare SNCF de Lille-Flandres
Parvis St Maurice
Rue Sainte Anne
Ave. Ch. Saint-Venan
Rue des Tanneurs
Rue Molinel
Rue des Augustins
Gustave Delory
Rue du Rue
Rue E. delesalle
Rue de Paris
Avenue du Pdt
Place Jacquard
R. de la Vignette
Place G. Muiron
Square A. Lauren
Rue de Valmy
Rue Lydéryic
Rue Boulevard de la liberté
Place S. Vollant
R. de Rocroy
Rue Denain
Bd D. Papin
Rue Molière
Rue Jean Bart
Rue de Bruxelles
Bd J.-B. Lebas
1
2
3
4
9
10
11
12
13
14
15
16
17
18
19
20
21
22
23
24
25
26

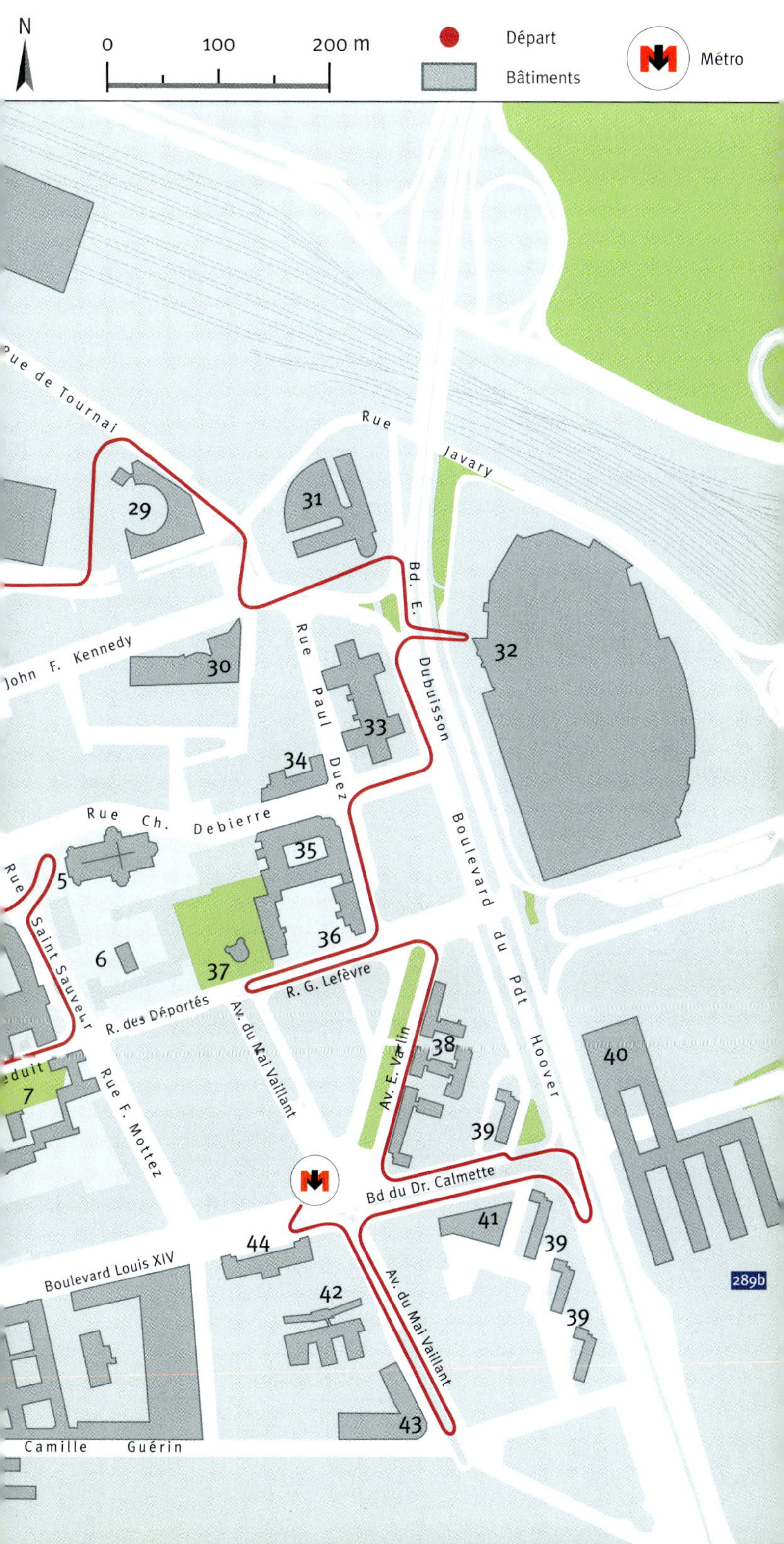
N
0
100
200 m
Départ
Bâtiments
Métro
Rue de Tournai
Rue Javary
Bd. E. Dubuisson
Boulevard du Pdt Hoover
John F. Kennedy
Rue Paul Duez
Rue Ch. Debierre
Rue Saint Sauveur
R. des Déportés
R. G. Lefèvre
Av. du Mai Vaillant
Av. E. Vallin
Rue F. Mottez
Bd du Dr. Calmette
Boulevard Louis XIV
Camille Guérin
29
30
31
32
33
34
35
36
37
38
39
40
41
42
43
44
5
6
7
289b

PROMENADES À WAZEMMES, VAUBAN, ESQUERMES

DE LA VILLE OUVRIÈRE À LA VILLE BOURGEOISE

Promenades d'environ trois heures à réaliser de préférence à vélo. Si réalisée à pied, la promenade peut être scindée en deux (de 1 à 28 et de 29 à 44).

Départ et arrivée : métro République – Beaux-Arts (Ligne 1). En cas de fractionnement de la promenade, arrivée de la première partie et départ de la deuxième partie : métro Cormontaigne (Ligne 2).

Depuis le boulevard de la Liberté, ancienne limite de Lille historique, deux axes majeurs se dirigeant vers le sud présentent des tracés très différents quoique parallèles : la rue Gambetta, ancienne rue de faubourg, très commerçante et active, très hétérogène dans le traitement de ses façades au contraire de la ville ancienne, conduit au cœur de l'ancien village industrialisé de Wazemmes, tandis que le boulevard Vauban, vaste et rectiligne, avec ses plantations d'alignement, ses larges trottoirs, ses édifices souvent proches du monumental, structure le quartier neuf « Vauban » de la « ville agrandie ». Voulue à partir du décret de recul des remparts de 1858, cette ville agrandie se constitue, à la suite d'un plan d'agrandissement et d'alignement établi par concours en 1860, par l'annexion et l'insertion des communes de Moulins, Wazemmes et Esquermes dans la ville *intra-muros*. Malgré la volonté d'unification par le plan et la prolifération d'un tissu industriel associant partout usines et habitat, les caractéristiques des anciens villages marquent encore aujourd'hui le paysage urbain. Quelques maisons de bois subsistent encore de l'ancienne zone *non aedificandi* et des maisons de faubourg, plus larges que profondes attestent de l'origine quasi rurale du secteur.

S'il reste peu d'usines à Wazemmes, le quartier conserve son aspect populaire par la densité de ses maisons ouvrières ou semi-bourgeoises qui s'alignent le long des rues en dents de peigne de part et d'autre de la rue Gambetta et autour de la place de la Nouvelle Aventure, lieu du marché le plus actif de Lille. Au-delà de l'ancien canal des Stations (rue des Stations), et sur le territoire d'Esquermes, les grandes parcelles des châteaux et « campagnes » de la bourgeoisie lilloise sur les bords de l'Arbonnoise et dans les marais avaient fait place à de grandes unités usinières mais aussi à un habitat privilégié sous forme d'hôtels particuliers le long des nouvelles percées, aux bâtiments prestigieux de style néogothique des universités catholiques et des nombreuses grandes écoles privées.

Les usines ont disparu au profit d'ensembles d'habitats en immeubles de standing et beaucoup d'hôtels particuliers ont cédé la place à des immeubles de bureaux sans pour autant perturber l'ambiance assurée par les tracés du second Empire. Ainsi, depuis le quartier dense, ouvrier et commerçant de Wazemmes, on glisse progressivement à l'ouest vers un quartier résidentiel et institutionnel très aéré et ponctué de jardins privés et publics (jardin Vauban, square Rameau, jardin botanique de la faculté de médecine...). La ville bourgeoise s'étend aussi d'ouest en est, entre la ville ancienne et les noyaux des faubourgs industriels, entre le boulevard de la Liberté et la rue Solférino, avec ses lotissements de maisons de ville et de maisons de maître, ses grands bâtiments officiels depuis la préfecture, le musée des Beaux-Arts jusqu'au secteur des anciennes facultés d'État de style éclectique, dans le quartier des Écoles.

DM

1. **Départ : place de la République**
2. **Hôtel de la Préfecture** • place de la République · Ch. Marteau arch., 1865
3. **Palais des Beaux-Arts et extension** 304
4. **Immeuble de rapport** • angle place de la République – rue Inkermann
   Albert Baert et Charles Boidin arch., 1899
5. **Monument à Pasteur** • place Philippe Lebon
   Louis Marie Cordonnier arch., Adolphe Cordonnier sculp., 1899

6. **Façade de l'ancienne faculté des sciences** • place Philippe Lebon
Alfred Mongy ing. (attr.), v. 1895 · réutilisée dans un immeuble
de logements, Pierre-Louis Carlier arch., 1983
7. **CRDP** • ancienne faculté de médecine et de pharmacie · rue Jean Bart ·
Alfred Mongy ing. (attr.), v. 1895
8. **Église Saint-Michel** • Alfred Coisel arch., 1869-1874
9. **Maison Coilliot** 204
10. **Anciens établissements Coilliot** • 13-17 rue Fabricy · arch. inconnu, v. 1900
11. **École Michelet** • 18-26 rue Fabricy, Alfred Mongy ing., 1889
12. **Maison** • 18 rue des Pyramides, Alfred Newham arch., v. 1890
13. **Théâtre Sébastopol** 187
14. **Maisons de bois** • 18 rue de Flandre, angle rue d'Anvers
15. **Maison individuelle**
8 rue de la Paix d'Utrecht · Jean-Philippe Lebecq arch., 2000
16. **Ensemble de maisons de ville** • 183-185 rue Gambetta
et 67bis à 77 rue Alphonse Mercier, Albert Baert et Charles Boidin arch., 1885
17. **Pavillon Degoul** • 13 rue Meurein – impasse Convain · fin XIXe siècle
18. **Maisons rurales** • 1 à 5 rue Charles-Quint · XIXe siècle
19. **Halles de Wazemmes** 174
20. **Église Saint-Pierre-Saint-Paul** • 25 rue du Marché · 1854
21. **Maison Folie de Wazemmes dans l'ancienne usine de lin Leclerc** 306
22. **Collège de Wazemmes**
53 bd de Montebello · Jérôme de Alzua et Vanessa Barrois arch., 2008
intègre l'hôtel de Montigny, bd de Montebello, milieu du XIXe siècle
23. **Rang de maisons d'employés** • 1 à 9 et 2 à 20 rue Desmet · v. 1900
24. **Anciens bureaux des Établissements Delebart-Mallet**
98 rue des Stations · milieu XIXe siècle
25. **Ensemble de maisons d'ingénieurs** • 6 à 16 rue Henri Loyer · v. 1910
26. **Lille tertiaire I, transformation de l'usine Delebart-Mallet en bureau**
25 bd Bigot-Danel · Adrien Frémaux arch., 1979
27. **Immeubles de logements** • 7 à 37 place du Mal Leclerc
Armand Lemay et P. Sarazin arch., v. 1950
28. **Hôtel de maître** • Ancien consulat d'Allemagne
22 place du Mal Leclerc · Louis-Marie Cordonnier arch., v. 1900
29. **Bibliothèque universitaire Vauban**
5 rue du Port · Jean-Claude Burdèse arch., 1996
30. **Facultés Catholiques** 171
31. **Maison particulière** • 57 bd Vauban · Louis-Marie Cordonnier arch., 1912
32. **Institut supérieur d'agriculture** • 2 rue Norbert Segard · Antoine Béal
et Ludovic Blanckaert arch., 2003
33. **Résidence Kester** • 11bis rue de Toul · Quatr'A arch., 2003
34. **Extension de l'IESEG** • 3 rue de la Digue · Jean-Claude Burdèse arch., 2003
35. **Ancienne piscine municipale**
angle rues de la Digue et d'Armentières · Émile Dubuisson arch., 1911
36. **Hôtel Castiaux** 202
37. **Jardin Vauban et fruticetum** 210
38. **Aménagement de l'avenue Léon Jouhaux**
Services techniques de la ville, 2003
39. **Hôtel Catel-Béghin** • 21 bd de la Liberté · Henri Contamine arch., 1895
40. **Rang à cariatides** • 14-18 bd de la Liberté · Louis Gilquin arch., 1868
41. **Maison de l'architecte Albert Baert** • 43 rue Patou · v. 1910
42. **Square et palais Rameau** 172
43. **Église du Sacré-Cœur** 166
44. **Halles Centrales** • place des Halles centrales · César Joly cons., 1869

Porte de Citadell
Jardin Vauban
38
37
A. Léon Jouhaux
Rue Desmazières
36
35
34
Rue de Solférino
41
42
33
32
Vauban
30
31
du
29
43
Port
Boulevard
rue Auber
rue
Nationale
rue Alphon
rue des Stations
rue Meurein
rue Colbert
R. Charles Quint
17
18
rue Rastibonne
28
Pl. du Mal Leclerc
27
rue des frères Vaillant
Stations
R. de la tranquilité
R. H. Loyer
25
26
Bd Bigo-Danel
S. R. Corbet
R. E. Desmet
23
24
Rue des
Place Cormontaigne
19
20
Pl. de la Nouvelle Aventure
R. Degland
rue des Sarrazins
21
Pl. Casquette
22
Boulevard Montebello
rue d'Austerlit

N
0
100
200
300 m
Départ
Bâtiments
Métro
Grand Place
Place Rihour
rue Nationale
Boulevard de la liberté
Jacquemars
Pl. de Strasbourg
Giélée
r. de Puebla
rue du Molinel
Pl.de la République
rue Gauthier de Chatillon
rue N. Leblanc
rue de Valmy
rue Innkerman
rue Gambetta
Léon
rue de Solférino
rue Colbrant
R. de la Renaissance
R. d'Anvers
E. Pais d'U.
rue Henri Kolb
rue de Flandre
Pl. Philippe le Bon
Rue de Fleurus
place Jeanne d'Arc
rue Littré
rue Brûle Maison
rue des Postes
rue d'Artois
Marché
1
2
3
4
5
6
7
8
9
10
11
12
13
14
15
16
39
44
194C
192

PROMENADE À LILLE MOULINS

LA RECONVERSION DE LA VILLE INDUSTRIELLE

Promenade de deux à trois heures à réaliser à pied ou à vélo.
Départ et arrivée : métro Porte d'Arras (Ligne 2).

Le quartier de Moulins à Lille est très représentatif de l'urbanisation industrielle telle qu'elle s'est réalisée dans de nombreux secteurs de la métropole au cours du XIXe siècle et au début du XXe siècle. Tour à tour hameau du village de Wazemmes, avec ses fermes et ses moulins à huile, son architecture traditionnelle élémentaire en « rouge barre » (alternance de pierre de Lezennes et de brique), faubourg de Lille au-delà de la Porte des Malades ou Porte de Paris à la rencontre des routes d'Arras et de Douai, commune autonome des Moulins s'édifiant grâce au développement des ateliers de production textile et à la fixation sur place d'une nombreuse main-d'œuvre dans un nouveau type d'habitat ouvrier en rue ou en courée, Moulins est rattaché à Lille en 1858 lors de la décision d'agrandissement de la ville.

Les grands édifices industriels, surtout des filatures de lin et de coton, mais aussi des entreprises de mécaniques ou de composants chimiques associés, structurent les îlots tandis que maisons de maître, maisons d'employés et d'ouvriers se partagent les surfaces résiduelles. Les grands équipements urbains ne voient véritablement leur apparition qu'après la Première Guerre mondiale, lors de l'arasement des remparts et l'application du plan d'aménagement de 1921; ceux-ci forment alors une ceinture autour du quartier industriel vers le sud et l'est avec l'école de Plein Air, l'Observatoire, le lycée Baggio et le jardin des Plantes, dans la grande tradition sociale-démocrate. Le quartier se modifie à partir des années soixante avec le mouvement de désindustrialisation, mais contrairement à d'autres secteurs métropolitains du même type, Moulins a vu la majorité de son patrimoine industriel recyclé pour d'autres usages, ce qui lui permet d'afficher aujourd'hui une identité forte.

Malgré de nombreuses destructions et les mutations accomplies en faveur d'un habitat social collectif, en particulier le long de la rue d'Arras ou en place d'usines démolies, le secteur de Moulins est caractérisé par la réhabilitation de ses grands vaisseaux de l'industrie en faveur du logement, des équipements et des bureaux : ainsi, les anciens bâtiments des filatures et tissages de lin et de coton des Établissements Leblan construits au début du XXe siècle et reconvertis en locaux universitaires (la faculté de droit, l'Institut d'Études Politiques), en logements sociaux et en bureaux (« La Filature », première opération du genre) avec le soutien de la municipalité, de même que les usines de coton de l'entreprise Wallaert reconverties majoritairement en bureaux par une société de promotion privée Nord Tertiaire, pour ne citer que les opérations les plus spectaculaires. Çà et là, quelques maisons de maître de la bourgeoisie industrielle subsistent, comme l'hôtel Courmont ou la maison d'un filateur abritant aujourd'hui l'Armée du Salut.

La nouvelle dynamique urbaine insufflée par ces mutations a entraîné une requalification de l'habitat modeste, en particulier les maisons en courée devenant logements étudiants. Lille 2004, Capitale Européenne de la Culture, a ainsi contribué au renouveau de ce quartier tout en préservant son identité avec le projet de Maison Folie dans une ancienne brasserie malterie rue d'Arras et l'édification de maisons de ville issues d'un concours européen sur le site de la friche de la « Plaine Méo ».

DM

1. **Départ : métro Porte d'Arras** • emplacement des anciens remparts
2. **Anciens Établissements Lapeyre** • ancienne usine de machines à vapeur rue d'Arras · transformation Luc Delemazure, Pierre Eldin arch., vers 1985
3. **Hôtel Courmont** • mairie annexe de Moulins dans une maison patronale d'époque Napoléon III · 215 rue d'Arras · vers 1860
4. **Mur avec traces de construction rurale traditionnelle en « rouges barres » et façade de l'Union de Lille** 209 rue d'Arras · A. Lemay arch., 1902
5. **Immeubles** • plan d'alignement de 1858 · 9-21 place Vanhoenacker
6. **Maisons rurales et de faubourgs à toit à brisis** 5, 7, 6 à 10 et 129 à 137 rue d'Arras · début XIXe siècle
7. **Plaine Méo, « Concours maison en ville »** • 57 maisons de ville Éric Bouillaud et Thierry Donnadieu arch., 2005
8. **Maison ouvrière à fronton** • 24 rue de Wazemmes · fin XIXe siècle
9. **Brasserie malterie des Moulins, Maison Folie 2004** 179 306
10. **Collège Jean Macé** • 52 bd J.-B. Lebas · Alfred Mongy ing., 1890
11. **Aménagement du bd Jean-Baptiste Lebas** • West 8 arch., 2006 312
12. **Gare Saint-Sauveur** 163
13. **HLM, concours maisons de ville 1983** 38-42 rue de Maubeuge et 64 rue de Cambrai/rue J. Jaurès, MDV arch. · 7-9, rue Danton · J.-C. Chapel arch.
14. **Rang d'immeubles et maisons de briques vernissées** 71 à 75 rue de Douai et 54 à 60 rue de Maubeuge · vers 1900
15. **Armée du Salut et logements** • ancienne maison de maître d'un filateur et locaux industriels · rue de Valenciennes · milieu XIXe siècle
16. **Rang de maisons de ville dans le style éclectique lillois** rue de Coulmiers – rue de Valenciennes · vers 1900
17. **Établissements Crépelle** fondés en 1837, toujours en activité · place Dampierre
18. **Institut d'Études Politiques** • 84 rue de Trévise · ancienne retorderie de coton Leblan, 1880 ; réhabilitée par William Devaux arch., vers 1990
19. **Centre de transfusion sanguine** ancienne filature et tissage Leblan · 59-79 rue de Trévise
20. **« Cour moderne »** • 45 rue de Trévise
21. **Lille Tertiaire VI** • 49 rue Jean Jaurès · ancienne filature et retorderie de coton Wallaert-Desaix construite en 1898 et 1906, fermée en 1982 et réhabilitée en logements, bureaux et Institut Régional d'Administration en 1983 et 1988, Pierre Eldin et Luc Delemazure arch.,
22. **Hôpital Saint-Vincent de Paul – extension** 51 bd de Belfort · Hubert Maes et Vincent Duriez arch., 2002
23. **Hôpital Saint-Vincent de Paul – extension** • Deuxième phase
24. **Maisons ouvrières de la Compagnie immobilière de Lille** rues de Nantes, de Rouen, du Havre · 1868
25. **Lille Tertiaire II** • bureaux dans une filature de coton construite en 1894, fermée en 1954 et réhabilitée en 1982 par Pierre Eldin arch.
26. **« La Filature »** 278
27. **Faculté de droit** • ancienne filature et retorderie de lin Leblan construite à partir de 1848, fermée en 1995, reconvertie la même année par Luc Delemazure arch. · 1, place Déliot
28. **Lycée Baggio – Institut Diderot** • bd d'Alsace · J. Alleman arch., 1930
29. **École de Plein air** 252
30. **Observatoire** 252
31. **Jardin des Plantes** J. Dubuisson arch. et J. Marquis pays., 1948 · Jean-Pierre Secq arch., 1970
32. **Serre-exposition du jardin des Plantes** • Jean-Pierre Secq arch., 1971

11
12
Bd J-B Lebas
10
Rue de Douai
Rue d
6
6
9
Boulevard Victor Hugo
8
Rue de Wazemmes
7
Rue de Fontenoy
Rue d'Avesnes
6
Rue d'Arras
Rue Montaigne
Pl. Vanhœnaker
5
4
Rue de condé
R. Courmont
Pl. Deliot
3
27
Ru
2
Boulevard d'Alsace
1
28
Boulevard des Défenseurs de
31
32

N
0
100
200 m
Départ
Bâtiments
Métro
Rue de Cambrai
R. Danton
Rue de Valenciennes
Place Dampierre
Maubeuge
Pl. Diderot
Rue Jean Jaurès
Rue de Trévise
Rue de Douai
Rue A. de Lille
Boulevard de Belfort
Pl. Fernig
Rue Armand Carrel
13
13
13
14
15
16
17
18
19
20
21
22
23
24
25
26
29
30

PROMENADE SUR « LE GRAND BOULEVARD »

LILLE, MÉTROPOLE VERTE

Promenade d'une demi-journée environ à réaliser de préférence en tramway ou en voiture. Des circuits latéraux peuvent être réalisés à pied à partir du Boulevard.

Départ : Euralille. • Arrivées : Roubaix centre et/ou Tourcoing centre.

La promenade peut être scindée en deux circuits aller et retour, l'un vers Tourcoing, l'autre vers Roubaix, ou regroupée en un seul parcours. Dans ce cas la jonction se fera en métro ligne 2 (Carliers ou Tourcoing centre – Roubaix Charles de Gaulle ou Eurotéléport).

Depuis près d'un siècle, on le nomme « Nouveau Boulevard ». Il est vrai qu'à l'heure où la figure du boulevard urbain devient incontournable dans tout projet d'urbanisme, cette voie de liaison entre les trois villes principales de la métropole, conçue au début du xxe siècle, nous semble bien contemporaine. Large de cinquante mètres et long de quatorze kilomètres, il dessine une fourche entre Lille, Roubaix et Tourcoing dont les tronçons convergent au lieu-dit « le Croisé Laroche » sur la commune de Marcq-en-Baroeul. Son profil associe une chaussée centrale pour la circulation rapide, des chaussées latérales pour la desserte locale, un tramway électrique en site propre unissant les trois villes et desservant les huit communes traversées, une piste cyclable qui fut cavalière, de vastes trottoirs longeant le linéaire bâti, le tout accompagné de quatre lignes d'arbres, ormes, platanes et peupliers, donnant sa qualité paysagère urbaine à l'ensemble. Tracé à travers la campagne et inauguré avec son tramway Mongy (du nom de l'ingénieur en charge du projet) en 1909, il sert rapidement de support à l'urbanisation. Les classes bourgeoises viennent s'y établir dans un linéaire de maisons de maître dans le style éclectique et quelquefois Art Nouveau. De Lille au Croisé Laroche, de nombreuses rues et avenues transversales s'ouvrent aux lotisseurs et spéculateurs qui construisent des maisons de ville de qualité dans la grande tradition lilloise de l'art d'habiter en ville, réunissant ainsi progressivement le nouvel axe aux faubourgs préexistants.

Si le plan de J. Greber issu de la loi Cornudet avait rêvé d'un centre métropolitain au niveau du carrefour des trois branches du boulevard dans un vaste parc, poumon vert de l'agglomération, c'est au contraire un centre actif fait de bureaux, de commerces et d'immeubles collectifs bourgeois qui marque ce croisement. Le continuum bâti se poursuit presque sans interruption sur la branche de Roubaix jusqu'au parc Barbieux, dit « le beau jardin » qui clôt le boulevard par ses trente-trois hectares de verdure et de lacs et a permis l'émergence du quartier le plus représentatif des goûts stylistiques de la bourgeoisie industrielle, plus volontiers néorégionalistes que modernes ou contemporains malgré quelques exceptions notoires (Villa Cavrois de l'architecte Mallet-Stevens ou maison Delcourt de Neutra...). Vers Tourcoing, le paysage ouvert est davantage présent malgré la fixation d'un pôle d'activités de prestige au niveau de la vallée de la Marque et la présence de quelques bâtiments industriels qui n'ont pas tous succombé à la pression foncière. Mais ce sont surtout les parcs habités des lotissements récents en place des grandes propriétés du début du siècle qui marquent l'identité de cette branche à travers le territoire de Mouvaux jusqu'au canal de Roubaix à Tourcoing et son pont hydraulique, porte de la ville industrielle.

DM

Lille

1. **Départ : central téléphonique** • 95, bd Carnot, R.-F. Delannoy arch., 1930
2. **INPI – Ancienne École des Beaux-Arts** 265
3. **Euralille Centre** • 86 à 90, bd Carnot, 109 logements, Trace arch., 2000
   92 à 98, bd Carnot, 56 logements, AUSIA arch., 2000
4. **Euralille Romarin** • Côté Sud-Est : Immeuble de bureaux Euralliance, M. Macary arch., 2003 · Immeuble de 105 logements, Quatr'A arch., 2004
   Côté Nord-Ouest : Immeubles de bureaux Cristal et Quartz Europe, Jean-Paul Viguier arch., 2007 · Immeuble Plein Ciel 103 logements, Kees Christiaanse arch., 2009

La Madeleine

5. **Euralille La Madeleine** • Ensemble d'immeubles de logements, de bureaux et résidence service, Quatr'A arch., 1994-2004 · Square Vauban, F. Grether, 2002 · Immeuble de bureaux Grand Angle, Hubert Maes arch., 2004
6. **Maison** • 121 av de la République · Gabriel Pagnerre arch., 1905
7. **Maison de ville** • 2 avenue Germaine 233
8. **Église Notre-Dame de Lourdes** 225
9. **Rangs de maisons de ville**
   avenue du Maréchal Leclerc, ancienne rue du jardin botanique
   à partir de 1912, architectes divers
10. **Ensemble d'hôtels de maîtres d'architectures éclectiques**
    224 à 228 et 234 à 240 av de la République ;
    n°224 · F. Rutteau arch. ;
    n°226 · Duclermortier arch., 1927 ; n°228 · Duclermortier arch., 1910
    n°240 · hôtel néorenaissance, Jules et Victor Devallée, 1914
11. **Ensemble intéressant de maisons de ville**
    26 rue Berthelot · F. Hennequin arch., 1929
    46-48 rue Berthelot · Duprez arch., 1911
    83 rue du M^al Foch · Villa Mondésir, Duclermortier arch., v. 1920
12. **Couvent des Dames de Saint-Maur** 166

Lille

13. **Couvent des Dominicains** 266
14. **Résidence du parc Saint-Maur** 260
15. **Maison de ville** • 889 av de la République · G. Besozzi arch., v. 1920

Marcq-en-Baroeul

16. **Passerelle du chemin de fer** • Arthur Stoclet ing., 1907
17. **Siège de la Banque Populaire du Nord** • Jean Willerval arch., v. 1980
18. **Dépôt des tramways** • 1909
19. **École de musique**
    929 avenue de la République · Henri Maillard arch., 1929
20. **Avenue de la petite Hollande** • intéressant ensemble de maisons de ville des années 1930, notamment les n°1-3, 17, 46, 62-64, 84 et 86
21. **Église du Sacré-Cœur** • Maurice Salembier arch., 1988
22. **Croisé Laroche** • Immeuble Riviera (ou la Coupole) · 2 avenue de la Marne René Gobillon arch., 1931 ; Immeuble Métropolys · 23-25 place Lysfranc Yacek Sawicki arch., 1980
23. **Croisé Laroche : immeuble d'angle de la S.M.G.F.** 236
24. **Musée régional des télécommunications**
    12 avenue Foch · René-François Delannoy arch., 1931
25. **Résidence Atlantide** 260
26. **Maison Notelaers** 244
27. **Trois maisons à toit-terrasse** • 3 à 7, avenue Barrois · J. Lefebvre arch., 1932

Mouvaux

28. **Parc habité du Haumont** 211
29. **Usine de bonneterie** 248
30. **Villa Van de Veegathe** 256
31. **Mairie de Mouvaux** • 45 bd Carnot · ancien hôtel Sion, 1913 ; extension et école de musique, Pierre-Louis Carlier arch., v. 1995
32. **Lotissement latéral** • 57-59 bd Carnot · Collard arch., 1935-1940
33. **Réservoir d'eau du Mont des Bonnets** 190
34. **Villa « Arts & Crafts »** 245

Tourcoing

35. **Immeuble de bureaux**
    31 avenue de la Marne · Luc Maillard arch., 1955-1957
36. **Villa Lorthiois** 244
37. **Immeuble de bureau** • 28 avenue de la Marne · F. Christians arch., 1978
38. **Rang de maisons-villas** • 7-9-11 avenue de la Marne
39. **Pont hydraulique sur le canal de Tourcoing**
    Paindavoine frères et A. Thuilliez ing., 1923 · Réhabilité en 1996
40. **Église du Sacré-Cœur** • bd Gambetta · Louis Croin arch., 1880
41. **Ancienne boulangerie et meunerie « Au pain normal »** 207
42. **Lycée Gambetta** • 80 bd Gambetta · Carlos Batteur arch., 1885
43. **Hôtel Desurmont-Motte (Salon du Théâtre) et jardin**
    82 bd Gambetta · arch. inconnu, 1897

Roubaix

44. **« Rang des drapiers » autour de l'hôtel Motte-Lagache** 199
45. **Ensemble de maisons d'industriels**
    18 à 28, 33 à 43 rue Dammartin · divers architectes, à partir de 1883
46. **Résidence d'Armenonville** 258
47. **Hospice de Barbieux**
    rue de Barbieux · Louis et Émile Barbotin arch., 1894 ; extension, Alfred Bouvy arch., 1907 ; transformation, Pierre Neveux arch., 1951
48. **Réservoirs du Huchon** 191
49. **Maison de l'architecte Pierre Neveux** • 40 rue Anatole France · 1935
50. **Deux maisons bourgeoises éclectiques**
    13-15 avenue Delory · v. 1920
51. **Parc Barbieux** 208

Croix

52. **Ancien immeuble IBM** • 24 av Gustave Delory à Roubaix et rue Verte à Croix · Jean-Pierre Buffi, B. Lenormand et Pierre-Louis Carlier arch., 1987 · transformation et extension pour accueillir l'EDHEC, Zig Zag arch., 2009-2010
53. **Maison Delcourt** 270
54. **Deux villas anglonormandes** • 1 et 2 avenue du Gal de Gaulle · v. 1900
55. **Hôtel de ville**
    ancien château de la croix blanche, 1878 · kiosque à musique, 1888
56. **Résidence du Parc** • avenue Lacépède · Jean Dubuisson arch., 1952-1956
57. **Tour du Fer à Cheval (Roubaix)**
    avenue Jean Jaurès · Guillaume Gillet et Jean Prouvé arch., 1959
58. **Villa Cavrois** 254

Villeneuve d'Ascq

59. **Ensemble de maisons bourgeoises**
    116 à 122 rue J. Jaurès · début xxe siècle
60. **Siège de CMH**

Marcq-en-Baroeul

61. **Maisons jumelées** • 44-46 avenue de Flandre · Gabriel Pagnerre arch., 1929

N
0
250
500
750 m
Départ
Bâtiments
Tramway
Métro
Avenue Foch
hippodrome des Flandres
Croisée Laroche
Boulevard
N350
Av. du Dr. Calmette
République
Clémenceau
Av. pte Hollande
MARCQ-EN-BARŒUL
233A
LA DELEINE
la
Av. de Mormal
Av. Saint Maur
Avenue de
R. Berthelot
Av. Emile Zola
Av. du Parc Monceau
Av. Mal Leclerc
LILLE
Av. Germaine
Carnot
Bd
Bd Pasteur
Cimetière de l'Est
N356
Voie Rapide urbaine
191B
280C
196
198A
198B
194A
195A
237A
286B
129A
310C
288C
134
287C
286C
287B
288B
288A
290
287A
284
N351
Gare Lille-Flandres
1
2
3
4
5
6
7
8
9
10
11
12
13
14
15
16
17
18
19
20
21
22
23
24
25
26
27

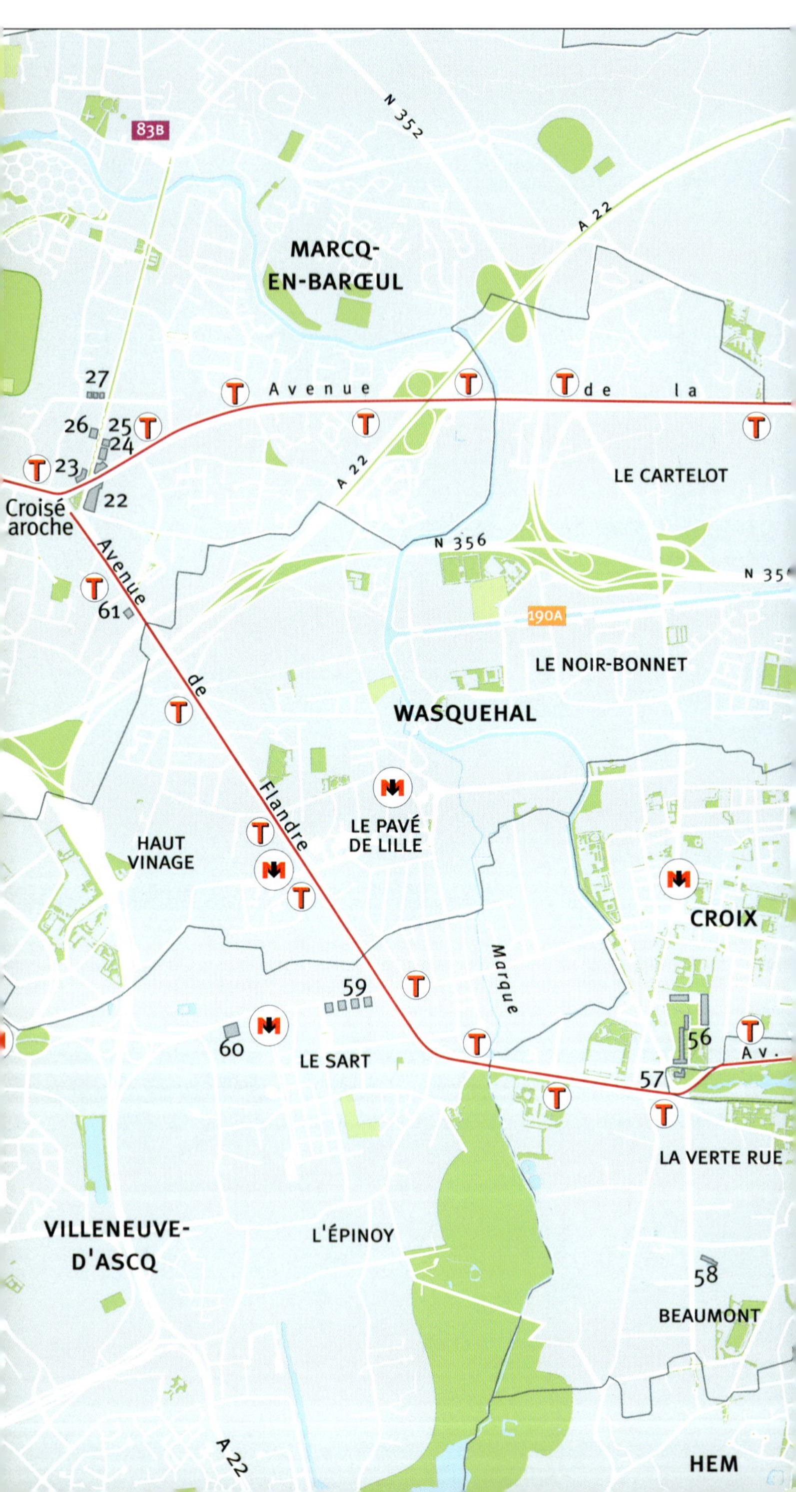

83B
N 352
A 22
MARCQ-
EN-BARŒUL
27
Avenue
de
la
26
25
24
23
Croisé
aroche
22
LE CARTELOT
N 356
N 35
Avenue
61
190A
LE NOIR-BONNET
de
WASQUEHAL
Flandre
LE PAVÉ
DE LILLE
HAUT
VINAGE
CROIX
Marque
59
60
LE SART
56
Av.
57
LA VERTE RUE
VILLENEUVE-
D'ASCQ
L'ÉPINOY
58
BEAUMONT
A 22
HEM

0
500
1000 m
Départ
Bâtiments
Tramway
Métro
Parc du Haumont
28
273B
248B
MOUVAUX
TOURCOING
LA MOTTE
L'ÉPINETTE
29
30
32
31
33
34
35
36
37
38
39
40
41
42
43
Marne
Bd Carnot
Av de la Marne
LE TRIEZ
LE FRESNOY
LA PLACETTE
236A
Voie rapide Urbaine Lille-Roubaix
203B
305B
Canal de Roubaix
164
281B
S OGIERS
311A
317B
CUL DE FOUR
ROUBAIX
316A
55
54
53
HOMMELET
Jaurès
44
Bd Ch. de Gaulle
c Barbieux
51
Bd Gambetta
50
47
46
45
48
49
BARBIEUX
LE PILE
NOUVEAU ROUBAIX
240C

PROMENADES À ROUBAIX

VILLE D'ART ET D'INDUSTRIE

Deux promenades d'environ deux heures chacune à réaliser de préférence à pied ou à vélo.

Première promenade :
Départ et arrivée : métro Eurotéléport (Ligne 2).

Seconde promenade :
Départ et arrivée : métro Roubaix Grand Place (Ligne 2).

Les deux promenades peuvent être regroupées : passage par la Grand Rue.

Roubaix, symbole de la ville industrielle de la laine, a vu sa population multipliée par quinze au XIXe siècle ; c'est dire si le cadre urbain a été façonné par l'industrie. Labellisée Ville d'Art et d'Histoire, Roubaix a su, malgré la crise économique et sociale de la fin du XXe siècle, trouver un nouveau souffle tant par la reconnaissance de son patrimoine bâti industriel que par le renouvellement de son architecture et de son paysage urbain.

Née d'un gros bourg sur les bords du Trichon, la ville industrielle s'est développée sans souci d'urbanisme autour de ses vingt-trois hameaux autant qu'autour de son centre : la ville construite pour et par l'industrie ne répond pas aux codes traditionnels de l'art urbain et sa lisibilité est délicate pour qui voudrait trouver une logique conforme à la ville classique.

L'ancien bourg, essentiellement au nord de la Grand'Place, conserve des noms évocateurs de la ruralité préindustrielle : rue du grand chemin, rue de la fosse aux chênes, rue des champs, place du Trichon. Mais il est très tôt densifié et voué à la production comme l'évoquent les rues de l'industrie, des fabricants... Les percements de la rue de la gare en 1882 (avenue J.-B. Lebas) puis de l'avenue des Nations Unis en 1972 tentent de hiérarchiser l'espace et de rendre lisible ce magma urbain associant sur une trame étroite usines, entrepôts, ateliers, maisons de commerce, habitat bourgeois et ouvrier, courées, lieux de culte, d'enseignement et de loisir. Mais l'axe majeur de la ville qui permet une lecture de sa structure et qui la traverse du nord au sud est le tracé de l'ancien canal comblé en 1864 qu'enchaînent le parc Barbieux, le boulevard de Paris (du Général De Gaule), le boulevard Leclerc et le boulevard Gambetta. Au delà, la ville industrielle s'étire entre les anciens hameaux devenus centres de quartier, tandis que l'application du plan d'urbanisme de 1864 permet le tracé de places et de boulevards qui irriguent et aèrent l'ensemble. Il faudra attendre l'entre-deux-guerres et le plan du nouveau Roubaix pour que s'établisse une extension rationnelle vers le sud-est.

Si le monumental hôtel de ville de 1911 et la Grand Place traitée avec soin par Bernard Huet en 1999 marquent le centre-ville, les principaux repères dominant la marée des maisons ouvrières sont les usines elles-mêmes. Beaucoup de ces usines ont été démolies; d'autres sont en attente; certaines ont été magistralement réhabilitées et affectées à de nouveaux usages : l'ancienne filature Motte-Bossut, transformée en Archives du Monde du Travail, est le vrai symbole de l'esthétique industrielle et du renouveau de Roubaix, mais bien d'autres méritent un détour comme l'usine Toulemonde accueillant université et logements, ou l'usine Roussel transformée en studio de danse rue des Arts, l'usine Lepoutre en pépinière d'entreprises, et tant d'autres... Les édifices annexes à la production, comme le Conditionnement Public, la Bourse du Travail, les maisons de commerce qui jalonnent l'avenue Jean-Baptiste Lebas, les sièges bancaires comme la Banque de France, les instituts de formation aux métiers du textile comme l'Ensait, concourent à l'identité monumentale de la ville.

L'architecture mineure des maisons ouvrières et des courées a été largement déblayée pour faire place à des opérations de rénovation dans les années soixante : l'opération Édouard Anseele a substitué aux multiples courées insalubres de la rue des Longues Haies un habitat collectif parfois de qualité comme l'immeuble dit « l'Os à Moelle » dû à l'architecte G. Gillet. D'autres démolitions massives ont suivi surtout au nord de la ville dans le quartier de la Fosse aux Chênes dont la reconstruction est en cours. Mais l'application récente de la procédure de ZPPAUP a permis une revalorisation de ce patrimoine mineur des rangs de maisons ouvrières ou « choques » et des quelques « forts » restant dans le quartier du Pile notamment. L'habitat de la grande bourgeoisie industrielle, dans un premier temps proche des lieux de production, présente encore quelques belles façades éclectiques mais l'essentiel se concentre au sud de la ville, sur le boulevard du Général de Gaulle (rang des Drapiers), ou de part et d'autre du parc Barbieux en de vastes hôtels particuliers.

Le renouveau de la ville se mesure aujourd'hui à l'aune de ses nouveaux lieux de services, de commerces et d'équipements qui, tout en valorisant le patrimoine hérité, jouent sur une image contemporaine et novatrice. Dès 1994, la politique de la ville renouvelée s'applique à Roubaix comme à l'ensemble de la métropole. En 1996, la Grand'Place s'embellit tandis que la zone franche urbaine accélère la revitalisation des fonctions centrales qui tirent partie du patrimoine d'exception. L'arrivée du métro en 1999 participe au renouveau commercial du centre avec les projets Mac Arthur Glen et l'Espace Grand'Rue. La mise en place de la ZPPAUP en 2000 et le projet habitat-patrimoine accélèrent la réhabilitation de l'habitat mineur et mettent en confiance les investisseurs privés qui se tournent volontiers, à l'instar de Manchester, sur le marché des lofts (à ce jour, 500 lofts sont réalisés ou programmés). La culture investit les lieux usiniers les plus significatifs. Si la transformation de l'usine Motte-Bossut en Archives du Monde du Travail a été le modèle, le musée dans la Piscine est le plus grand succès. La Condition publique comme fabrique culturelle est reconnue nationalement. Le quartier des modes qui se structure dans le secteur de la gare est bien le gage de l'innovation dans la tradition que s'est fixé Roubaix..

DM

PROPROSITION DE PROMENADE 1 :

1. **Départ : gare routière de l'Eurotéléport** • Trace arch., 1998
2. **Usine Motte-Bossut et Archives du Monde du Travail** 180
3. **Anciennes fabriques de voitures Van Den Hende transformées en commerces, bureaux et école** • avenue du Gal Leclerc · 1883
4. **Ancienne poste transformée en Institut universitaire**
   rue de la Poste – bd du Gal de Gaulle · 1927
5. **Ancienne teinturerie Screpel**
   rue de la tuilerie – rue du Coq Français · Maurice et René Dupire arch., 1930
6. **Usine Dillies-Frères transformée en Institut universitaire**
   rue du Coq Français · Y. Caron, A. Philippe, T. Dillies arch., 1990
7. **« Les Paraboles IV »**
   esplanade du Trieux – av des Paraboles · Quatr'A arch., 1994
8. **Maison Art Nouveau** • 16, bd du Gal Leclerc · Émile Dervaux arch., 1904
9. **« Les Paraboles III »** • av du Gal Leclerc · Architecture Studio, 1992
10. **Immeuble de logements et commerces** • angle bd de Gaulle,
    rue Jean Moulin · Isabelle Menu et Luc Saison arch., 2009
11. **Le Gymnase** • Ancienne salle de gymnastique La Roubaisienne
    5 rue Chanzy · Théophile Coliez arch., 1877 ;
    rénovation, Stéphanie Legrand arch., 2006
12. **Courées Dekien et Dubar** • accès par le café Le Soho 194
13. **Distillerie « La Confiance »** 179
14. **Église Sainte-Elisabeth** • rue de Lannoy · Th. Lepers arch., vers 1860
15. **Immeuble dit « L'Os à Moelle »** • 402 logements collectifs sociaux
    rue W. Churchill · G. Gillet arch., 1966 ; rénovation, Patrick Vanderdoodt
16. **Centre Commercial Mac Arthur Glenn** • M. Dancoisne, J. Bailly arch., 2000
17. **École Camus** 292
18. **Groupe scolaire E. Renan**
    5 rue Beaurewaert · Marcel Spender arch., 1936
19. **Commissariat central** • 72 bd de Belfort · B. Bassez, C. Franck arch., 1993
20. **Théâtre Pierre de Roubaix-Bourse du Travail** • 78 bd de Belfort · A. Baert arch., 1934 (salle transformée en 1967) ; extension, K Architectures, 2008
21. **Le Conditionnement Public, Maison Folie 2004** 186 306
22. **Cité du galon d'eau** • 118 logements collectifs · rue Nadaud/Grande rue/
    bd Gambetta · Guy Lapchin arch., 1948 (1ère réalistion du CIL de Roubaix)
23. **Ancienne usine Allart-Sione** • transformée en logements
    152 Grande rue/bd Gambetta · Arcadie arch., 2006
24. **Le Garage** 305
25. **Place de la Liberté et Banque de France** 186
26. **Cinéma Le Duplex** • 47 Grande rue · M. Dancoisne, J. Bailly arch., 2004
27. **Centre commercial Espace Grand Rue** • Grand rue · AU4G arch., 2002

PROPROSITION DE PROMENADE 2 :

28. **Grand Place et ses aménagements paysagers** 312
29. **Église Saint-Martin** • Grand Place · édifice composite, tour du XVe siècle ; état actuel datant du XIXe siècle, Charles Leroy arch.
30. **Hôtel de ville** 159
31. **Anciens Établissements Leclercq-Dupire** • rue de l'hospice · vers 1900
32. **Salle Wattremez** 175
33. **Anciens Établissements Jouret** • rue de l'hospice · vers 1920
34. **ENSAIT** 170
35. **Ancienne église Notre-Dame**
avenue des Nations-Unies · A.-J. Dewarlez arch., 1848
36. **Lycée technique textile** • av des Nations-Unies · Gilles Neveux arch., 1989
37. **Gare de Roubaix** 162
38. **Musée d'Art et d'Industrie dans l'ancienne piscine** 302
39. **Hôtel Catteau** • transformé en Palais de justice en 1888
45 rue du grand chemin · Édouard Dupire-Rozan arch.,1876
40. **Ensemble de maisons éclectiques**
rue Mimerel · Paul Destombes, Édouard Dupire-Rozan arch., v. 1890
41. **Maison-atelier du peintre Rémy Cogghe**
22 rue Rémy Cogghe · Paul Destombes arch., 1893
42. **Square Catteau** 210
43. **Studio de danse du Ballet du Nord dans l'ancienne usine Roussel**
139 rue des Arts · Jean-Charles Huet arch., 1998
44. **Maison et commerce** • 149 rue des Arts · Georges Vasseur arch., v. 1910
45. **Temple protestant, maison pastorale et école du dimanche**
27-31 rue des Arts · M. Shultess arch., 1871
46. **École communale Legouvé**
60 rue de Soubise · Anne Fauvarque et Jean Dupont arch., 2005
47. **Usine Toulemonde** • reconversion en Institut universitaire et construction de logements · rues de Crouy, des Tours, de Sébastopol · ACT arch., 1987
48. **Ancienne usine Delattre**
la plus ancienne usine textile à Roubaix conservée · rues de Sébastopol, du Nord et du Curoir · A. J. Dewarlez arch. (attr.), v. 1840
49. **ENPJJ** • transformation et extension de l'usine Delattre
16 rue du Curoir/rue du Nord · Nathalie T'Kint arch., 2008
50. **Logements étudiants et commerces**
rue des Fabricants/place des Broutteux · L. Delemazure arch., 2009
51. **Bureaux** • 11 rue du M[al] Foch · P. Escudié, J.-F. Fermaut arch., 2002
52. **« La Maison verte »** • 28 rue du M[al] Foch · A.-G. Dubois arch., 1893
53. **Médiathèque municipale** • 2 rue Pierre Motte · L.-G. Noviant arch., 1979

proposition
proposition

281B
300B
R. Cuvelle
Rue du Fontenoy
Rue de l'Alma
Rue Blanchemaille
Avenue de la fosse aux Chênes
Avenue des Nations Unies
Place de la Gare
Place des Martyrs
Place Notre Dame
Rue Nain
Avenue J.-B. Lebas
Rue des Champs
R. Mimerel
Rue du Grand Chemin
R. de l'Hospice
R. du Bois
Grand Place
Rue du Mal Foch
Place du Trichon
Rue de Sébastopol
Pl. Bordart Timal
Soubise
Rue de Crouy
Rue Rémy Cogghe
Place Ed. Roussel
Rue des Arts
Rue d'Inkermann
Rue de L'industrie
Rue de Lille
Boulevard Charles de Gaulle

8 9 10 11 12 28 29 30 31 32 33 34 35 36 37 38 39 40 41 42 43 44 45 46 47 48 49 50 51 52 53

N
0
100
200
300 m
Départs
Bâtiments
Métro
Parc du Nouveau Monde
du Nouveau Monde
du Collège
Antoine
316A
307B
Rue Pellaert
Place d'Audenaerde
Rue
Bd de Strasbourg
Quai de Brest
Rue Galvani
Lacroix
Nations Unies
des
Quai de Lorient
Grande
Rue
Gambetta
Boulevard
Place du Galon d'Eau
Rue Newton
Place de la Liberté
Rue Pierre de Roubaix
Boulevard de Belfort
Bd du Général Leclerc
Rue H. Dunant
Rue Winston Churchill
Rue du Coq Français
Rue P. Claudel
des Paraboles
Rue Saint Jean
Rue du Coq Français
Rue Decrême
Rue Jules Guesde
de Lannoy
Moulin
Rue de Valmy
Rue Ma Campagne
Rue Jules Français
1
2
3
4
5
6
7
13
14
15
16
17
18
19
20
21
22
23
24
25
26
27

PROMENADES À VILLENEUVE D'ASCQ

VILLE NOUVELLE

Promenade d'une demi-journée environ, comprenant un circuit principal à réaliser de préférence en voiture ou à vélo et sept promenades à réaliser à pied. Chacune de ces promenades est accessible en bus au départ de la station Hôtel de Ville (Lignes 41 et 42).
Départ : métro Villeneuve d'Ascq-Hôtel de Ville (Ligne 1), parkings centre-ville.
Arrivée : métro 4 Cantons (Ligne 1), parkings à proximité.

La politique de création des villes nouvelles françaises est née du souci de renforcer les métropoles d'équilibre selon le vœu de la DATAR, Délégation à l'aménagement du territoire et à l'action régionale créée par l'État en 1963. Villeneuve d'Ascq, dont la création est décidée en 1967, est la première ville nouvelle à avoir atteint sa maturité avec aujourd'hui 65 000 habitants. Cette « technopole verte » a été, pendant près de trente ans, le lieu d'expérimentations urbaines et architecturales. Né de la réunion des trois communes suburbaines de Ascq, Annapes et Flers, ce qui fut d'abord « Lille-Est » s'étend sur 2 746 hectares dans un site de marais aux abords de la vallée de la Marque.

En 1968, le terrain n'est pas vierge et il faut composer avec les « coups partis », c'est-à-dire les cœurs des trois villages et leurs extensions. La Cité scientifique ou campus universitaire est implantée au milieu des champs à Annappes en 1966 : on en doit le plan-masse aux architectes Lemaresquier et Vergnaud qui organisent les différents bâtiments autour de la bibliothèque centrale. La réalisation du domaine privé de Brigode est confiée par la SEDAF, aménageur et lotisseur, à l'architecte-urbaniste Gérard Deldique : quelque six cents logements de standing sont ainsi construits, à l'orée du golf, par de jeunes architectes talentueux qui puisent leurs références dans l'architecture danoise et finlandaise de l'époque. Les facultés de lettres et de droit sont construites par l'architecte Pierre Vago au lieu-dit Pont de Bois en 1968.

Dans ce contexte très dynamique d'émergence urbaine, les architectes de la mission « Ville Nouvelle », Michel Marot et Jean-Pierre Secq, relayés en 1970 par l'équipe de l'EPALE, organisent la ville selon deux axes majeurs : un axe paysager central est-ouest constitué d'une succession de lacs pour le drainage des terrains et de parcs créant ainsi la ville verte, et un axe nord-sud de desserte routière, le boulevard du Breucq, desservant par un système arborescent les différents quartiers ou unités de voisinages. Si les entreprises de haute technologie et les laboratoires de recherches se situent volontiers à proximité de la Cité scientifique ou le long du boulevard central devenu artère autoroutière dans des zones d'activités à grand souci qualitatif (Les Moulins, La Haute Borne...), les lieux de résidence sont préservés des nuisances par la séparation des différents types de circulation (voitures, vélos, piétons). L'effet de ville verte est largement le fait d'expérimentations d'ensembles d'habitats individuels groupés (hameau du château de J.-P. Watel, 1969-1984, domaine de Brigode de G. Deldique, 1968-1980)... ou d'habitats intermédiaires (maisons-gradins et pyramides des architectes Andrault et Parat...) plus que de bâtiments collectifs (logements du Pont de Bois de l'Atelier Josic, chaussée haute de l'hôtel de ville des architectes Loiseau et Tribel...). La réalisation phare, quoique discrète et à l'écart de la ligne de métro qui aurait pu en faire un réel centre métropolitain, est le Musée d'Art moderne dû à l'architecte Roland Simounet et son extension par Manuelle Goutran en 2009.

DM

1. **Départ : chaussée Haute de l'hôtel de ville**
   395 logements et bureaux · Jean Tribel, Georges Loiseau arch., 1980
2. **Centre culturel** • place de Venise · Maurice Salembier arch., 1982
3. **Groupe scolaire Paul Verlaine** • rue Vermeer · M. et P. Deslandes arch., 1978
4. **« Van Gogh 1 »** • 120 logements, place Van Gogh, Philippe Legros arch., 1979
5. **Forum des Sciences** • Jean-Claude Burdèse arch., inauguration 1996
6. **Théâtre de la Rose des Vents** • bd Van Gogh · Bernard Bougeault arch., 1976
7. **Médiathèque Till l'Espiègle**
   chaussée de l'hôtel de ville · Martine et Philippe Deslandes arch., 1983

8. **Forum vert** • rue des Victoires, rue Verte · Pierre Canivez arch., 1978
9. **École d'architecture** • rue Verte · P. Eldin arch., 1975 ; 1ère extension, O. Bonte et W. Chiani arch., 1978 ; 2e extention, N. Seradji arch., 2003
10. **Logements « Salamandre »** • 422 logements · rue Verte – chemin des Vieux Arbres · atelier Sud, André Wogensky, Alain Amadéo arch., 1977
11. **Résidence Valmy** • bd de Valmy · Gilles Neveux arch., 1984
12. **Centre de la petite enfance – École Vandermersch** 277
13. **Opérations de logements collectifs** • Atelier Josic arch., « Le micro canyon », 496 logements · chaussée des Visiteurs · 1978, restauré en 1992 par Michel David arch. • 303 logements · av du Pont de Bois – place de la Basoche · 1975, restauré en 1992 par Michel David arch.
14. **Faculté de droit et de lettres** 276
15. **« Gradins-jardins »** • 276 logements · chemin des Chaumières Michel Andrault et Pierre Parat arch., 1975
16. **Stadium-Nord** • av de la Chatellenie · Roger Taillibert arch., 1973-1976
17. **Lac du Château** • Jean Challet, 1975
18. **Hameau du Château** 277
19. **Maison et agence Delhay** 280
20. **Église Saint-Pierre** • place de la Liberté · XIIe-XVIe siècles ; restauration Charles-Alexandre Marteau arch., 1844-1858
21. **Château d'en Bas ou de Flers** • chemin du chat botté · 1661 ; 1ère restauration, M. Salembier, E. Turcy arch., 1975 ; 2ème restauration, M. Salembier arch., 1991
22. **« Les Pyramides »** • 202 logements en 3 unités · av Champollion – rue des Chercheurs · Michel Andrault et Pierre Parat arch., 1977
23. **Parc des Moulins de l'ARAM** 146
24. **Bureaux Moulins 19** 301
25. **Parc d'activité des Moulins** • la Cousinerie · CREA arch., 1983-1996
26. **Musée d'Art moderne** 274
27. **Hameau résidentiel** • allée des Colibris · 2 opérations : Ludwik Peretz, Gilbert Delecourt arch., 1983 ; Jean-Pierre Watel arch., 1983
28. **Immeuble de bureau** • rue du 8 Mai 1945 – allée des Colverts Antoine Béal et Ludovic Blanckaert arch., 1991-1992
29. **Parc archéologique ASNAPIO** • reconstitution d'habitats de la préhistoire au Moyen Âge · rue Carpeaux · débuté en 1988
30. **Lac du Héron** • Jean Challet, 1976
31. **Domaine de Brigode** 276
32. **Ancienne ferme Delporte** • musée du terroir · rue Pasteur · XVIIIe siècle
33. **Villa Gabrielle** • « résidence de campagne » · 29 rue Pasteur · XVIIIe siècle
34. **Office notarial** • 2 rue Justice · A. Béal et L. Blanckaert arch., 2003

Cité scientifique, nombreux bâtiments remarquables dont :

35. **Bâtiment C4 (Chimie 4)** • N. Lemaresquier et J. Vergnaud, arch., 1964 extension pour la résonance magnétique nucléaire, D. Bernard arch., 2004
36. **Bâtiment C1** • N. Lemaresquier et J. Vergnaud, arch., 1964
37. **Bâtiment SH3 (Sciences humaines 3)** • Quatr'A arch., 2003
38. **Centre de documentation SH2** • Avant propos arch., 2001
39. **Bibliothèque de l'université des sciences** 264
40. **UFR de géographie** • X-TU arch., 1997
41. **Bâtiment M1 (Mathématiques 1)** • N. Lemaresquier et J. Vergnaud, arch., 1964
42. **SUIAO** 295
43. **Laboratoire d'informatique fondamentale de Lille (LIFL)** Philippe Escudié et Jean-François Fermaut arch., 2003
44. **Groupement régional pour la recherche sur les transports, 1985, et Météo France, 1989** • rue Élysée Reclus · T. Baron, Ph. Louguet arch.
45. **Polytech'Lille** • ex-EUDIL · Trace arch., 2000
46. **Centre national d'enseignement à distance** • Béatrice Dollé, Christian Labbé arch., 2006

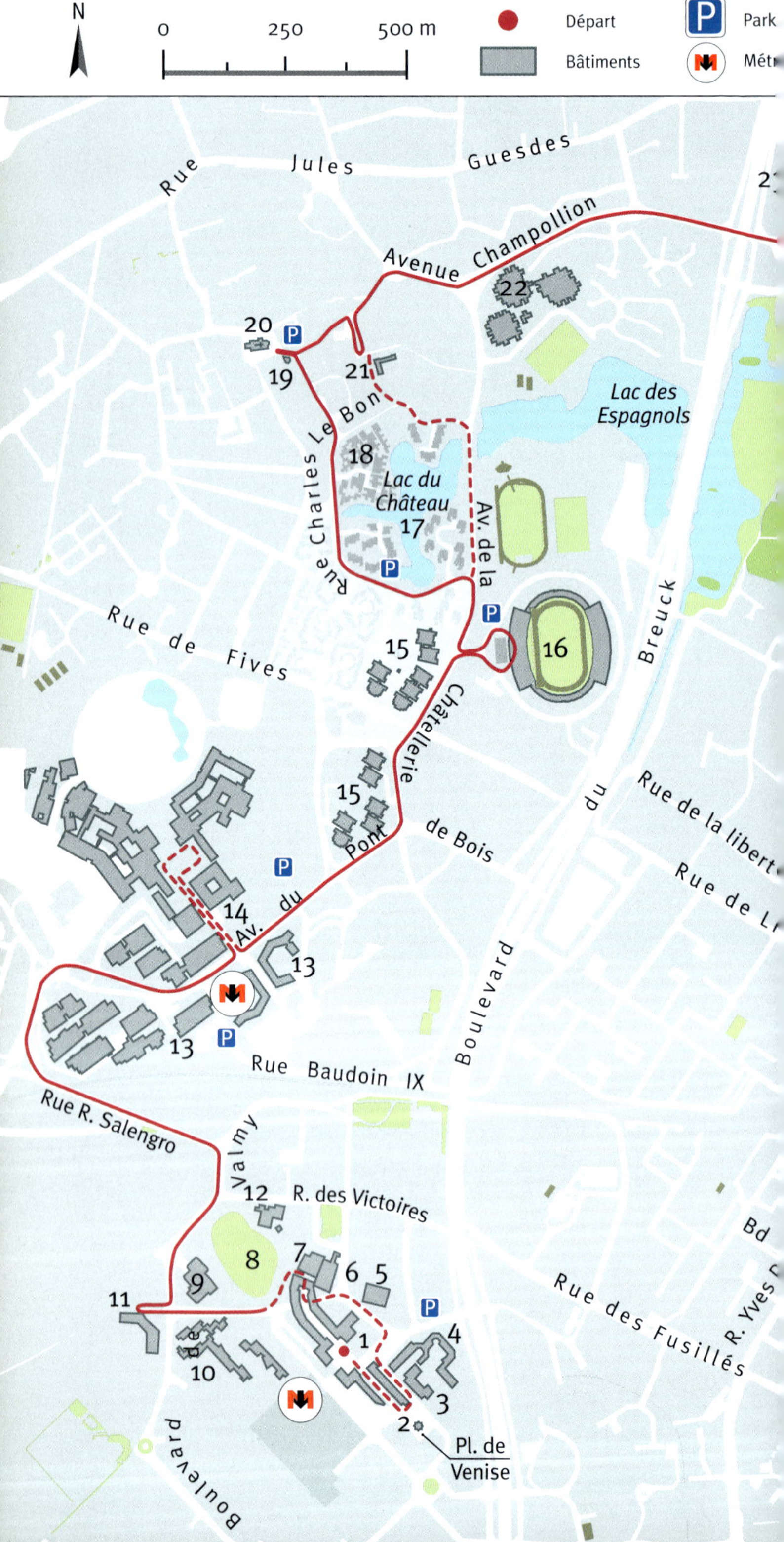

N
0
250
500 m
Départ
Bâtiments
Park
Métr
Rue Jules Guesdes
Avenue Champollion
Lac des Espagnols
Lac du Château
Rue Charles Le Bon
Av. de la Châtellerie
Rue de Fives
Boulevard du Breuck
Rue de la libert
Rue de L
de Bois
Av. du Pont
Boulevard
Rue Baudoin IX
Rue R. Salengro
Valmy
R. des Victoires
Rue des Fusillés
Bd
R. Yves
Boulevard de
Pl. de Venise
1
2
3
4
5
6
7
8
9
10
11
12
13
13
14
15
15
16
17
18
19
20
21
22

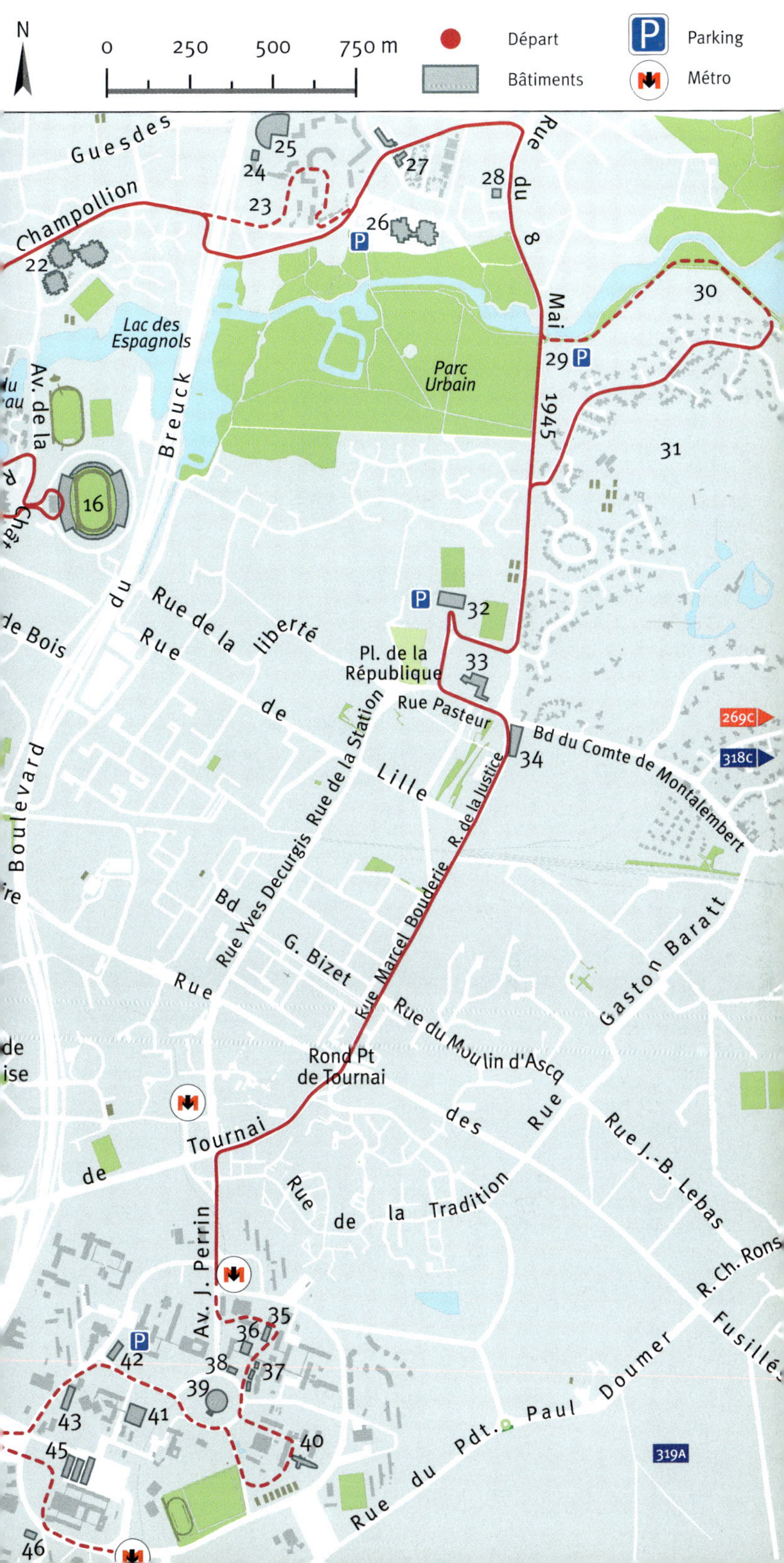
N
0
250
500
750 m
Départ
Bâtiments
Parking
Métro
Champollion
Guesdes
Lac des Espagnols
Av. de la
Breuck
du
Boulevard
Parc Urbain
Rue du 8 Mai 1945
Rue de la liberté
Rue de Lille
Pl. de la République
Rue Pasteur
Bd du Comte de Montalembert
Rue de la Station
Rue Yves Decurgis
Bd G. Bizet
Rue Marcel Bouderie
R. de la Justice
Rue du Moulin d'Ascq
Gaston Baratt
Rond Pt de Tournai
Rue de Tournai
Rue des
Rue de la Tradition
Rue J.-B. Lebas
R. Ch. Rons
Fusillés
Av. J. Perrin
Rue du Pdt. Paul Doumer
269C
318C
319A
16
22
23
24
25
26
27
28
29
30
31
32
33
34
35
36
37
38
39
40
41
42
43
45
46

PROMENADES À TOURCOING

UNE VILLE INDUSTRIELLE EN MUTATION

Deux promenades d'environ deux heures chacune à réaliser de préférence à pied ou à vélo.

Première promenade :
Départ, Gare SNCF de Tourcoing.
Arrivée métro station Tourcoing Centre

Seconde promenade :
Départ et arrivée, métro Colbert (Ligne 2).
Les deux promenades peuvent être regroupées : passage par la rue Saint-Jacques.

Ville des grandes familles textiles de la laine, Tourcoing doit à l'industrie ses heures de gloire et ses déboires. Longtemps plus dense et plus centrée que sa voisine Roubaix, Tourcoing a privilégié la mixité sociale et économique autour de son noyau initial. Les préoccupations urbanistiques et réglementaires remontent au début du XVIIIe siècle dans cette agglomération dont la structure et le paysage sont modelés déjà par l'industrie textile du lavage et du peignage de la laine. Même si les anciens hameaux villageois ont servi d'accroche aux nouveaux quartiers industriels, la ville s'est davantage diffusée à partir d'un réaménagement de son centre : trois plans d'aménagement se sont succédé en 1819, 1829 et 1851 dans les limites fixées par la municipalité pour exercer son pouvoir de régulation urbaine.

Mais c'est grâce à la grande épopée industrielle que la ville se dote de ses principaux édifices : le nouvel hôtel de ville, dont la construction débute en 1861, est le prélude à la monumentalisation de la ville par des édifices autres qu'industriels ; les riches demeures des bourgeois s'alignent dans les rues nouvelles autour de la mairie, mais aussi rue Nationale et rue de Lille ou à proximité du théâtre. L'actuel musée des Beaux-Arts, ancien hôtel particulier d'un industriel, en est un bel exemple. La gare est reconstruite en 1860 puis en 1905 ; l'église Saint-Christophe est agrandie ; la chambre de commerce est construite en 1872 et transformée en 1903 sur la place C. Roussel. L'ouverture vers Roubaix du boulevard Gambetta en 1884, parallèlement au canal, permet une entrée magistrale de la ville au niveau de la place de la Victoire. Les édifices institutionnels, comme le Palais de justice et l'école des Beaux-Arts, rue de Gand, ou l'école de natation et les établissements d'enseignement, rivalisent avec les façades imposantes des hôtels particuliers et des maisons de commerce.

Contrairement à Roubaix, l'habitat populaire est rare dans le centre et les embellissements de l'entre-deux-guerres ne font que confirmer l'embourgeoisement de la ville : les immeubles « Les Arcades » sur l'avenue G. Dron, l'ouverture du parc Clemenceau à l'emplacement de l'ancien cimetière, l'élargissement des rues centrales où la mixité continue d'être la règle contribuent à l'image d'une ville centrée et limitée par son boulevard industriel de ceinture conçu dès 1903. Les assauts de la modernité ont quelque peu dénaturé la cohérence de ce centre et si les années soixante laissent quelques beaux exemples de tours de logements collectifs, la table rase de certains îlots est une perte pour l'homogénéité urbaine. Malgré quelques réhabilitations de qualité comme le groupe de logements et commerce dans l'usine Prouvost proche du canal, ou les bâtiments de l'université Lille III dans une usine rue Sainte-Barbe, le désarroi provoqué par la crise industrielle dans les années quatre-vingt a engendré de nombreuses destructions, plutôt qu'une réelle prise de conscience des qualités du patrimoine bâti. L'adoption d'une ZPPAUP en 2002, l'arrivée du métro et une stratégie active de renouvellement marquent actuellement les différents projets urbains. Finalisé en 2003, le Plan d'Actions Urbaines fixe les orientations de développement jusqu'en 2011. Tourcoing veut retrouver un centre actif et commerçant et insiste sur la qualification de ses espaces publics. Il est vrai que l'enchaînement de ses nombreuses places et la présence de ses grands jardins publics et privés, jusqu'aux aménagements paysagers des abords du canal, dégagent une atmosphère sereine de confort résidentiel. En même temps que s'opère la rénovation requalifiante de l'habitat ancien, des opérations d'habitat innovant voient le jour : en bordure du parc Clémenceau (résidence de la Latte) dans l'optique de « parc habité », sur la friche de l'ancienne usine PJT où l'opération « maisons en ville » 2004 organise deux ensembles de maisons individuelles jointives autour d'un jardin d'eau.

La reconversion du patrimoine à des fins culturelles avait été initiée avec brio avec le studio des arts contemporains du Fresnoy (B. Tschumi) en 1997. L'hospice d'Havré devient Maison Folie en 2004. L'école des Beaux-Arts et l'Institut d'Arts Plastiques intègrent une usine en centre-ville, et une Maison des Jeunes et de la Culture jouxte des lofts dans une ancienne usine textile. Le nouveau centre nautique se cache derrière la façade préservée de la caserne des pompiers. De nombreuses usines servent d'image de marque pour des bureaux et des commerces le long du boulevard industriel. La ville, verte et dédensifiée, joue la carte d'un nouveau cadre de vie.

DM

PROPROSITION DE PROMENADE 1 :

1. **Départ : gare de Tourcoing** 162
2. **Hôtel particulier Art Nouveau** • 102 av G. Dron · Ch. Bourgeois arch., 1906
3. **Résidence les Tours** • 110 logements · av G. Dron · R. Puchaux arch., 1962
4. **Poste Principale** • 55 av G. Dron · René-François Delannoy arch., 1935
5. **Résidence les Arcades** 234
6. **Ancien monastère Notre-Dame des anges** 125
   1631-1745 · Maison Folie 2004
7. **Filature des Archers** • 66 rue du château · Ch. Bourgeois arch., vers 1930
8. **Jardin botanique** • 34 rue du Moulin Fagot · aménagement
   et nouvelle entrée, Th. Baron, Ph. Louguet et P. Coppe arch., 2008
9. **Bourloire St-Christophe**
   36 rue du Moulin Fagot · Ch. Bourgeois arch., 1929
10. **Immeuble** • 43 rue Condorcet · Horace Pouillet arch., vers 1920
11. **Maison Van de Veegaete** 230
12. **Ancienne usine Van den Berghe-Desurmont (1869)**
    transformée en IUT et ensemble de maisons ouvrières
    rue Sainte Barbe · Trace arch., 1995
13. **École de musique** • rue Paul Doumer · L. Leroux arch., 1891
14. **Musée des Beaux-Arts** • C. Maillard arch., 1866 ; J.-B. Maillard arch., 1931
15. **Maison Desurmont** • square Winston Churchill · J.-B. Maillard arch., 1911
16. **Hôtel de ville** 158
17. **Rang de maisons du début du XIXe siècle** • 14-16-18 rue Nationale
18. **Centre nautique**
    rue A. Briand · Jean-Michel Ruols arch., 2008 · réutilisation de la façade
    de l'ancienne caserne des pompiers (D. Dehaene arch., 1893)

19. **Grand Place**
    n°1, Immeuble Odoux (Voix du Nord), vers 1895 ;
    n°31, Crédit du Nord, J.-B. Maillard arch., 1920 ;
    n°12 et 13, maisons de 1719
20. **Immeuble « troubadours »** • 11 rue de Lille · vers 1840
21. **Ancienne Chambre de Commerce – Centre d'histoire locale** 186
22. **Manufacture Delannoy-Piat** • 44 rue des Ursulines · vers 1825
23. **Maison du Broutteux** • 19 rue J. Watteeuw · J.-B. Maillard arch., 1909
24. **Place de la Victoire – monument aux morts** 216
25. **Immeuble à usage de bureaux** • 34 rue Faidherbe · 1906
26. **Maisons jumelles et entrée usine Servais frères**
    30, 32, 32bis rue Faidherbe · Charles Vollery arch., 1949
27. **Chapelle du vœu** 224
28. **Centre de Gaulle** • Guy et Jacques Lapchin arch., 1965-1975
29. **Maison du XVIIIe siècle** • 55 rue de Tournai
30. **Maison du chapelain** • 47 rue de Tournai · 1623
31. **Hôtel Gaspard-Desurmont** • 9 rue de Tournai · 1819
32 **Église Saint-Christophe** 166

PROPROSITION DE PROMENADE 2 :

33. **Ensemble de bâtiments publics** • rue Gabriel Péri
Ancien bureau de bienfaisance, L. Leroux arch., 1894
École de natation, D. Dehaene arch., 1904
34. **Lycée Colbert** • rue de Gand – rue de la Bienfaisance · Trace arch., 2002
35. **Ancienne école des Beaux-Arts** 171
36. **Institut Colbert** • 18-18bis rue de Gand · Georges Bonte arch., 1936
37. **Hôtel particulier néo-rococo** • 29 rue de Gand · vers 1890
38. **Résidence de La Latte** 318
39. **Parc Clemenceau** 218
40. **École nationale des douanes**
av Millet – rue Nationale · Architecture Studio, 2002
41. **Maison double** • 127-129 rue Nationale · Delannoy arch., 1870
42. **Châteaux d'eau, Tourcoing – Les Francs** 188
43. **Ancienne usine Tiberghien** • 96-98 rue de Paris · arch. inconnu, v. 1900
96 rue Paris · transformation en logements et activités, TAO arch., 2009
98 rue de Paris · transformation en MJC, Boualem Chelouti arch., 2006
44. **« Maisons en ville »** 318
45. **Place Mülhausen et parc** • Empreinte pays., 2006
46. **Maisons à patio** • place Mülhausen et rue du Petit Village
Maria Colomer & Adrien Dumont arch., 2006
47. **Institution libre du Sacré-Cœur** • 111 rue de Lille · Ch. Maillard arch., 1885
48. **Usine Pierre et Jean Tiberghien** • rue de Lille – rue du dragon
49. **Maisons de marchands-fabricants** 182
50. **Maisons « d'industriels »** • notamment au 62, 65, 72-74 rue de Lille
51. **Ancienne banque Joire** • 49-51 rue de Lille · Ernest Thibeau arch., 1912
52. **Bourse du Travail** • 43 rue de Lille · Jean-Baptiste Maillard arch., 1890
53. **Maison patricienne** • 18 rue de Wailly · vers 1750
54. **Maison et atelier de l'architecte Jean-Baptiste Maillard**
54-56 rue Nationale · 1900
55. **Église Notre-Dame des Anges** • 73 rue Nationale
Achille-Joseph Dewarlez et Charles Maillard arch., 1845-1849 et 1859
56. **Hôtel d'un maître de poste** • 77 rue Nationale · vers 1835
57. **Résidence pour personnes âgées**
89 rue Nationale · Sophie Bello et Philippe Caucheteux arch., 2004
58. **Hôtel Christory** • 99 rue Nationale · Jean-Baptiste Maillard arch., 1893

proposition

proposition

N
0
100
200
300 m
Départs
Bâtiments
Métro
St Blaise
Rue de Gand
Rue de l'Amiral Courbet
Rue de la Malcense
R. Franklin
Boulevard de l'Égalité
Rue Condorcet
Rue Pasteur
R. du Dr Dewin
Rue G. Péri
Rue du Haze
R. de l'Industrie
R. P. Doumer
Rue Ste Barbe
R. J.-B. Lebas
R. du M. Fagot
Jardin Botanique
Rue Saint Jacques
Grand Place
Rue de la Cloche
Rue du Château
Rue Winoc Chocque
Place C. et A. Roussel
Place de la Résistance
Gare Routière
R. E. Lehoucq
Anges
Rue de Tournai
Rue Salembier
Rue du Tilleul
Avenue Gustave Dron
Rue Faidherbe
Rue Carnot
Rue Léon
Place de la Victoire
Rue Thiers
Place Sébastopol
Av. Alfred Lefrançois
Gare SNCF
1
2
3
3
4
5
6
7
8
8
9
10
11
12
13
14
15
16
17
18
19
20
21
24
25
26
27
28
29
30
31
32
33
34
35
36
37

PROMENADES À TOURNAI

Conseils pratiques :
Deux promenades d'environ deux heures chacune à réaliser de préférence à pied ou à vélo.
Promenade rive droite : départ et arrivée Gare SNCB de Tournai.
Promenade rive gauche : départ et arrivée Hôtel de Ville.

PROMENADE RIVE DROITE

Sur la rive droite de l'Escaut, soit, d'ouest en est, les paroisses de Saint-Nicolas (ou du Château), Saint-Brice et Saint-Jean, le paysage urbain de Tournai demeure fortement marqué par les options prises dans les années d'après-guerre pour tenter d'effacer les traces des bombes incendiaires allemandes de mai 1940, ravages auxquels s'ajoutèrent les effets dévastateurs des bombardements alliés sur le quartier de la gare en 1944. Les choix opérés pour la reconstruction n'ont cependant pas réussi à effacer de la cartographie tournaisienne les conséquences de deux opérations urbanistiques conduites à la fin du XIXe siècle et au début du XXe siècle.

La première opération résulte de la décision prise à la suite de la démolition des fortifications médiévales de délocaliser la station des chemins de fer, une nouvelle gare conçue par Henri Beyaert devenant un pôle nouveau, tangent à la nouvelle ceinture des boulevards. La volonté de relier cette gare à la ville a mené à l'établissement de trois axes qui convergent vers la place Crombez : les rues Royale, Childéric et de l'Athénée. La perspective de cette patte-d'oie doit être appréciée depuis le foyer de la composition, au cœur du jardin public en bordure duquel, sur l'axe médian, sera implanté ultérieurement le monument à Jules Bara, dû à l'architecte Victor Horta et au sculpteur Guillaume Charlier. On observera comment la conservation d'un pont levant au bout de la rue Royale a sauvegardé une lointaine vision indispensable sur la cathédrale Notre-Dame, sise sur la rive gauche, au cœur du vieux quartier capitulaire, au-delà de l'étranglement de la rue de l'Hôpital Notre-Dame.

Dans ces trois rues rectilignes, comme dans les deux alignements longeant le square de la place Crombez et certaines rues traversières (Beyaert, Monnel, Sondart), on peut juger, en ces façades éclectiques, du souci de paraître chez certains propriétaires désireux d'étaler l'opulence de leurs moyens dans la polychromie des matériaux (briques et pierres taillées), la prétention des balcons et des lucarnes, voire l'extravagance de tourelles.

La deuxième opération de réaménagement urbain a consisté dans la création d'une ceinture verte, étirée à l'intérieur du cercle des boulevards, sur le site de la Petite Rivière, bras de l'Escaut qui longeait les remparts et dont le comblement est entrepris vers 1910-1911. Il en résulte aujourd'hui l'environnement végétal de la tour Henri VIII et tout un patrimoine d'arbres remarquables, ainsi que la création de nouvelles avenues (Van Cutsem, Frères Haeghe, Leray et Pâris) et de la place Victor Carbonnelle où l'amateur d'éclectisme et d'Art Nouveau, parfois d'un parfum un peu provincial, prendra plaisir à flâner.

Sur la même rive droite, on pourra découvrir certains des quartiers anciens les mieux préservés de la ville, où subsistent d'anciennes institutions religieuses tels le noviciat des Jésuites (aujourd'hui Athénée Royal) et l'ancien séminaire dit de Choiseul, au jardin restitué et dont la chapelle a été transformée en « Maison Folie ». Dans ce même quartier s'élèvent aussi nombre de demeures bourgeoises et aristocratiques des XVIIe et XVIIIe siècles, sans oublier bien sûr les demeures médiévales qui jouxtent l'église Saint-Brice.

PROMENADE RIVE GAUCHE

La dimension religieuse de l'histoire de Tournai se résume dans la formule hyperbolique : « la ville au cent clochers » ! Depuis la création d'un siège épiscopal à l'époque mérovingienne, la bourgade aux origines romaines avait pris son essor de ville d'Église(s). Autour de la cathédrale Notre-Dame, dont la nef romane prévoyait initialement au moins sept tours, se pointaient par-dessus les remparts les innombrables clochers et clochetons des paroisses et couvents avoisinants. Beaucoup ont été rayés du paysage, laissant des traces dans la toponymie, la ruelle des Moines par exemple.

Ainsi l'abbatiale de Saint-Martin dont le plan a été installé par l'architecte Lacoste sur la maison Pion, ruelle de l'Enclos Saint-Martin, rappelle la présence des disciples de saint Benoît. L'opulence du dernier père abbé se manifeste en la splendeur de son palais abbatial, commandé à Laurent Dewez à la fin du XVIIIe siècle et finalement très vite occupé par l'administration communale après la Révolution française ! Un parc communal a été créé dans les jardins de l'abbaye au XIXe siècle, autour d'un kiosque-belvédère remplacé par un kiosque à musique dessiné en 1910 par l'architecte Jules Wilbaux (1884-1955).

Par la rue et le square Paul Bonduelle (1877-1955), architecte et urbaniste, on reviendra vers la façade latérale de l'hôtel de ville qui domine un autre espace du parc avec la statue de Louis Gallait, première collaboration à Tournai du statuaire Charlier et de l'architecte Horta (1891). Descendant vers la place Reine Astrid (jadis place du Parc), on y admirera l'ordonnance néoclassique de la salle de Concerts conçue par Bruno Renard et la volonté d'imposer un prescrit de *non ultius aedificandi* pour une série de maisons longeant la rue Garnier afin de dégager une splendide vue sur la cathédrale, surtout son chœur gothique.

Par la rue de Parc, on gagnera la Grand Place afin de chercher sur le sol, recréé par un pavage particulier, le dessin de l'abside d'une église totalement ignorée et révélée par de récentes fouilles. Ayant admiré maisons et monuments du *Forum*, en repassant au pied du beffroi, on se dirigera par le piétonnier (rue des Chapeliers et du Puits-Wagnon) vers la place Saint-Pierre, espace néoclassique occupant la place d'une vénérable église démolie vers 1820.

Empruntant un passage piéton aménagé au sein de l'ancien hôtel Crombez, on accède a la rue de l'Hôpital Notre-Dame d'où l'on découvrira tout le flanc nord de la cathédrale avant de descendre vers l'Escaut. Avant le pont Notre-Dame (dernier pont levant de Tournai), on longera le fleuve sur le quai Notre-Dame dont les façades alignées attestent du respect des prescrits urbanistiques au temps de Louis XIV. Avant d'arriver au pont de Fer, se dresse la façade calcaire d'une église néo-romane conçue par Justin Bruyenne pour le couvent des Rédemptoristes.

On peut poursuivre la promenade sur le quai des Salines, se dirigeant vers le pont des Trous, pour gagner le tablier du pont Delwart d'où l'on jouit d'une belle vue globale sur la ville. Après le parc de la Reine, on s'engagera dans la rue de la Madeleine et la rue Saint-Jacques puis, en remontant le long de l'église Saint-Jacques, on pourra suivre la rue des Carmes où s'élève le mont-de-piété. En remontant la rue, on arrivera place de Lille, remarquable espace urbain que domine la tour de l'église Sainte-Marguerite. En empruntant la rue Dorez, on pourra voir à gauche le fort Rouge (rue Perdue) ou s'engager dans la rue Roc Saint-Nicaise, qui possède plusieurs ensembles architecturaux préservés. De là, la rue Saint-Georges ramènera à la Grand Place.

SLBDT

PROMENADE RIVE DROITE :

1. **Départ : gare de Tournai** • place Crombez, perspective des trois rues : Royale, Childéric, Athénée 160
2. **Boiseries Art Nouveau** • 24 bd des Nerviens · v. 1910
3. **Maison Art Nouveau** 207
4. **Trois maisons « fin de siècle »** • 6-10-12 place Victor Carbonnelle · v. 1910
5. **Maison privée de Paul Clerbaux** • 14 place Victor Carbonnelle · 1904
6. **Bureaux de l'architecte Paul Clerbaux** • 36 bd des Nerviens · 1904
7. **École du Château** • avenue Leray · Bruyère, Gignon, Pirson arch., 1987
8. **Tour Henri VIII** 87
9. **Maison années 1930** • 13 rue Henri Pâris 257
10. **Rang de maisons de ville Art Nouveau** 206
11. **Maisons Art Nouveau** • 25 et 29 avenue des Frères Haeghe · v. 1910
12. **Monument des Vendéens** • sculpture d'Égide Rombaux
13. **Noviciat des Jésuites** 124
14. **Ancien séminaire de Choiseul** • A. J. Thiéry arch., 1688 · Maison Folie 2004
15. **Rangs de maisons fin XVIIe siècle**
16. **Ancien hôtel Vaudris** • 53 rue Saint-Brice · Auguste Payen arch., 1772 130
17. **Ancien hôtel Boucher** • 44 rue Saint-Brice · A. De Craene arch., v. 1820
18. **Église Saint-Brice** 74
19. **Façades de maisons romanes** 99
20. **Maison de Jehan Boutilier** 99
21. **Cure et vicairies de Saint-Brice** 26 rue de Monnel · Adolphe De Baere arch., 1877
22. **Rue Royale, triomphe de l'éclectisme** • n°48 à 54, et n°77 202

PROMENADE RIVE GAUCHE :

1. **Départ : maisons Louis XIV** • rue Saint-Martin 133
2. **Galerie du Muséum** 174
3. **Façade du palais abbatial de Saint-Martin** Cour d'honneur de l'hôtel de ville · L. B. Dewez arch., 1767
4. **Musée des Beaux-Arts** 206
5. **Maison du peintre Léonce Pion** 242
6. **Kiosque à musique** Parc communal, derrière l'Hôtel de ville · Jules Wilbaux arch., 1910
7. **Pavillon néoclassique** Parc communal, allée Paul Bonduelle · Bruno Renard arch. (attr.), v. 1825
8. **Monument Louis Gallait** • square Paul Bonduelle · Horta et Charlier arch.
9. **Église du séminaire épiscopal** 124
10. **Maison gothique** 96
11. **Église Saint-Piat** 74
12. **Hôtel Gorin, musée de la Tapisserie** • place Reine Astrid 142
13. **Salle des Concerts** • place Reine Astrid 142
14. **Beffroi** 95
15. **Immeuble Le Carillon** 229
16. **Halle aux Draps** 106
17. **Café « La botte de lin »** • 45 Grand Place · Roger Damien arch., 1964
18. **Église Saint-Quentin** 75
19. **Chevet de la cathédrale Notre-Dame** 72
20. **Ensemble urbain de la place Saint-Pierre** • v. 1850
21. **Passage de l'hôtel Crombez** place Saint-Pierre – rue de l'Hôpital Notre-Dame · v. 1820

22. **Ancien hôpital, aujourd'hui Académie des Beaux-Arts**
12-14 rue de l'Hôpital Notre-Dame · 1758
23. **Ancien couvent des sœurs Noires, aujourd'hui Académie des Beaux-Arts** • 13 rue de l'Hôpital Notre-Dame · XIVe-XVIIIe-XIXe siècles
24. **Maisons Louis XIV** • rue de l'Hôpital Notre-Dame 133
25. **Maisons Louis XIV** • quai du Marché au poissons 133
26. **Aménagement des quais de l'Escaut** 312
27. **Maisons Louis XIV** • 8 à 39 quai Notre-Dame
28. **Église des Rédemptoristes** • quai Notre-Dame · Justin Bruyenne arch., 1861
29. **Maison de l'architecte Robert Schotte** • 10 quai Dumon · 1962
30. **Maisons classiques** • 19 et 26 quai des Salines · milieu du XVIIIe siècle
31. **Ancienne manufacture des Porcelaines**
29-30-30A quai des Salines · 1763
32. **Pont des Trous** 86
33. **Église Sainte-Marie-Madeleine** 75
34. **Vestiges du béguinage** • 49 à 61 rue de La Madeleine
35. **Ancienne brasserie Carbonnelle** • 18-20 rue de La Madeleine
arch. inconnu, 1887 · transformée en logements, Bruyère – Bruyère arch., 2006
36. **Maison** • 2 rue de La Madeleine · v. 1680
37. **Maison « Au lion blanc »** • 18 rue Saint-Jacques · v. 1680
38. **Hôtel de Joigny** 137
39. **Maison néogothique**
19 rue Saint-Jacques · Baron Béthune arch. (attr.), 1883
40. **Hôtel bourgeois** • 17 rue Saint-Jacques · A. J. Douay maître d'œuvre, 1750
41. **Relais du miroir, maison « brugeoise »**
15 rue Saint-Jacques · Baron Béthune arch. (attr.), 1883
42. **Hôtel particulier** 144
43. **Église Saint-Jacques** 74
44. **Mont-de-piété** 109
45. **Église Sainte-Marguerite** • place de Lille · v. 1760 ; tour, 1363
46. **Ancien portail de l'abbaye Saint-Mard**
place Roger de Le Pasture · Guillaume Hersecap arch., 1693
47. **Fort Rouge** 86
48. **Vestiges du couvent des dominicains**
46 rue Roc Saint-Nicaise · à partir de 1634
49. **Maisons Louis XIV** • rue Roc Saint-Nicaise 133
50. **Tour Saint-Georges** • vestige de l'enceinte du XIe siècle
51. **Musée du folklore** • 34-36 réduit des Sions · aménagé dans des maisons datées de 1667 · abrite une reproduction du plan-relief de Tournai (1701)

PROMENADES À TOURNAI

Rive droite

Rive gauche

Pont des Trous
32
Rue Péterinck
Quai Sakharov
L'Escaut
Rue Campin
Rue du Château
75C
Rue C. du Ch.
Rue du
31
Rue de la Madeleine
34
33
Quai des Salines
Rue Frinoise
30
Quai Dumon
29
35
36
38
40
41
37
39
R. St Jacques
42
Rue des Sœurs Noires
28
Rue du Cygne
Qu. N-D
Rue Claquedent
43
Rue de Courtrai
27
24
Rue des Carmes
44
23
47
R. de l'Yser
21
Place de Lille
Rue Perdue
18
Pl. de l'Évêché
Pl. Janson
45
R. Dorez
Grand Place
46
17
19
16
15
14
R. Roc St Nicaise
48
13
51
Martin
49
50
12
Boulevard Bara
Bd des Frères Rimbaut
Place Reine Astrid
1
8
2
Allée P. Bonduelle
Rue Saint
3
7
Rue
4
5
6
Parc Communal
Rue
Rue Rogier
Boulev

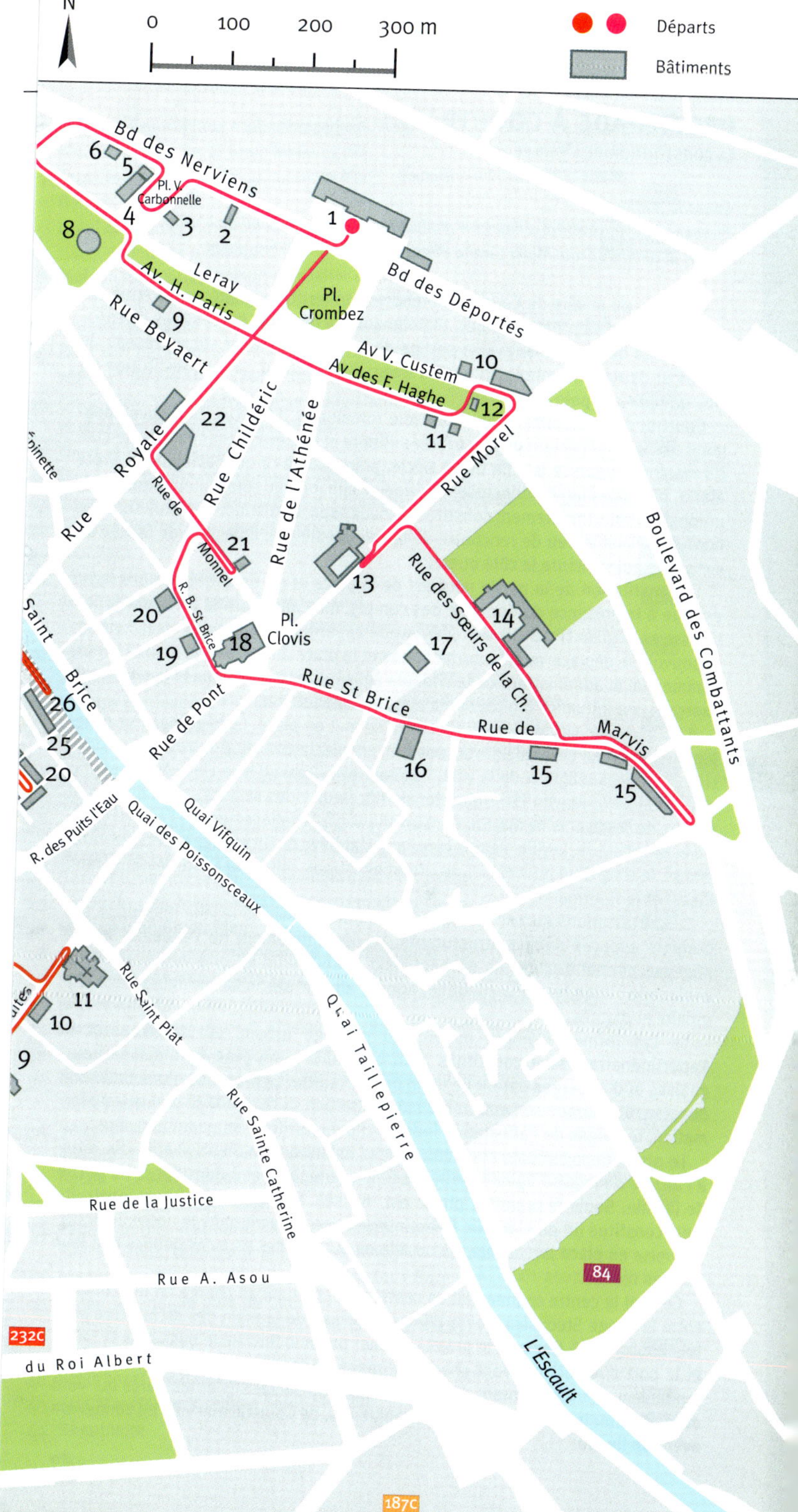
N
0
100
200
300 m
Départs
Bâtiments
Bd des Nerviens
Pl. V. Carbonnelle
Leray
Av. H. Paris
Rue Beyaert
Pl. Crombez
Bd des Déportés
Av V. Custem
Av des F. Haghe
Rue Morel
Rue Royale
Rue Childéric
Rue de l'Athénée
Rue de Monnel
R. B. St Brice
Pl. Clovis
Rue des Sœurs de la Ch.
Boulevard des Combattants
Rue St Brice
Rue de Marvis
Saint Brice
Rue de Pont
Quai Vifquin
Quai des Poissonsceaux
R. des Puits l'Eau
Rue Saint Piat
Quai Taillepierre
Rue Sainte Catherine
Rue de la Justice
Rue A. Asou
du Roi Albert
L'Escault
84
232c
187c
1
2
3
4
5
6
8
9
10
11
12
13
14
15
16
17
18
19
20
21
22
25
26

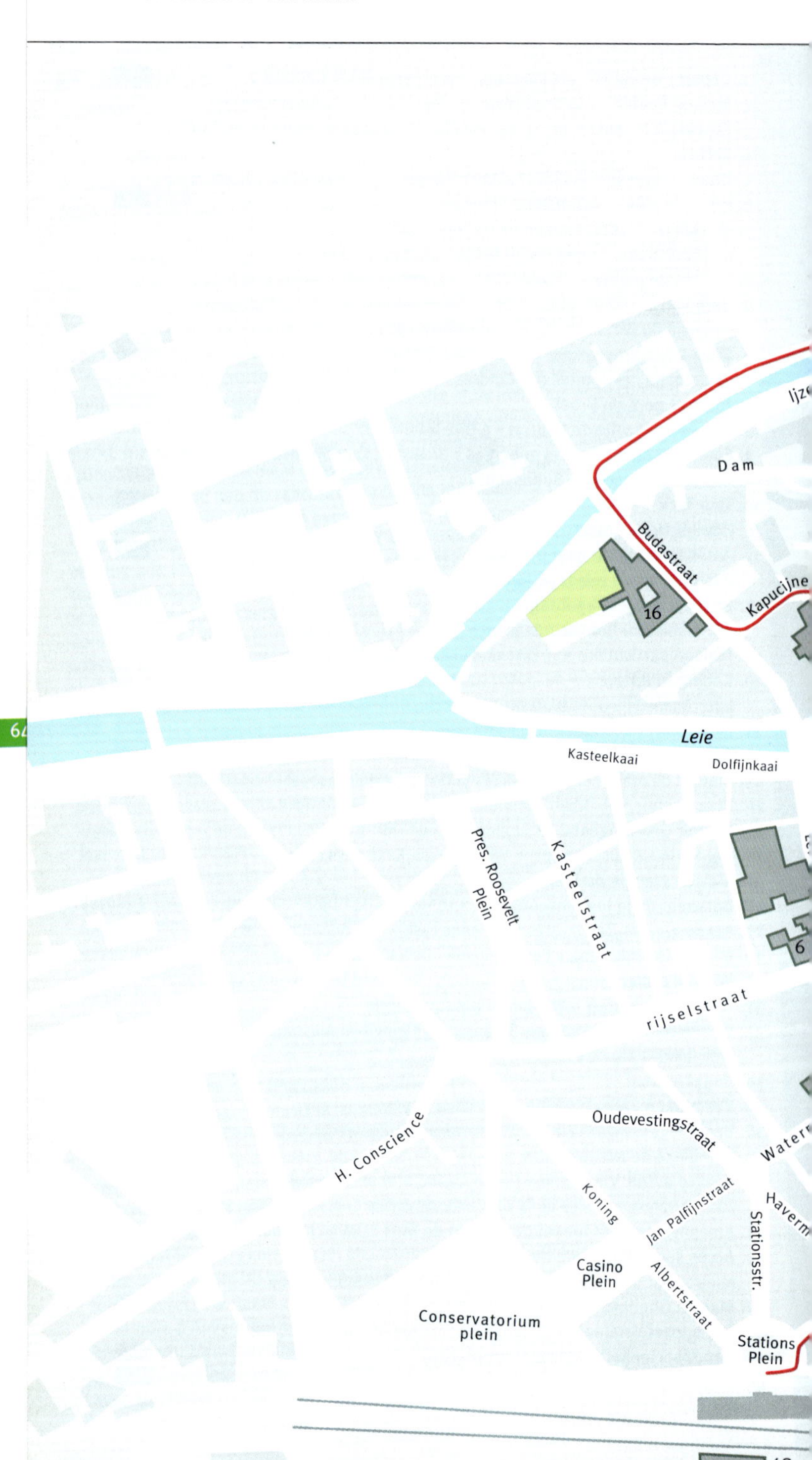
Ijz
Dam
Budastraat
Kapucijne
16
Leie
Kasteelkaai
Dolfijnkaai
Pres. Roosevelt Plein
Kasteelstraat
6
rijselstraat
Oudevestingstraat
H. Conscience
Water
Koning
Jan Palfijnstraat
Haverm
Stationsstr.
Casino Plein
Albertstraat
Conservatorium plein
Stations Plein
40
319C

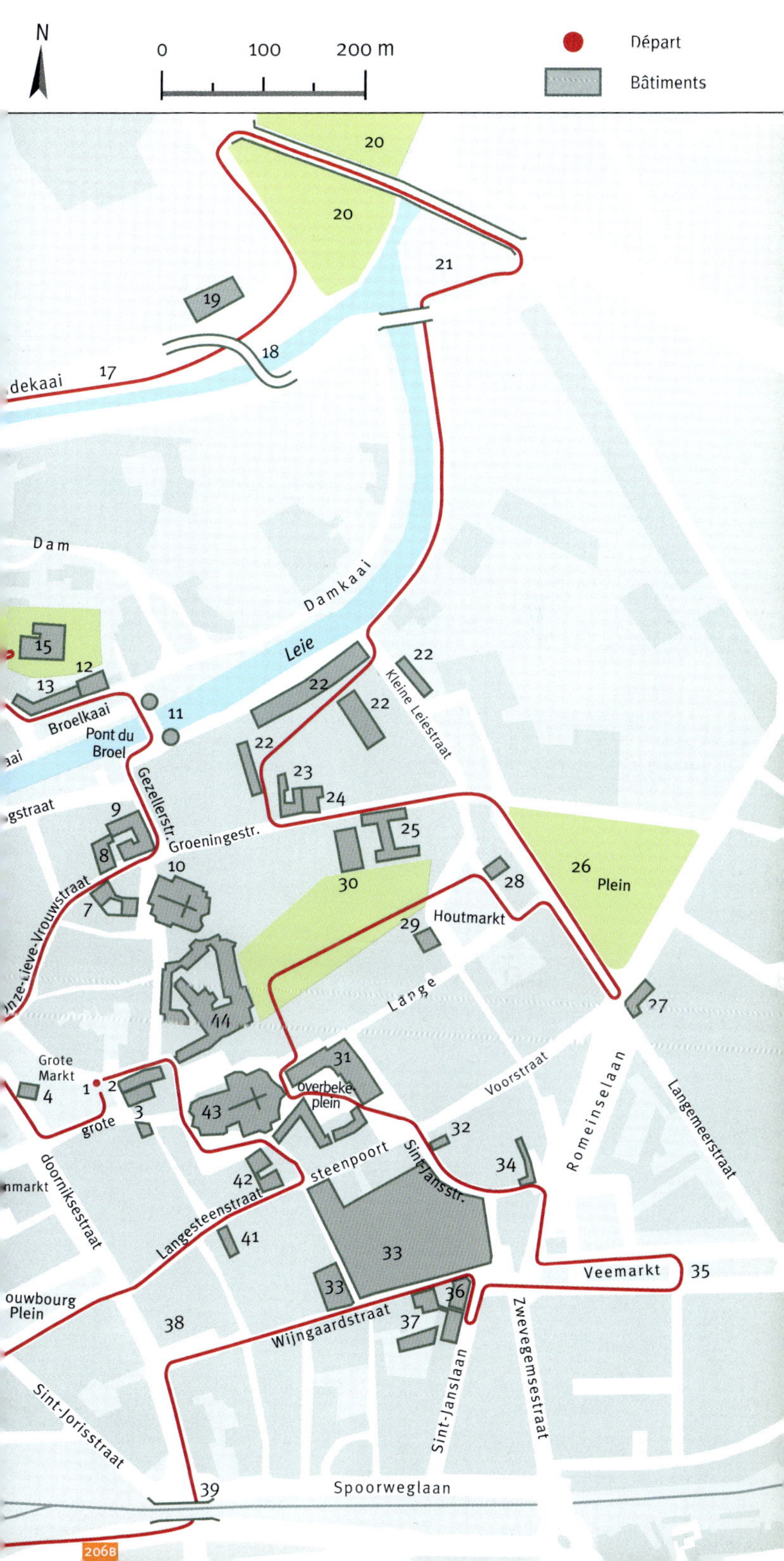

N
0
100
200 m
Départ
Bâtiments
dekaai
Dam
Damkaai
Leie
Broelkaai
Pont du
Broel
Gezellerstr.
Groeningestr.
Kleine Leiestraat
Onze-Lieve-Vrouwstraat
Houtmarkt
Plein
Lange
Voorstraat
Romeinselaan
Langemeersstraat
Grote
Markt
grote
Overbeke
plein
Sint-Jansstr.
steenpoort
Langesteenstraat
doorniksestraat
Veemarkt
Zwevegemsestraat
Sint-Janslaan
Wijngaardstraat
Schouwbourg
Plein
Sint-Jorisstraat
Spoorweglaan
1
2
3
4
7
8
9
10
11
12
13
14
15
17
18
19
20
21
22
23
24
25
26
27
28
29
30
31
32
33
34
35
36
37
38
39
41
42
43

LE PATRIMOINE MÉTROPOLITAIN

SÉLECTION DE BÂTIMENTS REMARQUABLES
CLASSÉS PAR FONCTION ET PAR ÉPOQUE

ÉPOQUE MÉDIÉVALE

TOURNAI, CATHÉDRALE NOTRE-DAME

60

PLACE DE L'ÉVÊCHÉ
XIIe-XIIIe SIÈCLE

L'immense vaisseau de la cathédrale Notre-Dame oblitère l'image de la « Cité des Cinq Clochers », visible à des kilomètres à la ronde dans les campagnes opulentes de la vallée de l'Escaut. Par-dessus les toits, poinçonnant le paysage urbain, le faisceau des cinq tours s'élance, entre une longue nef romane et un très vertigineux chœur gothique. Ainsi la vénérable cathédrale offre à l'amateur d'architecture médiévale une monumentale synthèse de l'évolution des modes constructifs du Moyen Âge occidental.

Écho de la « cathèdre » épiscopale, le terme « cathédrale » rappelle que Tournai est depuis la fin du Ve siècle le siège d'un évêché, créé après le baptême de Clovis, lorsque ce dynaste quitte la capitale historique des Mérovingiens pour se fixer à Paris.

L'actuel édifice a été précédé d'une série d'autres dont on espère que les fouilles et les sondages multipliés à l'occasion d'indispen-

sables travaux de stabilisation et de restauration préciseront l'histoire complexe. Une consécration en 1171 attesterait de l'achèvement d'une cathédrale romane largement conservée. L'ordonnance de la nef, à l'horizontalité accusée par des cordons de pierre séparant les niveaux, superpose les arcades des collatéraux, celles des tribunes, le registre ornemental d'un faux triforium, l'alignement des fenêtres hautes. Une voûte d'arêtes a remplacé au XVIIIe siècle un plafond plat qui jadis accentuait encore cette tendance. Lorsque la charpente romane périt dans le bombardement incendiaire de mai 1940, cette voûte joua utilement son rôle de coupe-feu, limitant heureusement les dégâts. Les options prises pour voûter le transept montrent l'influence des nouveaux modes constructifs, surtout aux puissantes « nervures » des absides des croisillons sud et nord

et celles de la tour-lanterne centrale. Sur cette tour, à l'est, s'adosse un audacieux chœur du milieu du XIIIe siècle, où triomphe la verticalité de l'*opus francigenum*, articulant trois niveaux : les grandes arcades ouvrant sur le déambulatoire, un véritable triforium, un clair-étage d'immenses verrières. Le renforcement des supports (sauf dans la partie tournante du sanctuaire) et les tirants posés dès le XIVe siècle démontrent que les problèmes statiques du chœur, malgré les arcs-boutants, ne sont pas neufs, même si de nouveaux désordres géologiques imposent aujourd'hui des travaux urgents et colossaux !

SLBDT

TOURNAI ÉGLISE SAINT-BRICE

60

RUE BARRE SAINT-BRICE

XIIe-XVe SIÈCLE

Quelque peu écrasée par la haute tour de façade (XVe), la volumétrie de l'église articule une partie romane dominée par une tour-lanterne (restituée) et un vaste chœur gothique en triple halle (v. 1220) abondamment éclairé par des baies aux réseaux ouvragés. Sous les premières travées de ce chœur, une crypte romane a été dégagée lors de la restauration.

TOURNAI ÉGLISE SAINT-PIAT

60

RUE DES JÉSUITES

XIIe-XVIIe SIÈCLE

Un modeste sanctuaire du VIe siècle a été découvert sous cette église consacrée à Piat, l'évangélisateur du Tournaisis. Nef romane (XIIe), chœur gothique en triple halle prolongé d'un chevet polygonal (XIIIe et XIVe) et chapelles annexées aux XVe et XVIIe siècles constituent un ensemble curieux dominé par un clocher formellement apparenté à ceux de la cathédrale.

TOURNAI, ÉGLISE SAINT-JACQUES

61

RUE DU PALAIS SAINT-JACQUES · XIIIe-XIVe SIÈCLE

Fleuron de la couronne des églises paroissiales balisant l'extension de la ville au Moyen Âge, Saint-Jacques confirme les traits du gothique scaldien : usage du calcaire local, fûts cylindriques à tambours, chapiteaux à crochets, triplets des fenêtres, voûtes en bois, murs structurés d'un triforium intérieur et d'une coursière extérieure. Le chœur (1368) surélevé, aux allures de Sainte-Chapelle, possède un riche mobilier néo-gothique.

TOURNAI
ÉGLISE SAINT-QUENTIN

60

GRAND PLACE · XIIIe-XVe SIÈCLE

La façade romane résulte d'une option prise après l'incendie de mai 1940, en harmonie avec la puissante tour-lanterne. Le chœur gothique du XIIIe siècle fut remarquablement amplifié en 1464 par l'ajout d'un déambulatoire à chapelles rayonnantes. On observera l'évolution de la mise en œuvre du calcaire, d'un moellonage rustique au grand appareil très soigné.

TOURNAI
ÉGLISE SAINTE-MARIE-MADELEINE

61

TERRASSE DE LA MADELEINE
XIIIe SIÈCLE

Plusieurs décennies de négligences coupables ont beaucoup nui à ce bel exemple de gothique tournaisien, entrepris dès 1252 à l'initiative de Walter de Marvis, bâtisseur du chœur de la cathédrale. Une façade harmonique à deux tours (XIVe) est restée inachevée...

TOURNAI, ÉGLISE SAINT-NICOLAS

62

RUE DU CHÂTEAU · XIIe-XIIIe SIÈCLE

Entreprise par le chœur, flanqué d'une tour, à la fin du XIIe siècle, l'église dite « du Château », sise au quartier que les Anglais fortifièrent au début du XVIe, affiche dans sa nef achevée avant 1213 des caractéristiques précoces du gothique scaldien : chapiteaux à crochets, berceau lambrissé, coursière extérieure, tourelles au pignon de façade.

LILLE, ÉGLISE SAINT-MAURICE

PARVIS SAINT-MAURICE
XIVe-XVIe SIÈCLE, XIXe SIÈCLE

Comme beaucoup d'autres monuments, l'église Saint-Maurice témoigne du fait qu'une architecture est un organisme vivant, susceptible de subir au fil du temps des adaptations, transformations et mutations parfois considérables. Au-delà d'une première impression de relative cohérence, seule une attentive lecture du bâtiment permettra de distinguer, sous cette apparence d'unité globale, les apports diversifiés de l'Histoire. La lecture d'un plan indiquant par des grisés ou des couleurs spécifiques les apports des différentes époques est toujours utile à une compréhension de cette histoire complexe que raconte un bâtiment aux visiteurs sachant le lire.

La partie centrale du transept et les deux travées à l'ouest de celui-ci appartiennent à une église du XIVe siècle, qui remplaçait déjà plusieurs sanctuaires antérieurs. Au XVe, sous Philippe le Bon, une nouvelle église amplifie l'espace, greffant quatre travées vers l'est et deux vers l'ouest où l'on dresse une tour de façade. Au XVIe, la croissance se fait en largeur en portant l'édifice à cinq nefs. Ces nouveaux collatéraux seront prolongés de deux travées vers l'est au XVIIe, qui voit poser partout des voûtes en pierre génératrices d'une vague unité globale. En 1868, l'architecte Canissié rénove toute la partie occidentale, ajoutant trois travées aux cinq nefs et implantant une nouvelle tour au centre de la façade occidentale. À l'est, il construit d'importantes sacristies aux spectaculaires toitures pyramidales.

Ernest Lotthé s'est enthousiasmé surtout pour l'intérieur, écrivant : « [...] vous croyez être dans une forêt. Les arbres sont élancés, et, dans les hauteurs, les ramures s'entremêlent. [...] Si vous regardez dans le sens de la longueur, les

colonnes animées par le soleil vous paraîtront d'albâtre. [...] Passé le transept, la forêt mystique continue. [...] Les colonnes [...] tournent autour de l'autel, lançant des gerbes vers l'infini. [...] Au-dessus, ce sont les verrières. Chaque panneau est une couleur, le vert, l'orange, le jaune, le bleu. Et ces teintes, violemment opposées, donnent à l'église Saint-Maurice une âme de lumière. »

SLBDT

COURTRAI ÉGLISE SAINT-MARTIN (SINT MARTEENSKERK)

65

SINT MAARTENSKERKHOF

XIVe-XVe SIÈCLE

Suite à l'incendie d'une église antérieure en 1382, le type de l'église-halle, que l'on dit « Hallekerck », développe ici sa monumentale volumétrie, amplifiée par un transept et l'ajout de multiples chapelles, conjuguée aussi avec une tour de façade (du XVe siècle), plutôt d'inspiration brabançonne, alors que les chapiteaux sont tournaisiens. Une rare voûtaison en pierre contribue à l'opulence du lieu, comme la flamboyante tourelle du Saint-Sacrement.

LILLE, ÉGLISE SAINTE-CATHERINE

19

TERRASSE SAINTE-CATHERINE

XVe-XVIIIe SIÈCLE

On sait peu de chose précisément sur la datation de cette église attestée au XIIIe siècle. Les trois nefs d'égale hauteur l'inscrivent nettement dans la tradition flamande des églises-halles. Sa grande austérité résulte de l'enlèvement d'une parure néogothique posée au XIXe siècle. Une puissante tour carrée donne à l'ouest un sévère accent vertical auquel contribuent les contreforts aux angles.

COURTRAI, ÉGLISE NOTRE-DAME (ONZE-LIEVE-VROUWEKERK)

65

GROENINGESTRAAT · XIIIe-XIVe SIÈCLE

Transept, nef et bas-côtés relèvent du gothique scaldien dans cet édifice fondé par le comte de Flandre Baudouin IX. La façade à deux tours également, proche de La Madeleine à Tournai. Le style brabançon marque l'admirable chapelle greffée (v. 1375) au flanc sud d'un nouveau chœur avec déambulatoire pour servir de sépulture à Louis de Mâle. Une sainte Catherine, attribuée à André Beauneveu, y rayonne de toute l'élégance du gothique français !

BERSÉE
ÉGLISE SAINT-ÉTIENNE

XVIe-XIXe SIÈCLE

Si l'église, millésimée 1558, a été complètement altérée par une campagne de travaux menés autour de 1880 pour accroître sa capacité d'accueil, la tour a gardé toute sa noblesse. Les contreforts d'angles ont une puissance ascensionnelle que renforce un dialogue des matériaux venant souligner la structure.

SECLIN
COLLÉGIALE SAINT-PIAT

336

BOULEVARD HENTGÈS · XIIIe ET XIVe SIÈCLE

C'est une église de pèlerinage fondée par saint Éloi vers 640-650 à l'emplacement de la sépulture de saint Piat, premier évangélisateur du Tournaisis (284-305). La collégiale est une vaste construction gothique du XIIIe et du XIVe siècle ; la nef (reconstituée après sa démolition partielle en 1914-1918) et le déambulatoire, sur lequel ouvrent huit chapelles latérales et cinq absidiales, confèrent à l'édifice une similitude d'atmosphère avec la cathédrale de Tournai. Le chœur a fait l'objet d'une campagne de décoration en 1705-1725. Le maître-autel à rocailles, volutes et trophées est une œuvre sculptée de Mathieu Jonniau, datée de 1763.

PECQ – ESQUELMES
ÉGLISE SAINT-ÉLEUTHÈRE

336

XIe SIÈCLE

Heureusement conservée au cœur d'un cimetière emmuré, l'église d'Esquelmes est un exemple devenu rarissime en Tournaisis de ces modestes sanctuaires ruraux qui fleurirent en nos campagnes à l'époque romane quand, après les terreurs de l'an mil, selon les mots du chroniqueur Raoul Glaber, « on eût dit que le monde, secouant et rejetant sa vieillesse, revêtait partout la blanche parure des églises ».

Bâtie au XIe siècle en petits moellons de calcaire carbonifère de Tournai, peut-être amenés par voie d'eau, l'Escaut étant ici tout proche, la nef unique à plafond plat (refait) est prolongée, au-delà d'un arc triomphal brisé (repris en sous-œuvre à l'époque gothique), par un presbytérium voûté en berceau et une abside couverte d'un cul-de-four. L'important ébrasement des baies assure l'animation d'un bon éclairage à cet espace d'une grande simplicité, allongé vers l'ouest au milieu du XIXe siècle, la façade occidentale étant percée d'une porte néoromane.

Définis dans l'affrontement des surfaces murales et des pentes des toitures, avec la dichotomie chromatique si vivante de leurs matériaux et leurs arêtes soulignées par

les ombres, les volumes élaborent une composition si admirablement épanouie que ni la modeste sacristie implantée au sud, ni le clocheton monté au XVIe siècle sur l'extrémité orientale de la charpente ne réussiront à troubler cette beauté, fille de la simplicité, de la nécessité.

Dans la maîtrise des pratiques ancestrales soumises aux matériaux réside le « secret » des bâtisseurs qui fait que « la plus modeste des chapelles romanes [...] est traitée comme une fin en soi, accomplie en chef-d'œuvre émouvant, ses humbles trouvailles sont justes, ses volumes paisibles, son recueillement inépuisable ». (R. Oursel)

SLBDT

FRASNES – CORDES ÉGLISE SAINT-GEORGES

1

XIe SIÈCLE

La nef romane du XIe siècle présente dans la volumétrie de son vaisseau unique une grande proximité avec Esquelmes, les murs mêlant ici quelques grès de petit format aux moellons de calcaire tournaisien. Des transformations radicales témoignent tant d'incidents de l'Histoire que de l'évolution du goût : charpente surhaussée (XIVe), percement de grandes baies (fin XVe), clocheton ajouté (XVIIe), plafond et nouveau chœur en brique (XVIIIe).

SEQUEDIN, ÉGLISE SAINT-LAURENT

336

XIIIe-XVIIe SIÈCLE

Une attentive lecture s'impose pour distinguer les phases d'amplification qui conduisent un sanctuaire cruciforme du XIIIe siècle à croître d'abord au XVIe, puis encore au XVIIe par l'érection d'une troisième nef en brique et pierre alternées (1637). Signalons l'intérêt du décor architectural de la cuve baptismale romane d'origine tournaisienne et de la table de communion (Renaissance flamande).

LILLE – ESQUERMES, CHAPELLE NOTRE-DAME DE LA RÉCONCILIATION

336

RUE DE CANTELEU · XIIIe-XIXe SIÈCLE

Même si cette chapelle se lit aujourd'hui dans une version réécrite en 1831, cette fondation du milieu du XIIIe garde son intérêt. La modestie de cette structure gothique n'enlève rien à la paisible élégance de ces fûts cylindriques couronnés de chapiteaux à crochets à l'intérieur, au traitement raffiné de l'encadrement des baies à l'extérieur.

SAINGHIN-EN-MÉLANTOIS
ÉGLISE SAINT-NICOLAS 336

XVIe SIÈCLE

Une nef, courte et large, et des collatéraux étriqués caractérisent ce sanctuaire rural du début du XVIe siècle, plusieurs fois remanié au fil du temps... jusqu'à la chapelle baptismale faisant saillie sur la façade (1901). La qualité de la tour s'impose, signe affirmé d'un pouvoir, que couronne un riche cordon sculpté...

MARCQ-EN-BARŒUL 40
ÉGLISE SAINT-VINCENT

PLACE DU GAL DE GAULLE · 1516 (?)

La disposition en « Hallekerk » apparente cette église à Sainte-Catherine de Lille. La structure interne dégage de la hardiesse, les grandes baies contribuant à une impression de dilatation spatiale. Les proportions de la tour de façade par rapport aux volumes des nefs et du modeste transept, celles de son couronnement pyramidant et les cordons horizontaux recoupant ses parois accentuent sa robuste pesanteur...

ENGLOS, ÉGLISE SAINTE-MARIE-MADELEINE 336

XIIe SIÈCLE, 1509, 1918

Très restaurée après 1914-1918, l'église présente des maçonneries disparates dont la lecture s'impose pour faire apparaître les bribes d'une histoire : un sanctuaire cruciforme dont les murs de la nef auraient été percés d'arcades en tiers-point pour ouvrir sur des collatéraux venus s'ajouter sous une extension de la couverture centrale...

TOURNAI, TOURS DE MARVIS

63

AVENUE DE CRAENE
XIIIe-XIVe SIÈCLE

Tournai n'a conservé que quelques trop rares témoins de ses fortifications urbaines successives, précieux jalons qui balisent l'extension de son territoire, de la période romaine jusqu'à la deuxième enceinte communale, modernisée pour l'usage des canons et par la présence d'une véritable tour d'artillerie construite par les Anglais (début XVIe), enfin progressivement bastionnée (fin XVIIe) pour s'intégrer aux principes des ingénieurs militaires français après la construction d'une citadelle « à la Vauban » par J. de Mesgrigny. Autour de 1865, très systématiquement, la grande enceinte médiévale des XIIIe et XIVe siècles fut démolie afin de relier l'*intra-muros* et les faubourgs, dans la perspective d'un développement industriel vainement escompté. En remplacement de son « corset de pierre », la ville fut alors dotée de la promenade arborée des boulevards périphériques.

Cette portion de courtine reliant deux tours de flanquement donne une petite idée de la fière allure que devait avoir la deuxième enceinte communale, bâtie en moellons de calcaire, dans le dernier quart du XIIIe et au début du XIVe siècle, afin de protéger de nouveaux quartiers que l'essor démographique de Tournai avait fait naître à l'extérieur de la première enceinte datant de la deuxième moitié du XIe siècle. L'ensemble enfermait un territoire, si vaste qu'il ne serait jamais totalement bâti, derrière une muraille flanquée de quelque soixante-huit tours, distantes de soixante à soixante-dix mètres et dominant le chemin de ronde. Le mur était percé de dix-huit portes, généralement aménagées entre deux tours formant un châtelet d'entrée. Deux portes d'eau commandaient l'accès de la ville par le fleuve.

SLBDT

TOURNAI, FORT ROUGE

61

RUE PERDUE

XIe SIÈCLE

Une récente restauration a permis de reconsidérer l'intérêt de ce vestige de la première enceinte communale dont un niveau entier avait disparu sous l'effet de l'exhaussement du sol. Elle a rendu aussi à cette tour d'angle construite dans un fort bel appareil, ses belles archères et la couverture de tuiles à laquelle ce monument doit son nom.

LILLE NOBLE TOUR

25

RUE DES DÉPORTÉS

1402

C'est un vestige de la troisième enceinte de la ville de Lille, qui comportait soixante-cinq tours d'époque médiévale. La Noble Tour fut réalisée en 1402 sous Philippe le Hardi. Découronnée lors du siège de 1667, remaniée par Vauban, elle abrite désormais un mémorial de la Résistance (sculpture extérieure de A. Bizette-Lindet).

TOURNAI, PONT DES TROUS

61

QUAI DES SALINES · XIIIe-XIVe SIÈCLE

Si après la guerre de 1939-1945, pour des raisons de circulation fluviale, l'arche centrale a été élargie sur deux piles redressées, l'ensemble du monument étant alors rehaussé, la silhouette rappelle encore que cette rare porte d'eau constituait l'accès à Tournai en aval du fleuve.

TOURNAI, TOUR HENRI VIII

60

RUE DU REMPART · XVIe SIÈCLE

Rapidement ajoutée (1515-1518) par l'occupant anglais au tracé de la deuxième enceinte communale, cette tour d'artillerie s'impose par les puissantes proportions de sa masse cylindrique. Elle superpose deux salles rondes et une plate-forme défensive. Ses murs ont près de sept mètres d'épaisseur.

COURTRAI, TOURS ET PONT DU BROEL (BROELTORENS EN BRUG)

65

GENTKAAI · XVe SIÈCLE

Fortement restaurées au XIXe siècle, reliées par un pont à trois arches, les tours circulaires du XVe, avec leur niveau supérieur saillant sur une couronne de mâchicoulis et leurs hautes toitures coniques, demeurent emblématiques de la cité flamande...

YPRES, PORTE DE LILLE (RIJSELSEPOORT) ET TOUR OUEST, VESTIGES DES REMPARTS BOURGUIGNONS

1

RIJSELSESTRAAT · XIVe-XVIIe SIÈCLE

Cette section de la fortification urbaine de la ville d'Ypres atteste de la mémoire des pierres : remontant au milieu du XIVe siècle, la conception de cette porte, avec les tours qui flanquent le passage, et les courtines qui l'encadrent, a été adaptée et complétée par Vauban au XVIIe afin de rester efficace, souci qui motiva encore la restauration par les Hollandais au début du XIXe, sa qualité patrimoniale justifiant la valorisation lors d'importants travaux dans les années 1980...

ANTOING, CHÂTEAU

336

PLACE BARA

XIIIe-XVe-XIXe SIÈCLE

Témoin d'une puissante seigneurie longtemps tenue par les Meulun avant de passer à la famille de Ligne, le château conserve une bonne partie de l'enceinte du XIIIe siècle enfermant

la basse-cour. Cette ligne de défense, encore rythmée de tours semi-circulaires ou carrées, est percée de plusieurs entrées. Il faut souligner l'intérêt d'un châtelet d'entrée du milieu du XVe siècle dont le passage, constitué d'un portail en arc brisé et d'un guichet sous linteau droit, était flanqué de deux tours semi-circulaires dotées de canonnières. Ce châtelet est renforcé encore par la présence d'une barbacane de la deuxième moitié du XVe ou du début du XVIe, magnifique exemple d'une architecture militaire soucieuse des équipements nouveaux. Elle a été conçue pour l'utilisation de bouches à feu et tant son tracé polygonal que ses profils et élévations augurent des options à venir dans la fortification des Temps Modernes.

Cœur du château actuel, un donjon édifié par Jean de Meulun (vers 1432) demeure, malgré d'importantes restaurations, un intéressant témoin de ces tours maîtresses que les commanditaires souhaitaient, au-delà de leur aspect résidentiel ou militaire, voir

reconnues comme l'expression d'un pouvoir. La haute tourelle d'escalier ronde avec son dernier niveau en encorbellement sur mâchicoulis y contribuait sans doute.

La recherche croissante de confort justifie l'érection d'un corps de logis (milieu XVIe ?) plus proche du château de plaisance. Il fut très profondément remanié au XIXe siècle dans un esprit « troubadour » qui multiplia les tourelles d'angle et dont le goût du pittoresque justifiait sans doute en couronnement de l'édifice ce curieux amortissement polygonal en brique rythmé de remplages aveugles et l'échauguette en pierre, étrange pique-ciel des fumées du « Pays Blanc »...

SLBDT

TOURNAI – VAULX, CHÂTEAU CÉSAR

336

XIIIe SIÈCLE

Au-delà du pittoresque des vieilles pierres envahies par la végétation, les vestiges d'un quadrilatère régulier flanqué de quatre tours aux angles attestent par les belles maçonneries de calcaire d'une résidence fortifiée bâtie (fin XIIIe) sur un promontoire de la rive droite de l'Escaut.

ESTAIMPUIS – NÉCHIN, CHÂTEAU DE LA ROYÈRE

336

RUE DU CHÂTEAU · XVe SIÈCLE (?)

Sous la végétation, les spécialistes seuls ont reconnu ici les vestiges d'un superbe château fort (re) bâti sans doute au XVe siècle selon un plan décagonal régulier avec un châtelet d'entrée à deux tours et une alternance d'échauguettes et de tours semi-circulaires assurant le flanquement des dix pans de la courtine.

TOURNAI – MOURCOURT
CHÂTEAU DE BAUDIGNIES
DONJON

336

1, RUE DU CHÂTEAU · FIN XIIIe SIÈCLE

Il subsiste au milieu de l'aile sud-ouest la souche d'un donjon rectangulaire que ses deux premiers niveaux aux épais murs de calcaire permettent de dater de la fin du XIIIe siècle. Les corbeaux de pierre rappellent des superstructures de bois aujourd'hui remplacées par un niveau en brique (XVIe ou XVIIe siècle).

YPRES, HALLE ET BEFFROI

1

GROTE MARKT
XIIIe SIÈCLE

D'aucuns ont écrit que les halles d'Ypres constituent l'ensemble monumental le plus vaste qui ait été construit par une municipalité pendant le Moyen Âge aux Pays-Bas.

On a pu y voir la réponse expressive au besoin de locaux regroupant les fonctions administratives, judiciaires, économiques dans une cité drapière. Une typologie nouvelle apparaît dans ces bâtiments impressionnants, espaces de représentation pour une bourgeoisie commerçante qui accompagne l'essor de la ville médiévale où le beffroi s'impose dans le paysage urbain comme la tour symbolisant les libertés communales, abritant la « schatkamer » et la « klokkekamer ».

Ouvert par la construction du beffroi, le chantier aurait été activement poussé du milieu du XIIIe siècle jusqu'en 1304. La façade sud s'étire sur plus de cent trente mètres. Il faut souligner la vigueur de la composition, rythmiquement organisée par la répartition des portes et la répétition des baies doubles, alternant à l'étage avec des niches destinées à recevoir des sculptures. Un parapet crénelé souligne la base de l'immense toiture partagée par

l'accent vertical du beffroi, une puissante tour quadrilatère coiffée d'une charpenterie complexe et cantonnée de quatre tourelles couronnées de flèches aux crochets multiples, rappel de celles qui ponctuent les angles du bâtiment des halles. On les retrouve également aux pignons du transept de l'église voisine de Saint-Martin et sur les angles de sa tour de façade, échos amoindris des pinacles ponctuant la balustrade ourlant l'ensemble des toitures du sanctuaire.

Cette admirable réalisation urbaine, déjà objet de restaurations discutées au cours du XIXe siècle, fut totalement ravagée lors de la Première Guerre mondiale, comme l'attestent de nombreuses photographies prises après 1914-1918, hallucinantes de désolation. On jouit donc aujourd'hui du fruit d'une « restauration-restitution » qui, ayant suscité de très vives polémiques d'amateurs et d'experts, ne s'acheva que vers 1960.

SLBDT

LILLE, PALAIS RIHOUR · SALLE DES GARDES, SALLE DU CONCLAVE (CHAPELLE) ET ESCALIER D'HONNEUR

19

PLACE RIHOUR · EVRARD DE MAZIÈRES ARCH., 1453-1473

Le palais Rihour avait été construit pour Philippe le Bon après l'incendie du palais de la Salle, demeure historique des comtes de Flandre. Devenu hôtel de ville en 1664, il fut en grande partie démoli en 1847, après de multiples vicissitudes. Charles Benvignat fut alors chargé de concevoir un nouvel hôtel de ville, détruit à son tour par un incendie en 1916 (une travée a été conservée sur laquelle s'appuie un incongru monument aux morts). De la grande résidence princière ne subsistent que quelques éléments : au rez-de-chaussée la salle des gardes, avec ses trois colonnes octogonales s'épanouissant en nervures multiples, l'escalier d'honneur à volées droites (transféré en 1847), et à l'étage, la chapelle, admirablement voûtée, où le magistrat de la ville tenait « conclave ».

TOURNAI 60
BEFFROI
GRAND PLACE
XIIe-XIIIe SIÈCLE

Le plus ancien beffroi de Belgique fut sans doute entrepris en 1188, quand Philippe Auguste concéda une charte communale aux Tournaisiens. À la fin du XIIIe siècle, on a renforcé cette base romane et doublé la hauteur... Réponse à la vertigineuse audace du chœur gothique de la cathédrale ?

COURTRAI 65
BEFFROI
GROTE MARKT
XIIIe SIÈCLE

La tour, dont l'origine remonte au XIIIe siècle, faisait partie d'une petite halle. Le beffroi fut reconstruit à la fin du XIVe et remanié à maintes reprises. Dès le XVe siècle, il est entouré d'habitations, dont la démolition, à l'aube du XXe siècle, donne à la Grand Place sa configuration actuelle.

TOURNAI, MAISON GOTHIQUE

60

16, RUE DES JÉSUITES
XIIIe SIÈCLE

Restaurée par l'architecte André Wilbaux, vers 1980, cette maison s'inscrit dans un ensemble très remarquable de quatre façades gothiques du XIIIe siècle alignées, aux numéros 12 à 16, à main gauche en montant la rue des Jésuites (jadis rue des Vignes), et comptant au total douze travées sur deux niveaux.

On observera à quel point l'adoption d'un mode constructif particulièrement onéreux, la maison entièrement en pierre, réservé à un bourgeois enrichi, accompagne ici les progrès techniques de la mise en œuvre du calcaire local. Il n'est plus fait usage d'un moellonnage rustique, mais de pierres taillées et assemblées dans un appareil très soigné. Si, trait répandu de l'école romane, l'horizontalité est encore soulignée par des cordons, la ligne des seuils ou celle des croisillons des fenêtres de l'étage, par le poids visuel de la corniche, une musique nouvelle, au rythme vif, alerte, est créée par la répétition des sveltes colonnettes subdivisant les percements et produisant une alternance cadencée de temps faibles et forts, sous l'effet des jeux lumineux contrastés sur ces minces fûts cylindriques et les étroites surfaces murales. La mutation vers la fenêtre gothique et traditionnelle avec la division en quatre jours par le meneau vertical et les croisillons horizontaux semble s'amorcer dans le traitement différencié du rez-de-chaussée et de l'étage.

Signalons, chose exceptionnelle dans une ville qui a tant perdu des sources de sa mémoire en mai 1940 lorsque son dépôt communal d'archives fut totalement incendié, que des précieux documents des archives cathédrales ont permis aux érudits J. Dumoulin et J. Pycke de publier sur « Les maisons gothiques de la rue des Jésuites » quelques « Notes sur leurs propriétaires depuis le XIIIe siècle ».

SLBDT

YPRES
MAISON DE BOIS (HOUTEN HUIS)

1

24, RIJSSELSTRAAT

1575

Cette maison, datée de 1575, passe pour le dernier exemple d'une tradition locale du XVIe siècle, celle des maisons en bois. Les structures en bois furent jadis nombreuses, majoritaires. Peu ont survécu dans le pays, le plus souvent du type « à bardage », le type « torchis » étant plus rare encore...

YPRES
MAISON (HUIS) BIERBUYCK

1

48, DIKSMUIDSESTRAAT

1544

Scrupuleusement reconstruite après le désastre de la Première Guerre mondiale, comme un parfait spécimen du style gothique tardif (1544), cette maison imite l'architecture domestique de Bruges, utilisant habilement la brique pour créer toute une animation de la surface murale autour des fenêtres.

LILLE, CAVE

22

16-18, RUE DES CHATS BOSSUS · XIIIe SIÈCLE

Les caves médiévales sont des vestiges de la ville du XIIIe siècle. Les caves servaient usuellement à stocker les denrées et les matières premières ; un escalier ouvrait directement sur la rue. Les colonnes et les chapiteaux à crochets sont en pierre de Tournai, les voûtes d'arêtes en pierre de Lezennes. Elles témoignent d'importants remaniements du parcellaire et de la situation successive des mitoyens et des façades, souvent pour élargir la rue.

TOURNAI, FAÇADES DES MAISONS ROMANES

60

12 ET 14, RUE BARRE-SAINT-BRICE · XIIe-XIIIe SIÈCLE

Rares témoins de l'architecture civile à Tournai, les maisons romanes auraient été bâties vers 1175-1200 pour l'échevinat de Saint-Brice (P. Rolland). Ruinées en mai 1940, audace, seules les façades furent restaurées en 1970-1972, avec utilisation d'éléments en béton contribuant au maintien des rythmes.

TOURNAI MAISON DE JEHAN BOUTILIER

60

28, RUE BARRE-SAINT-BRICE

XVe SIÈCLE

Cette vaste demeure patricienne du XVe siècle atteste de la pesanteur de la tradition locale dans la mise en œuvre du calcaire en grand appareil, l'horizontalité des cordons y soulignant seuils et linteaux des fenêtres, la verticalité gothique ne trouvant à s'exprimer que dans l'ordonnance des baies.

LILLE, MAISON À PANS DE BOIS

22

39, RUE DE LA MONNAIE ET CONTOUR DE LA TREILLE · MILIEU DU XVIe SIÈCLE

C'est la seule maison à pans de bois connue et subsistante à Lille. Sa restitution fut opérée en 1997 (François Bisman, architecte). La façade sur la ruelle présente un aspect brut ; on y remarquera les témoins d'une ancienne galerie en encorbellement. À l'opposé, la façade postérieure sur le canal de la Treille évoque, par ses croisées en bois surmontées de vitraux en imposte et son bardage à joints verticaux, l'aspect des maisons de Lille au XVIe siècle, avant leur remplacement progressif par des maisons de maçonnerie.

DE LA RENAISSANCE AU SIÈCLE DES LUMIÈRES

LILLE, HOSPICE COMTESSE

32, RUE DE LA MONNAIE
DU XIIIe AU XVIIIe SIÈCLE

En février 1237, Jeanne de Constantinople, comtesse de Flandre et de Hainaut, fonde l'hôpital Notre-Dame. La ville est alors en pleine réorganisation de ses pouvoirs. Afin d'assurer la prospérité de la ville, la « bonne comtesse » a octroyé en 1235 une charte aux bourgeois qui leur garantit une liberté pour leur commerce, leurs biens et leur personne. Mais il faut également s'occuper des malades, des pauvres et des indigents. De nombreuses fondations hospitalières assureront cette fonction, sept siècles durant. Désigné rapidement Hôpital Comtesse en témoignage de gratitude, il fut le plus important établissement hospitalier de la ville, le plus richement doté de revenus et exempt de charges. Il bénéficiait notamment des droits d'eau et de vent, c'est-à-dire des redevances sur la pêche et les moulins. On y dénombrait 120 lits en 1745. En 1797, il fut transformé en hospice jusqu'en 1939, puis il devint musée en 1969.

Deux incendies marquent les époques de construction et reconstruction. Le premier, en 1468, efface la totalité des bâtiments. Tout juste peut-on supposer aujourd'hui quelques pans de murs subsistants dans les constructions actuelles. La salle des malades, pièce maîtresse des lieux, est un long vaisseau à voûte lambrissée, daté originellement de 1468-1472. Mais de multiples transformations et reconstructions ne permettent plus d'assurer l'authenticité du lieu. Retenons plutôt que cette salle correspond à l'idée que se firent les restaurateurs du XIXe et du XXe siècle d'une salle des malades de la fin du XVe siècle ! Comme à Beaune, les lits y étaient installés le long des murs. On peut

remarquer encore les niches servant de table de chevet et de veilleuse. La chapelle, détruite par un incendie en 1649, fut reconstruite à l'est en 1651-1652 et alors séparée de la salle des malades par un jubé. La chapelle initiale se trouvait à l'ouest de la salle des malades, avant la percée de la rue Comtesse et la définition des quais de la Basse-Deûle. La chapelle actuelle peut être considérée comme un des rares éléments que l'on peut sereinement dater dans l'ensemble architectural subsistant aujourd'hui. Les bâtiments dits de la communauté sont du XVe siècle pour le rez-de-chaussée, avec un relief de façade

proche du palais Rihour (1453-1473). L'étage fut fortement remanié voire ajouté ultérieurement. L'intérieur des bâtiments de la communauté présente l'atmosphère d'une maison religieuse flamande de la fin du XVIIe siècle : carreaux bleus de Hollande et de Lille, grandes cheminées de bois sculpté selon les ornements des Pays-Bas méridionaux, boiseries plus tardives d'époque Louis XV. Les bâtiments d'entrée sur la rue de la Monnaie ont également été fortement remaniés après 1649, vraisemblablement lors de modifications du tracé de la chaussée. Il s'agit là de deux corps d'édifices parallèles. Le corps sur rue, d'une épaisseur de 4,80 m, est une série de maisons de louage ou de maisons d'accompagnement, propriété de l'hôpital lui assurant des rentes.

Dans la ville ancienne, il était habituel pour les fondations charitables et religieuses de construire le long des rues pavées des maisons de louage. On peut y voir un trait singulier de l'empreinte d'une économie marchande sur la forme urbaine des bâtiments publics. Sur cour, le corps de bâtiment est une élégante suite de travées lilloises bien ordonnées, avec fenêtres à meneaux en pierre blanche. Une tour carrée s'élève au-dessus du porche (attribuée à Julien Destré) ; elle porte niches décoratives, motifs d'ornement et portail sculpté. Le dernier bâtiment date de 1724 ; d'inspiration classique française, il ferme le côté ouest de la cour d'honneur.

L'installation progressive des bâtiments de l'hospice Comtesse autour de la cour donne une curieuse sensation de dissonance bien ordonnée, de juxtaposition sans faux-semblant, d'équilibre dans la disparité, la géométrie imparfaite, les volumétries contrastées et les rythmes syncopés. En somme, tout ce qui faisait déjà horreur à l'architecture française, selon les dogmes de l'Académie.

DJF

YPRES
SINT JANSGODHUIS
31, IEPERLEESTRAAT
XVIe SIÈCLE

1

Témoins de l'ancien « hospice Saint-Jean », institution charitable créée en 1270 par le patricien Pieter Baudry, deux bâtiments disposés en équerre et érigés dans le style traditionnel gothico-renaissant (1555) ont été reconstruits intégralement après 1914-1918 dans le respect de leur ordonnance sévère : façades rythmées des seuls percements, hauts pignons à gradins et dialogue des matériaux.

COURTRAI
ONZE-LIEVE-VROUWEHOSPITAAL
BUDASTRAAT
XVIe-XVIIe SIÈCLE

66

L'hôpital Notre-Dame, dont les origines remontent au XIIIe siècle, était initialement situé hors de l'enceinte urbaine. Les parties les plus anciennes, datant du XVIe et XVIIe siècle, ainsi que la chapelle, reconstruite au début du XVIIIe siècle, s'organisent autour d'une cour fermée, accessible depuis l'axe urbain majeur nord-sud.

LILLE, HOSPICE GANTOIS
224, RUE DE PARIS · XVIIe-XVIIIe SIÈCLE

25

L'hospice Gantois fut fondé en 1460 par un riche marchand lillois, Jean de la Cambe, pour « treize anciennes gens décrépis et débiles, homme ou femme ». L'institution grandit au fil des ans. Les bâtiments subsistants imbriquent les siècles à travers diverses campagnes de construction. Mais la physionomie générale est gouvernée par le plan en grille découpant quatre cours autour de bâtiments ordonnés dans la deuxième moitié du XVIIe siècle. La chapelle actuelle, installée au XVIIe et remaniée au XVIIIe, occupe une ancienne salle des malades du XVe siècle. Désaffecté de son rôle hospitalier après cinq cent trente-cinq années d'existence, l'hospice Gantois est désormais hôtel de luxe.

SECLIN, COUR À PORTIQUE DE L'HÔPITAL NOTRE-DAME

336

AVENUE DES MARRONNIERS · 1660-1667, 1694 ET 1701

L'hôpital Notre-Dame fut fondé au XIIIe siècle par Marguerite de Flandre. Au XVIIe, la cour à portique permettait les circulations ordinaires entre les différentes salles de l'hôpital. Il fallut quarante ans pour achever les bâtiments autour de cette cour carrée à neuf travées, très unitaire dans sa composition. La salle des malades, édifiée début XVIIe mais d'inspiration gothique, a conservé ses alcôves.

LILLE, HÔPITAL GÉNÉRAL

22

104, AVENUE DU PEUPLE BELGE
PIERRE DE VIGNY ARCH., 1728-1743

L'hôpital Général ouvre ses portes en 1743 pour accueillir presque aussitôt mille cinq cents pensionnaires, invalides, mendiants, vagabonds, vieillards, orphelins... et quelques malades. Érigé par Pierre de Vigny, il est conçu sur un plan en grille qui devait comporter six cours et une chapelle axiale. Il ne sera jamais achevé malgré plus d'un siècle de travaux. La façade principale, installée sur cent quarante mètres le long des anciens quais de la Basse-Deûle, est un bel exemple d'architecture classique française à la gloire du roi, bâtisseur de monuments publics pour servir la charité. Trente-neuf travées sont scandées par un avant-corps central et bloquées aux extrémités par deux formes de pavillons.

TOURNAI

60

HALLE AUX DRAPS ET CONCIERGERIE

GRAND PLACE • QUENTIN RATTE ET JEAN HIDEUX ARCH., 1610-1611 ET 1612

La halle aux Draps, érigée en 1610-1611 par un maître-maçon local, Quentin Ratte, s'impose sur la Grand Place de Tournai comme un décor urbain d'esprit totalement nouveau. Elle remplace une halle gothique (XIIIe), un édifice sans doute de structure bois qu'une tempête avait ruiné en 1606. Elle jouxte une vaste cour rectangulaire à galerie, véritable « cortile » aux belles colonnes doriques toscanes, œuvre du Gantois Gérard Spelbault, espace aujourd'hui couvert.

La façade fait option du vocabulaire de la haute Renaissance. La superposition des ordres organise une trame régulatrice pour les onze travées, le premier niveau (cinq arcades centrales encadrées de deux fois trois baies) étant rythmé de colonnes doriques toscanes portant un entablement où alternent triglyphes, bucranes et roues sur gouttes, le second niveau scandé de colonnes ioniques portant un entablement lisse. Pour équilibrer la rythmique des fûts galbés, accentuée par trois hautes lucarnes dotées de pilastres corinthiens et de volutes, on a créé tout un jeu de puissantes horizontales : les entablements, les allèges des fenêtres hautes, une riche corniche et la balustrade soulignant la naissance de la toiture. La composition est axée par la présence d'une bretèche au centre de l'étage, au-dessus d'une arche plus large que ses voisines. Une abondante dorure à la feuille souligne le raffinement de cette rhétorique monumentale.

À gauche de la halle aux Draps, l'ancienne conciergerie, bâtie toute en pierre en 1612 par J. Hideux (?), présente trois niveaux de quatre travées dont le complexe pignon aux lourdes volutes semble faire écho aux enroulements des pignons de la halle et annoncer la plasticité baroque à venir.

Signaler que cet ensemble, qui a dû faire l'objet d'une très importante restauration après la guerre de

1939-1945, avait été intégralement reconstruit par l'architecte Eugène Carpentier (1819-1886) après son effondrement le 20 mars 1881. Selon la presse de l'époque, las d'attendre les soins indispensables depuis le milieu du XIXe siècle, « embêté de se voir ainsi malmené, le pauvre monument se laissa choir de tout son long. »

SLBDT

COURTRAI, HÔTEL DE VILLE (STADHUIS)

65

54, GROTE MARKT

La façade principale de l'hôtel de ville (1519-1526) si richement décorée atteste de la vogue tardive du gothique dans une pratique architecturale où l'importation d'un nouveau langage ornemental demeurera un phénomène limité et artificiel.

YPRES KASSELRIJGEBOUW

1

10, GROTE MARKT

1551

Bâti dans le style traditionnel du début du XVIe siècle, l'édifice, qui fut jadis la Chambre des échevins, a connu divers usages, notamment comme « hôtel de la Châtellenie » au XIXe siècle. Démoli lors de la guerre de 1914-1918, il a été entièrement reconstruit par J. Coomans (1921), très respectueux de l'eurythmie des percements.

CHÉRENG
RELAIS DE POSTE 336

MAISON DE LA HAMAYDE
6, ROUTE NATIONALE – CD 941
VERS 1650

Sur l'ancienne chaussée de Lille à Tournai fut édifié en 1650 un « relais de poste royale aux chevaux ». La façade adopte les formes ordinaires de composition et d'ornement de l'architecture civile lilloise : alignement des travées, pierre blanche pour l'encadrement des baies et des cordons-larmier, soubassement en grès. Le soleil rayonnant au-dessus de la porte d'entrée et les très curieuses têtes de lion encadrées de frises et de volutes pourraient être des « embellissements » ultérieurs.

TOURNAI, MONT-DE-PIÉTÉ 61

8, RUE DES CARMES · WENCESLAS COBERGHER ARCH., 1622

Cobergher réalise ce vaste bâtiment de quatre niveaux, doté d'une svelte tourelle d'escalier greffée sur la cinquième des douze travées, en faisant l'économie de tous les apports de l'opulence baroque qu'il étale si volontiers ailleurs. Il bâtit ici dans le respect austère du type « traditionnel ».

COURTRAI BÉGUINAGE SAINTE-ÉLISABETH

65

BEGIJNHOFSTRAAT • XVIIe SIÈCLE

À Liège, en 1173, un moine dénommé Lambert-le-bègue fonda une communauté de femmes souhaitant soustraire aux aléas du monde leur personne et leurs biens pour vivre ensemble une vie de prières, de travail et de chasteté dévouée aux malades et aux enfants, sous la direction spirituelle d'un prêtre. Par dérision, le nom de béguines serait venu du sobriquet de leur fondateur. L'institution connut un rapide essor avant d'être confrontée aux vicissitudes des siècles, papes réticents à cette forme d'égalité et d'émancipation, suzerains prompts à s'approprier les biens et les richesses.

En Flandre, dans la première moitié du XIIIe siècle, la comtesse Jeanne, fille de Baudouin, empereur de Constantinople, fonda des béguinages dans la plupart des villes du comté : Courtrai en 1238, Bruges, Ypres, Gand, Grammont, Braine-le-Comte, Mons, Lessines, Lille, Valenciennes, Douai. À travers l'actuelle Belgique, quatre-vingts béguinages furent fondés ; il n'en reste qu'une douzaine aujourd'hui, reconnus comme patrimoine mondial de l'humanité par l'UNESCO. Ils forment un témoignage extraordinaire de communauté tranquille et solidaire, soustraite par une forme d'enchantement au tumulte de la ville, un lieu où le temps est sauvegardé.

Quelques dispositions et caractères de leur forme architecturale et urbaine se retrouveront plus tard dans les cours des ouvriers tisserands des XVIIe et XVIIIe siècles.

Progressivement se constitue une forme emblématique de plan-

terrier : un territoire enclos, des maisons édifiées avec mitoyenneté autour d'un préau, un jardinet sur le devant défendu par un mur à hauteur d'homme percé d'une simple porte de bois, une niche pour une statuette de sainte servant à nommer chaque maison ; puis la chapelle érigée sur le préau, une pelouse et des arbres ; la demeure de la grande dame avec la grande salle du chapitre ; parfois une maison-dieu pour les plus pauvres ; une infirmerie et une boulangerie complètent le tableau. Les premières bâtisses en bois et pisé furent remplacées au XVIIe siècle par des maisons en maçonnerie, mais à l'inverse des façades bourgeoises de la ville, sans trace d'ornement ni d'ostentation. La qualité de l'architecture se retrouve dans la rationalité et l'économie de la mise en œuvre des matériaux et dans les subtiles variations sur l'ordonnancement des baies, des formes de toiture et du pignon, des ruptures d'alignement, des hauteurs d'étages, la tonalité des badigeons de lait de chaux au-dessus des soubassements goudronnés. Ce dépouillement n'est pas austérité. Dans le silence, la lumière joue sur le blanc, le rouge et le noir des maisons de béguines et sur les gris des pavés tandis que les saisons apportent leurs notes de couleurs à une végétation médicinale et maraîchère.

À Courtrai, il faut se laisser aller à déambuler du porche aux préaux, de placettes en ruelles, à l'ombre des clochers tutélaires de Saint-Martin et de Notre-Dame, et entrer à l'intérieur du petit musée installé dans la maison de la supérieure où la vie d'une béguine a été restituée.

DJF

COURTRAI, BAGGAERTSHOF

65

13, SINT JANSSTRAAT · 1638

Ensemble datant de 1638, constitué de treize habitations et d'une chapelle, érigé par Jossine Baggaert et destiné aux femmes nécessiteuses. S'inscrit dans la tradition des « Godshuizen » ou « maisons de Dieu » (hospices) que l'on retrouve dans les villes flamandes.

LILLE, COUR DES BRIGITTINES

25

58, RUE GUSTAVE DELORY · XVIIe-XVIIIe SIÈCLE

En 1820, on dénombrait cent vingt-trois passages et cours dans la ville ancienne. Ils permettaient d'installer des constructions dans l'épaisseur des îlots. Le passage des Brigittines, vestige du quartier Saint-Sauveur rasé entre 1920 et 1960 pour raisons d'insalubrité, restitue l'atmosphère tranquille de ces anciennes alcôves dans la ville.

LILLE, COURS DE LA RUE SAINTE-CATHERINE

19

XVIIe-XVIIIe SIÈCLE

La rue Sainte-Catherine a conservé quelques-unes de ses cours anciennes du XVIIe et XVIIIe siècles : la Cour Cado au n° 87, la cour de Pologne au n° 48 (ouverte), la cour Souperpin au n° 28, la cour Notre-Dame au n° 40, la cour du Cygne au n° 43 (ouverte). On y trouve deux types de maisons : des maisons basses en brique à rez-de-chaussée et comble à brisis d'aspect rural et des maisons d'artisans-sayetteurs, en brique et cordons de pierre, caractérisées par de hautes fenêtres pour laisser entrer la lumière et un entresol pour loger le métier à tisser (voir ce type de façade aux n° 83 et 91).

LILLE, MAISON DE GILLES DE LE BOÉ

22

29, PLACE LOUISE DE BETTIGNIES
1636

Dans les années 1630, on voit fleurir sur les façades prospères de la ville un goût nouveau pour le décor apporté par les graveurs et ornemanistes italiens et flamands. Les maçons et « tailleurs d'images » lillois poursuivent leur maîtrise du décor d'après les catalogues d'ornements publiés à Anvers et Bruxelles. La volute, la niche, le cartouche, la guirlande, la corne d'abondance et le mascaron, taillés dans la pierre blanche de Lezennes, deviennent le vocabulaire de l'ornement. Ces formes nouvelles du décor portent le goût des bourgeois pour une expression joyeuse, abondante et fleurie de l'architecture.

Le témoignage principal de cette histoire reste la maison de Gilles de le Boé, « marchand chirier et espicier ». Elle fut édifiée en 1636 sur un bel emplacement, au coin du Rivage et de la place Saint-Martin. Le rez-de-chaussée est construit à la manière ancienne, conformément aux bans de l'échevinage de 1606, reprenant les dispositions déjà énoncées en 1566 et 1569. C'est une suite d'arcures en grès de largeurs variables, en forme d'anse de panier. Ce choix « archaïque » fut sans doute motivé par le désir de conserver la qualité commerciale des comptoirs du rez-de-chaussée, la devanture à pans de bois permettant un bel étalage et un bon éclairement. Le bel étage est formé « d'aultres enrichissements de pierre blanche avec pignon à rolleau (aujourd'hui disparu, sur l'angle), le tout pour l'embellissement de ceste dite ville ». Là, des baies de dimensions presque uniformes alternent avec des niches taillées en relief; au-dessus, une plate-bande clavée, rythmée par un décor composé de consoles, de modillons, de guirlandes et de cartouches, couronne la composition de la façade. L'inscription d'un rythme dans la corniche par des ressauts et retraits de la plate-bande crée des effets de mouvements par des formes contrariées qui tendent à engendrer une dynamique de l'espace de la rue, dans l'esprit du baroque. Et ici, des formes d'abondance suppléent avantageusement à l'exactitude du trait et de la composition.

La première moitié du XVIIe siècle apparaît aujourd'hui, à Lille, comme une période de recherche et d'innovation, afin de trouver le dessin et la mise en œuvre des matériaux convenables pour la façade de la maison du bourgeois, frontispice se substituant progressivement aux devantures des anciennes maisons de bois, à pignon sur rue, dont le dessin original avait été mis au point par la corporation des charpentiers, dès le XIVe siècle. Il faudra attendre la réalisation de la Bourse, en 1652-1653, afin qu'un modèle d'architecture savante fasse référence pour la construction civile.

DJF

Laurèl

LILLE, MAISONS 19

63-65, RUE DE LA BARRE

(63 RESTAURÉE) · 1590-1595

Deux maisons mitoyennes à façades semblables, alignées selon l'ancien tracé de la rue de la Barre. À la fin du XVIe siècle, les maisons en maçonnerie étaient généralement le privilège de la noblesse et du clergé, les commerçants et artisans de Lille leur préférant la maison de bois, moins onéreuse. On remarquera les travées de fenêtres à meneaux et la conjugaison des cordons-larmier avec des arcs de décharge en fronton cintré ou triangulaire, formes nouvelles issues des traités de bonne architecture selon la Renaissance.

LILLE

VESTIGES DE L'HÔTEL DE BEAUREPAIRE 19

4, RUE SAINT-ÉTIENNE

1572

Quelques travées d'un portique conforme aux principes d'architecture de la Renaissance subsistent dans la cour vitrée d'un restaurant. À l'origine, il s'agissait d'un unique étage à fenêtres à croisées de pierre, abondamment sculptées et illustrées de rinceaux et de guirlandes. On observera la finesse de l'ornement et l'évidement de la matière par la recherche de la plus grande minceur pour les maçonneries.

LILLE, MAISON 22

45, RUE BASSE · 1651

La façade, édifiée dans les mêmes années que la vieille Bourse, a été modifiée au XVIIIe siècle afin d'installer portes-fenêtres et balcons en fer forgé, signes extérieurs de modernité et de bon goût à la française. On peut observer dans l'encadrement des baies les traces d'accroche des anciens meneaux en pierre. Mais le principal de l'ornement, c'est-à-dire le couronnement des baies par des frontons brisés, l'encadrement des travées par des formes de pilastres et le bossage des grès du rez-de-chaussée sont caractéristiques de la belle architecture civile lilloise au milieu d'un XVIIe siècle prospère.

LILLE, MAISON

22

23-25, RUE DES CHATS BOSSUS
1644

La façade de cet édifice fut rapportée en 1644 par son propriétaire, Pierre de la Haye, sur un édifice plus ancien, lors d'une rectification du tracé de la chaussée. La composition de ses ornements présente de belles manières, par exemple le bossage des grès au rez-de-chaussée, les volutes qui poursuivent les moulures des cordons-larmier et épaulent la clef saillante de l'arcure des baies du bel étage, le relief prononcé de l'entablement formant chéneau d'une toiture subsistante à croupe, les fers d'ancrage soigneusement forgés.

LILLE, MAISONS À ARCURES

22

ANGLE RUE DOUDIN-RUE DES TROIS MOLETTES
ET 13-15, RUE DES TROIS MOLETTES · VERS 1600-1620

C'est un type de maison caractéristique de l'architecture civile lilloise au début du XVIIe siècle, lorsque l'échevinage demande le remplacement progressif des anciennes maisons de bois par des maisons de maçonnerie. Les maçons lillois, prenant la relève des charpentiers comme maîtres d'œuvre principaux des édifices, inventent une forme hybride de construction, permettant de conserver d'importantes pièces de menuiseries sous des arcs de décharge en forme d'anse de panier, réalisés en brique et pierre de Lezennes alternées. La partie haute des fenêtres, ou imposte, est garnie de vitrail à petit plomb, les parties basses étant munies de volets en bois.

LILLE, VIEILLE BOURSE

22

PLACE DU GÉNÉRAL DE GAULLE
JULIEN DESTRÉ MAÎTRE D'ŒUVRE, 1652-1653

La vieille Bourse propose une double lecture : elle est, par ses façades extérieures, un ensemble de vingt-quatre maisons privées, et, par sa cour intérieure à portiques, l'édifice majeur de la vie économique lilloise durant deux siècles et demi.

Le 7 juin 1651, le magistrat de Lille demanda au roi Philippe IV d'Espagne l'autorisation d'édifier une bourse de commerce. Le 19 avril 1652, le Magistrat confia aux soins de « maître Julien Destré, nostre ingénieur et architecte, de dresser un plan figuratif avec tous les enrichissements requis ». Julien Destré rédigea un cahier des charges définissant les « conditions pour les vingt-quatre maisons qui se doivent ériger aux quatre fronts du carré de la Bourse ». Ces maisons avec échoppe seront faites de « même hauteur, symétrie et structure, suivant en tout les modèles de relief tracés tant pour le dehors que le dedans de la Bourse, à charge expresse de suivre les plans qui en seront délivrés, tant pour les pieds droits, couvertures et fenêtres, que pour les moulures, chambranles et entablements ». Une dernière clause oblige les propriétaires à bâtir conjointement, et à élever simultanément leurs constructions. Les ouvrages commencèrent aussitôt, au printemps de 1652 ; les travaux furent achevés dès octobre 1653. Lille possédait enfin son chef-d'œuvre architectural.

La vieille Bourse fut, au fil des ans, modèle pour la construction civile puis édifice emblématique de la cité. Elle est référence et symbole, pierre angulaire d'une histoire architecturale de la ville. Mais l'édifice est une création qui relève de la copie : elle est, par son plan de cour et de galerie, une reproduction des bourses précédemment édifiées à Anvers

(1531) et Amsterdam (1608-1611) et, par ses façades, une transposition des ordres classiques et un collage d'après le recueil d'ornements « pour l'exécution de figures en montant et piédroit de cheminées », publié à Paris par l'architecte graveur Pierre Collot, en 1633.

Le plan présente au rez-de-chaussée vingt-quatre comptoirs enserrant un portique autour d'une cour rectangulaire dans la proportion de cinq arcades pour sept. La cour de la vieille Bourse est comme un salon privé, aux entrées réservées. Les affaires se traitent dans cette chambre en plein air ou dans la galerie en cas d'intempéries. Pour les façades, le soubassement en grès fait figure de piédestal, le trumeau entre fenêtres devient pilastre, à défaut de pouvoir être colonne, et le chéneau à l'égout de toiture est façonné comme une corniche. Les thèmes privilégiés de l'ornement des Pays-Bas méridionaux – guirlandes, mascarons et cartouches portant blasons – y seront sculptés. Julien Destré agit ici comme la plupart des maîtres d'œuvre de France, d'Angleterre, des Provinces Unies ou des États d'Allemagne ; il puise dans les diverses planches de traités d'architecture pour les adapter aux formes et matériaux de l'architecture civile ordinaire ; il confie aux bons soins des « tailleurs d'images » les gravures de Pierre Collot pour sculpter les cariatides et les atlantes engainés ornant chaque trumeau. Faut-il voir de l'ironie dans leurs regards et une dérision dans leurs attributs en grappes et guirlandes ? Le portail sur la Grand Place, portant en couronnement un fronton cintré, encadrant l'écusson ovale aux armes d'Espagne est-il un « jeu subtil des formes et de l'imaginaire ? L'amateur de symboles décryptera-t-il dans ce fronton une tête de bélier : cornes, yeux, naseaux et bouche ? Serait-ce un rappel de la Toison d'Or qui fit courir Jason à travers le monde à la recherche de la richesse et de la gloire ? » (Jacqueline Dion).

DJF

LILLE, RANG DES ARBALÉTRIERS

22

PLACE AUX BLEUETS · 1630-1635

Le rang des Arbalétriers est une série d'une dizaine de maisons, de deux à quatre travées. Seul le n° 2 a retrouvé ses formes et moulures originales. Remarquer ses différences avec les façades voisines : dimensions des baies et de la porte d'entrée, volutes grasses et vigoureuses au-dessus de la clef pendante du linteau, grès noirci et lait de chaux ocre jaune sur toutes les autres maçonneries, profils précis des menuiseries et vitraux à petits plombs en partie haute des fenêtres à meneaux.

LILLE, RANG DU TYPE « ANSELME CARPENTIER »

19

RUE DU PALAIS RIHOUR · 1687

La rue du palais Rihour fut entièrement réalisée sur ses deux cotés par Anselme Carpentier avec ce type de travées, afin de donner « de la symétrie, de la structure aux bâtiments et édifices des particuliers ». Des bossages vermiculés sous les frontons cintrés, des clefs saillantes avec volutes en frise sous entablement et des têtes casquées sur cartouche d'ornement et guirlandes de fruits constituent les formes du décor bourgeois pour l'embellissement de la cité.

LILLE, RANG À ANGELOTS

19-22

1 À 5, 17 À 23, RUE DE LA BOURSE, 1 À 5, RUE LEPELLETIER ET 4,6,8 RUE ESQUERMOISE · 1677

La composition du rang en travées répétitives tend à fondre les limites des propriétés mitoyennes. Pour remédier à ce défaut d'identification, les « tailleurs d'images » lillois sculptent des angelots, juchés au faîte de nervures arborescentes formant des figures de pilastres sur les trumeaux. Ils s'enlacent lorsque les deux travées sont de même propriété et se tournent les fesses lorsqu'il s'agit de propriétés différentes.

LILLE, RANG DU BEAUREGARD

22

PLACE DU THÉÂTRE · SIMON VOLLANT ARCH., 1687

Simon Vollant, qui seconda Vauban pour la réalisation des bâtiments de la citadelle, élève un rang de quatorze maisons à deux travées pour l'embellissement de la ville, à la place de maisons à pans de bois. Leur caractéristique principale est de présenter un étage supplémentaire ; cette extension du gabarit fut simplement résolue par l'extension de la travée, initiative qui semble éloignée d'une recherche d'esthétique de la forme. On remarquera le doublon des têtes d'angelots au droit des murs mitoyens, et le traitement simplifié des façades arrières, donnant sur la petite rue des Trois Couronnes.

LILLE RANG DE MAISONS DE L'ÉLARGISSEMENT DE LA RUE DE LA MONNAIE

22

N°5 À 27 ET N°2 À 14 · VERS 1700

La rue de la Monnaie fut élargie en 1692, sur ordonnance du magistrat, afin de faciliter la circulation vers la rue Saint-André, devenue rue importante du quartier neuf de Louis XIV. Des deux côtés de l'entrée de la rue, on perçoit sur cette série de vingt maisons de deux à trois travées l'inscription progressive de l'architecture française dans l'écriture des façades bourgeoises. Reliefs et moulures deviennent proéminents alors que l'ornement se retrouve cantonné sur les panneaux d'allège des fenêtres et en chapiteaux. Vingt ans après, « trop frayeux », l'ornement ne sera plus sculpté.

LILLE, ÉGLISE SAINTE-MARIE-MADELEINE 22

27, RUE DU PONT NEUF

FRANÇOIS VOLLANT ET THOMAS-JOSEPH GOMBERT ARCH., 1675-1711

Sainte-Marie-Madeleine est une œuvre singulière. Est-elle originale ou simplement curieuse ? Sans doute participe-t-elle du mouvement général de la Contre-Réforme dans les Pays-Bas méridionaux, menée sous la conduite de la compagnie de Jésus. Sa façade, dont le « projet d'achèvement du frontispice » date de 1687, ne fut réalisée selon une version similaire qu'en 1886. Ses deux ordres superposés, ceint d'un fronton encadré par deux ailerons, axée sur un portail, une niche et une horloge (!), est une variation sur le thème du Gesù, église emblématique de l'ordre bâtie à Rome à partir de 1568 par Vignole. Les travaux de Sainte-Marie-Madeleine commencèrent le 20 mai 1675, sous la direction de François Vollant et se poursuivirent jusqu'en 1707, année de sa consécration par l'Électeur de Cologne. La coupole, endommagée lors du siège autrichien de 1708, fut achevée en 1709-1711 sous la direction de Thomas-Joseph Gombert (1672-1724). Sainte-Marie-Madeleine présente trois nouveautés considérables : elle est installée dans la perspective d'une rue de l'agrandissement de 1670 par Vauban (la rue de Thionville, autrefois rue des Carmes) ; sa façade prend pied sur un axe majeur du nouveau quartier de la ville royale, la rue du Pont Neuf; un dôme de trente-sept mètres de hauteur du sol à la lanterne émerge dans la silhouette de la ville, symbole d'une reconquête des âmes. Ainsi la place prépondérante de l'église est affirmée dans le royaume de sa majesté très chrétienne Louis XIV, alors que la ville de bourgeoisie avait relégué le parvis des églises paroissiales dans les rues secondaires de la cité marchande.

Reste la question importante du choix du plan, des élévations et de l'interpénétration des volumes pour réunir le chœur de célébration et la nef de réunion des fidèles. L'édifice a la forme d'une croix grecque; au centre la coupole, de dix-huit mètres de diamètre, repose sur huit arches massives, ouvrant sur un déambulatoire. Ce déambulatoire dessert trois chapelles et le porche d'entrée, simple façade paravent accueillant les cloches au revers du portail. « Il s'ensuit que le champ de vision vers les chapelles des bras de la croix est très réduit. Ce défaut rend difficile l'utilisation de l'église. Si l'office se célèbre sous la coupole, la place des fidèles est des plus restreinte, et les officiants sont mêlés à la foule ; s'il se célèbre dans une chapelle, les assistants, ne voyant rien, ne peuvent s'y intéresser. Impossible de sortir de ce dilemme. Un tel plan n'est pas un plan d'église, mais plutôt celui d'un temple au centre duquel règne la statue d'une divinité païenne ». (Ernest Lotthé, 1942)

Cette difficulté d'usage, conjuguée avec le mauvais état du monument

qui obligea à sa fermeture en novembre 1969, détermina le transfert de la paroisse en 1991 vers la chapelle des Carmes Déchaussés, rue de Gand. Sainte-Marie-Madeleine, après quelques années d'incertitudes et de tribulations, fut enfin destinée à devenir un lieu d'expositions et d'expression artistique.

Mais il ne faut pas oublier la magie du lieu, une atmosphère incomparable de sévérité au sol et de fraîcheur dans les cintres, et quelques éblouissements lorsque le soleil transperce la lanterne et les fenêtres hautes pour illuminer les ors de la coupole et de la chapelle majeure. Angelots, guirlandes de fleurs, chapiteaux doriques et corinthiens sur pilastres géminés, cartouches d'ornement et frises décoratives avec fleurs de lys, boîtes à parfums et fouet de pénitence célèbrent la vie de sainte Marie-Madeleine.

DJF

TOURNAI, NOVICIAT DES JÉSUITES ET CHAPELLE

60

28, RUE DU QUESNOY · JEAN DU BLOCQ MAÎTRE D'ŒUVRE, 1609-1612

Le noviciat des Jésuites était un vaste ensemble architectural devenu, après leur expulsion en 1773, lieu d'enseignement sous l'autorité du chapitre de la cathédrale avant de devenir athénée royal sous autorité laïque en 1846. La chapelle fut ordonnée le 8 avril 1608 et achevée le 18 novembre 1610 par Jean Du Blocq, charpentier, également maître d'œuvre pour la compagnie de Jésus à Arras, Luxembourg, Saint-Omer et Maubeuge. La tour fut ajoutée entre 1609 et 1614. La cour à galerie, du début du XVIIe, évoque l'architecture italienne de la Renaissance, particulièrement le cloître des Innocents de Brunelleschi (1419).

TOURNAI, ÉGLISE DU SÉMINAIRE ÉPISCOPAL

60

28, RUE DES JÉSUITES · HOEYMAKER MAÎTRE D'ŒUVRE, 1601-1604

C'est la chapelle de l'ancien collège des Jésuites, bâtie dans un style gothique tardif sous la direction du frère Hoeymaker. Dans ce lieu austère, la tribune aux chanteurs (1605), traversant nefs et collatéraux, formée par cinq arcades en cintre surbaissé, apparaît comme un délicat décor sculpté selon les principes de composition et d'ornement de la Renaissance.

LILLE, ÉGLISE SAINT-ÉTIENNE

19

45, RUE DE L'HÔPITAL MILITAIRE
DOMINIQUE DELESALLE ARCH., 1742-1747
CHAIRE DE FRANÇOIS RUDE, 1816

Chapelle du collège des Jésuites érigée après l'incendie en 1740 de l'église du début du XVIIe siècle, elle est devenue église paroissiale après le bombardement de l'ancienne église Saint-Étienne, près de la Grand Place, en 1792. La nef majestueuse est largement éclairée. Le contraste est fortement marqué entre piliers et arcades en pierre de Soignies gris sombre et la clarté de la voûte en berceau, en brique enduite, transpercée de lunettes par de hautes fenêtres à claire-voie. Un entablement et une corniche saillante à modillons marquent la scission entre ici-bas et au-delà. Sculptées par François Rude, les figures de la Religion et de l'Espérance soutiennent la chaire de vérité tandis qu'un archange et des chérubins lèvent un voile sur la parole du prêche.

LILLE, ÉGLISE SAINT-ANDRÉ

19

119, RUE ROYALE · THOMAS-JOSEPH GOMBERT ET FRANÇOIS-JOSEPH GOMBERT ARCH., 1701-1758

De l'extérieur, on remarquera le clocher édifié en 1886-1887 par Louis-Marie Cordonnier, sur le modèle de la tour de Saint-Charles-Borromée d'Anvers, attribuée à Rubens. L'intérieur est une superbe nef classique unifiée avec le chœur par un vigoureux entablement supportée par deux files de hautes colonnes. La lumière vient en abondance des bas-côtés et des demi-lunes installées à la naissance de la voûte en berceau. Dans cet espace glorieux, au-dessus de la chaire, un ange de vérité soulève un voile dans de grands drapés de bois sculpté (Jean-Baptiste Danezan, 1768).

TOURCOING, CHAPELLE ET RETABLE DU COUVENT NOTRE-DAME DES ANGES – HOSPICE D'HAVRÉ

54

ANGLE RUE D'HAVRÉ – RUE DE TOURNAI
1644-1654

C'est la riante chapelle d'un ancien hôpital devenu couvent en 1630. L'édifice, du XVe siècle, a été modifié en 1644-1654 ; un retable aux accents baroques est venu magnifier le lieu en 1655 par les élancements d'archanges et d'angelots entourant une statue de la vierge, sous une voûte lambrissée à caissons polychromes. L'hospice est transformé en Maison Folie dans le cadre de Lille 2004 (Inha'rchitects).

HARELBEKE, ÉGLISE SAINT-SAUVEUR (SINT-SALVATORKERK)

1

LAURENT-BENOÎT DEWEZ ARCH., 1772

Cette église basilicale d'inspiration classique est édifiée à l'emplacement d'une église romane. L'articulation en escalier de la façade principale et l'utilisation de pilastres corinthiens séparant la nef centrale des collatéraux est caractéristique de l'œuvre de l'architecte Dewez.

LILLE, CITADELLE

336

AVENUE DU 43e R.I. • SÉBASTIEN LEPRESTRE DE VAUBAN ING., SIMON VOLLANT ARCH.-MAÎTRE D'ŒUVRE, 1668-1673

Louis XIV l'a souhaitée. Vauban l'a réalisée. La citadelle de Lille, « la plus belle et la plus achevée du royaume » (Vauban) est la clef de voûte d'un système fortifié étendu de la mer du Nord à la Meuse, le long de la nouvelle frontière nord du « pré carré » de Louis XIV. Le 28 décembre 1667 débutent les travaux de terrassement. À la fin de l'année 1670, la citadelle peut soutenir un siège. Dès 1673, l'ensemble des bâtiments est achevé. Dans la ville fraîchement conquise, toute autre construction fut interdite. On ouvrit des canaux, des carrières et on construisit sur place des fours à briques, capables d'en produire quatre millions par cuisson. Ainsi fut réalisée la reine des citadelles, chef-d'œuvre de fortification, d'art urbain et d'architecture française.

La citadelle a cinq bastions augmentés par les « dehors », ouvrages maçonnés et reliefs de terrassements extérieurs à la fortification. Vauban l'installe à l'écart de la vieille ville, sur une légère éminence des marais de la Deûle, afin de pouvoir inonder sans délai les larges et profonds fossés de l'ouvrage fortifié. Cette situation lui permet également de créer, entre ville et Citadelle, une esplanade plantée et un champ de Mars, vastes espaces publics modernes qui seront les lieux privilégiés des promenades et des fêtes des XVIIIe et XIXe siècles.

Une place d'arme pentagonale, centre géométrique, gouverne le tracé en étoile. De la forme pentagonale naissent trois quartiers affectés à la troupe, un quartier pour l'arsenal et les vivres et le dernier pour l'hôtel du gouverneur, l'état-major et la chapelle. Chaque quartier militaire est ordonné selon les principes classiques de la composition : bâtiments réglés dans toutes leurs dimensions et mis en scène selon un ordre hiérarchique, obligation de symétrie pour les élévations, pour chaque corps d'édifice comme pour l'ensemble des bâtiments s'installant dans une vue perspective. Par exemple, les bâtiments pour la troupe, édifiés sur deux lignes parallèles, sont bordés par les pavillons des officiers en ressaut d'alignement, eux-mêmes servant d'éléments de cadrage vers les façades triomphales des portes de la citadelle, portes Royale et Dauphine. Trois poternes protègent les sorties pour la défense de la place. La

distribution choisie pour les casernements est un exemple remarquable du génie militaire : quatre chambrées de neuf lits ouvrent sur un escalier permettant le passage de front des hommes allant se rassembler sur la place d'armes. Cette disposition de caserne servira de modèle pour toutes autres réalisations dans le royaume.

Dans la citadelle, le décor est réservé à la manifestation de la puissance et de la grandeur du roi. Les tympans et les frontons des portes sont les lieux uniques où se sculpte le décor d'architecture. Toute autre part de maçonnerie est traitée en tableau de brique entouré de bandeaux de pierre blanche de Lezennes. Un appareil en harpe aux montants des baies et aux angles des corps de bâtiments cerne les volumes. On pourra remarquer dans le dessin de l'ornement quelques accents de la vieille manière flamande : par exemple les volutes formant amortissement sur la façade intérieure de la porte Royale, les encadrements de baies de bâtiments secondaires ou la niche et les guirlandes de fleurs sur la façade de la chapelle, d'un dessin proche mais mieux mesuré que celui réalisé en 1636 sur le bel étage des maisons de Gilles de le Boé.

DJF

LILLE, PORTE DE GAND

22

PIERRE RAOUL MAÎTRE D'ŒUVRE, 1620-1625

La porte de Gand présente trois façades. De l'extérieur, c'est une sorte de mur paravent servant de porte-blason pour magnifier la ville et son suzerain. Depuis la courtine, c'est un corps de logis à rez-de-chaussée couronné d'une haute toiture à quatre pans, servant à la défense de la place. Côté ville, c'est un superbe décor de brique appareillées, formant une géométrie encadrant des baies à meneaux.

YPRES, REMPARTS, POTERNE ET DEMI-BASTION

1

VAUBAN ING., VERS 1680

Ypres fut cédé à la France par le traité de Nimègue en 1678. Vauban entreprit une réorganisation des remparts, utilisant au mieux les vestiges de l'ancienne enceinte bourguignonne (1388-1396). La fortification d'Ypres permet de se faire une idée assez exacte de l'atmosphère et de la géométrie d'une place forte à la fin du XVIIe siècle, selon des ouvrages et des profils ordonnés par l'artillerie pour la défense de la place.

LILLE, PORTE DE PARIS

25

PLACE SIMON VOLLANT · SIMON VOLLANT ARCH., 1685-1695 ; RÉAMÉNAGEMENT, LOUIS-MARIE CORDONNIER, 1888-1892. RESTAURATION, 2003

C'est une porte de l'enceinte bourguignonne, transformée aux frais du roi en arc de triomphe pour servir la gloire de ses entrées dans sa bonne ville des Flandres. Au sommet, une Victoire, assise au milieu de trophées d'armes et de drapeaux, dépose une couronne de lauriers sur une tête de Louis XIV, taillée dans un médaillon (Augustin Camille et sieur Manier, sculpteurs). Lors de l'agrandissement de 1858, une commission présidée par Charles Garnier sauva la porte de Paris en recommandant « de conserver cet édifice, au moyen de constructions qui le compléteront ». Ce qui fut observé et réalisé à partir de 1888 sous forme d'immeubles de rapport construits sur une place en rotonde. Malheureusement, le XXe siècle ne sut comprendre l'œuvre patiente de l'Histoire, et une moitié du cercle des immeubles disparut.

LILLE, PORTE DE ROUBAIX 39

MICHEL WATTRELOS
ET JEAN LESUR MAÎTRES D'ŒUVRE
1620-1625

Porte de Roubaix et porte de Gand sont deux sœurs jumelles, réalisées avec le cinquième agrandissement de la ville, commencé en 1620. Elles furent achevées en 1625. Vauban leur apporta en blason sur la face extérieure une fleur de lys surmontée des deux lions de Flandre. En 1875, on perça deux nouveaux passages voûtés, à l'identique du passage central, pour la circulation des tramways.

LILLE, LE « GRAND MAGASIN » 19

133, RUE ROYALE · FRANÇOIS-JOSEPH GOMBERT ARCH. (ATTR.), 1728-1733
TRANSFORMATION EN 76 LOGEMENTS EN ACCESSION À LA PROPRIÉTÉ,
CABINET WILMOTTE ARCH. ; RESTAURATION DES PARTIES « MONUMENTS HISTORIQUES »,
CABINET BRUNELLE ARCH., 2006

Le Grand Magasin fut construit comme grenier à blé des États de la Flandre wallonne, destiné à éviter les disettes de céréales. C'est un vaste entrepôt de neuf niveaux; l'intérieur était une unique charpente en bois reposant sur les quatre murs de son pourtour et sur deux rangées de quatorze piliers de grès, montant de la cave au grenier. Après 20 ans d'inoccupation et d'incertitude quant à son réemploi, le volume exemplaire et magistral de l'entrepôt fut finalement sacrifié pour une mutation en logements, afin de permettre la simple sauvegarde de l'aspect extérieur.

LILLE, FORT DU RÉDUIT 25

RUE DU RÉDUIT
VAUBAN ING., VERS 1673

Le fort du Réduit, ou réduit Saint-Sauveur, réalisé vers 1673, était un ouvrage fortifié dont l'intérêt militaire était double : défendre le flanc sud de la ville et servir aux troupes françaises pour contrôler les mouvements du quartier populaire de Saint-Sauveur. L'enceinte fortifiée a été arasée en 1858, lors de l'agrandissement de la ville. Les bâtiments, qui seuls subsistent, sont une variation architecturale sur les thèmes développés par Vauban dans la Citadelle. La chapelle (1674-1707), qui occupe le centre de la composition, peut même être considérée ici comme un exemple mieux achevé.

TOURNAI, RANGS DE MAISONS

60

RUE DE MARVIS

N°29 À 31 · 1678 ; N°43 À 53 · 1684 ; N°57 À 71 · FIN XVIIe SIÈCLE

La ville et les États du Tournaisis furent conquis par les troupes de Louis XIV en 1667, comme ses voisines Lille, Douai, Valenciennes... Tournai va connaître aussitôt de profondes transformations de son cadre architectural et urbain. Une citadelle est créée en 1668, les anciennes fortifications des XIIIe et XIVe siècles sont renforcées à partir de 1671, des casernes sont installées. Ces travaux militaires furent complétés par une œuvre de génie civil, la régularisation du cours d'eau de l'Escaut avec la construction de quatre moulins à eau et écluses par Vauban (démolis en 1874) et la création de mille huit cents mètres de quais pour rectifier les berges et installer de nouveaux ponts de pierre. C'est rive gauche, sur le quai Notre-Dame, que vit le jour vers 1680 une expression architecturale renouvelée de la maison de ville tournaisienne, dessinée pour l'embellissement de la ville, modèle qui fut ensuite reproduit jusqu'au milieu du XVIIIe siècle.

La ville dispose pour ses constructions, depuis l'époque romane, de l'exploitation de la pierre bleue du Tournaisis, également dénommée petit granit. Pierre de calcaire dure, elle se prête à des cordons horizontaux et des moulurations à l'encadrement des baies. Telles sont les formes ordinaires de l'architecture civile, progressivement transformées depuis la maison romane. Le frontispice de la maison du temps de Louis XIV sera une recherche stylistique effectuée par les maîtres maçons, perfectionnant le dessin antérieur ; sur deux niveaux, les pierres bleues sont traitées avec bossage, magnifiant les assises du soubassement, les encadrements des baies et les chaînages d'angle. Les allèges de fenêtres sont traitées en panneaux de brique susceptibles de porter un cartouche d'ornements en pierre blanche. Les travées sont

régulières, et les baies sommées d'un linteau bombé. Le second trait principal de cette architecture est la corniche supportant un coyau, forme usuelle permettant de protéger les assemblages de charpente et d'adoucir la pente de la couverture pour rejeter les eaux de pluie loin du pied de façade, en l'absence d'un chéneau. Cette corniche repose sur des corbeaux ou modillons de bois, savamment moulurés ou sculptés, dont le relief et les couleurs offrent une terminaison vigoureuse à l'alignement des travées et formulent un trait singulier dans un paysage de rues mises en perspective.

Ce type de façade fut un modèle largement décliné à travers les rues de Tournai. Si cette expression architecturale apparaît emblématique de son temps, elle est également proche des versions pratiquées pendant les mêmes années dans les autres villes voisines soumises aux mêmes nécessités et embellissements, à Douai, à Valenciennes, à Mons, et à Lille dans le quartier neuf.

La rue des Marvis présente une suite incomparable de maisons de ville du dernier quart du XVIIe siècle. Datées de 1678, les maisons du n° 29 à 31 furent fondées par les hospices civils. Leurs façades sont remarquables par des fenêtres à meneau de pierre (récemment restaurées) surmontées d'un arc de décharge. Leur juxtaposition produit une série de frontons courbes qui anime le relief de la façade. Les portes d'entrée, larges et basses, sont ornées par une traverse portant écusson à la clef pendante. Deux entrées de cave s'ouvrent sur rue sous des allèges de fenêtres. Les consoles sous le coyau de toiture sont vigoureusement chantournées.

Les n° 43 à 53, datés de 1684, sont des paires de maisons jumelées, formant une série de pavillons. Cette forme d'assemblage installe dans le paysage de la rue une modernité très française.

Les n° 57 à 71, sans datation mais vraisemblablement réalisés après 1685, sont une incroyable série de huit maisons à quatre travées, également réalisées par les hospices civils, dont le modèle est copié des constructions réalisées sur les quais neufs de la cité. L'amélioration apportée au modèle initial est la réalisation d'une plate-bande clavée formant linteau au-dessus des baies du rez-de-chaussée, afin de mieux marquer l'horizontalité de la composition architecturale et urbaine.

DJF

LILLE, MAISONS DE PREMIER RANG DU QUARTIER NEUF

19

RUE ROYALE ET RUE SAINT-ANDRÉ · VERS 1700

Dans le quartier neuf de Louis XIV, les façades des maisons de ville à édifier sur les voies principales – rue Royale et rue Saint-André – sont réglées par un « frontispice » imposé par les architectes et ingénieurs du roi, afin d'embellir le paysage des rues par la régularité des façades. Des bandeaux de pierre blanche encadrent les baies et les panneaux de brique restent sans ornement. Une épaisse corniche formant chéneau est soutenue par des consoles. Les maisons sises à l'angle des rues traverses (n° 93 et 117) montrent leur différence d'échelle avec les façades adoptées pour les maisons de second rang.

LILLE, MAISONS DE SECOND RANG DU QUARTIER NEUF

19

RUE DU LIEUTENANT COLPIN ET RUE PRINCESSE · VERS 1700

Les rues traverses sont moins larges donc moins nobles ; les « frontispices » des maisons de ville seront donc moins élevés et plus ordinaires, selon un registre dérivé de celui emprunté pour les maisons de premier rang. On retrouve dans ce principe de hiérarchie une habitude française de composition déjà mise en œuvre, au début du siècle, dans les projets de places royales, de Henri IV à Louis XIII, et dans les villes neuves du royaume, par exemple à Richelieu (1631).

TOURNAI, MAISONS 60-61

11 À 23, QUAI DU MARCHÉ AUX POISSONS ;
1 À 7, RUE DE L'HÔPITAL NOTRE-DAME ;
44 À 60, RUE SAINT-MARTIN ;
48 À 58, RUE ROC SAINT-NICAISE

Nulle autre ville de France du temps de Louis XIV ne présente une telle quantité de belles maisons à façades similaires. Ce type, inauguré en 1682 par la reconstruction de maisons le long des nouveaux quais de la rive gauche de l'Escaut, fut présent pendant près d'un siècle. La délicatesse des appareillages et bossage de la pierre bleue, les profils et découpages des menuiseries comme les saillies du débord de toiture apparaissent comme l'aboutissement du langage classique de l'architecture française dans la mise en forme de la façade de la maison de ville tournaisienne.

Les maisons du quai du Marché aux Poissons présentent l'avantage d'être installées en retrait sur une petite place plantée d'arbres.

Les quatre maisons pour quinze travées de la rue de l'hôpital Notre-Dame se retrouvent assemblées comme un grand pavillon sous une unique toiture à bâtière, dont les pignons reproduisent des travées identiques avec des fenêtres murées.

Les huit maisons de quatre à cinq travées de la rue Saint-Martin sont datées de 1714. Elles servaient de communs à l'abbaye Saint-Martin dont le portail d'accès s'y trouve inséré.

Les maisons de la rue Roc Saint-Nicaise forment un ensemble homogène qui absorbe la pente de la rue par l'élévation progressive de ses rez-de-chaussée, afin de garder l'horizontale à la corniche et au bel étage.

BONDUES, CHÂTEAU DU VERT-BOIS

336

CHEMIN DE COULONS

1666 ET 1743-1745

Le domaine du Vert-Bois est un ancien fief de la châtellenie de Lille. Un manoir et une ferme fortifiée y étaient déjà installés au XVe siècle sur une ancienne motte féodale, entourée de fossés, de jardins et de terres cultivables. Après un incendie en 1583, on reconstruisit des bâtiments au XVIIe siècle ; il reste la conciergerie avec son porche-pigeonnier, édifice rustique en pierre et brique avec pour décor un fronton (orné des armes de son propriétaire ?), et daté de 1666. C'est en 1743-1745 que Jean-André de Fourmestraux, chevalier de Wazières, réalisa le corps de logis qui occupe

aujourd'hui le centre de la composition architecturale et paysagère du domaine. La construction s'accompagna d'un important remaniement du site : les fossés furent augmentés et transformés en douves, des ponts, des parterres et des vergers furent créés. Ainsi le château devint le centre d'une composition paysagère, formulant l'idéal d'une maison de plaisance du XVIIIe siècle. Sur son île, la maison de plaisance est entourée de quatre pavillons – la chapelle, le pavillon de Flore, une glacière et un pavillon de commodités (ces deux derniers transformés en 1937 en « pavillon chinois »).

Les propriétaires successifs ont gardé l'intégrité de l'architecture, de la décoration intérieure et du parc, tout en poursuivant l'œuvre des siècles. Aujourd'hui on peut admirer, dans la demeure, du mobilier, des faïences, des tapisseries et de l'orfèvrerie du XVIIIe siècle et à la Fondation Septentrion une importante collection de fossiles et minéraux. Un potager, une roseraie, un grand axe ponctué de bassins, quelques statues, des arbres aux essences choisies installés hors d'alignement, confèrent au site un charme bucolique et agreste.

En 1937, le célèbre paysagiste anglais Russel Page intervint sur le domaine, à la demande de son propriétaire Albert Prouvost. Son intervention remodela le tracé des douves et colonisa une part du terrain de l'île dans la perspective d'un salon, afin d'assurer, entre nature et lieu de vie, une grandiose intimité par l'interface d'une chambre de verdure. Une pelouse coulant vers les douves y est encadrée par une rangée d'arbustes à la savante composition chromatique doublée par une rangée d'ifs sculptés en topiaires aux formes libres. Les soixante hectares du parc et de la Fondation Septentrion poursuivent jusqu'à aujourd'hui leur aménagement paysager, dans un registre rustique et pastoral, ponctué d'œuvres d'art dans les allées du parc. Il s'agit de fontes récentes de *Neptune* et de l'*Enlèvement des Sabines* par Jean de Bologne (né à Douai 1529-1608) et de sculptures contemporaines – *L'Humanité* en marche d'Eugène Dodeigne, *Les Otages* de Jules Paressant et une *Tête de bélier* par Paul Hemery, emblème de l'entreprise de tissage et de peignage de la famille Prouvost.

DJF

BONDUES, CHÂTEAU DE LA VIGNE 336

DOMAINE DE LA VIGNE · JACQUES-FRANÇOIS LESAFFRE ARCH., FIN XVIIIe SIÈCLE

C'est une belle demeure édifiée sur une grande propriété agricole des environs de Lille. Elle fut sauvée de la démolition par Albert Prouvost pour devenir en 1966 club-house d'un golf, pièce principale d'un territoire recomposé par le paysagiste anglais Russel Page. La maison de plaisance est un simple corps de logis, marqué par la travée centrale qui s'orne de bossages plats formant pilastres soutenant du côté de l'entrée un fronton triangulaire et du coté des champs un fronton curviligne encadrant un œil-de-bœuf.

AVELGEM-BOSSUYT, CHÂTEAU DE BOSSUYT OU DE TALHOUËT 1

3-5, BOUVRIESTRAAT · JACQUES-FRANÇOIS LESAFFRE ARCH., 1764

Ce château classique fortifié, transformé au milieu du XIXe siècle, date de 1764. Construit sur un plan rectangulaire, le château vaut également par ses intérieurs remarquables datant du XVIIIe siècle. Il est entouré d'un jardin anglais caractéristique.

LOMPRET, CHÂTEAU DE LA PHALECQUE

336

CHEMIN DE LA PHALECQUE · XVIIIe SIÈCLE

La façade sur jardin présente dix travées d'un dessin qui paraît directement issu de l'architecture des rangs de maisons lilloises du début du XVIIIe siècle. Tout y apparaît semblable : le traitement de la pierre blanche en bandeaux, les panneaux de brique et l'inscription de motifs d'ornements en allèges des fenêtres. Il fut agrandi au XIXe siècle autour de la cour d'entrée.

ESPIERRES-HELCHIN – CHÂTEAU D'ESPIERRES

1

50, RUE DU BOIS JACQUET · MILIEU DU XVIIIe SIÈCLE

Érigée vers le milieu du XVIIIe siècle, la résidence de la famille del Fosse et d'Espierres est un parfait exemple de l'équilibre qu'assure la symétrie classique, qualifiée par Cocteau de « pléonasme visuel », qui se règle sur le frontispice en pierre axant la façade et qui répète ce module à deux niveaux de trois baies dans les deux pavillons adossés aux communs encadrant un vaste espace d'accueil.

TOURNAI, ENSEMBLE URBAIN DE LA PLACE REINE ASTRID

60

SALLE DES CONCERTS ET HÔTEL GORIN, BRUNO RENARD ARCH., 1820-1825

La Révolution française puis l'Empire installèrent dans les départements septentrionaux, entre 1792 et 1815, une architecture néoclassique d'inspiration française. Une génération d'architectes, à la suite des architectes de l'Empereur Percier et Fontaine, tels François Verly (1760-1822), Benjamin Dewarlez (1768-1819) et Bruno Renard (1781-1861) réalisèrent de vastes projets d'aménagement et d'embellissement de villes ainsi qu'un nombre significatif de châteaux, pavillons, hôtels particuliers et manufactures dès que la fortune issue des charges du nouvel Empire et les profits issus de la première industrialisation permirent leur réalisation.

La carrière de François Verly, architecte et franc-maçon, peut instruire sur la continuité et les métamorphoses des idées du siècle des Lumières sur la ville et l'architecture. À Lille, il fut en 1787 architecte de l'intendant des Flandres de Louis XVI, puis en 1794 architecte pour les autorités révolutionnaires de projets de reconstruction après les bombardements autrichiens de 1792. En 1812, il se retrouve architecte de l'empereur Napoléon Ier à Anvers, puis architecte au service de Guillaume d'Orange à Bruxelles en 1816. Il laisse à Lille, Anvers, Bruxelles et Tournai une série de projets d'embellissements qui soulignent l'expression d'un urbanisme des Lumières lorsque l'art du paysage et l'art d'architecture se rejoignent en évinçant l'art de la fortification.

C'est à Tournai que se trouve réalisée l'expression la plus représentative du projet néoclassique, lors du transfert en 1809 de l'hôtel de ville dans l'ancien palais abbatial de Saint-Martin (Laurent-Benoît Dewez arch., 1763-1767). Les amé-

nagements finalement réalisés par Bruno Renard entre 1820 et 1824, autour des anciens bâtiments et jardins du couvent de Saint-Martin, de la place du Parc (Reine Astrid) et de la salle des Concerts, sont l'aboutissement d'une réflexion engagée par François Verly dans les premières années du XIXe siècle.

Bruno Renard est architecte de la ville ; il a réalisé auparavant la transformation de l'ancien couvent des Clarisses en manufacture de tapis Piat-Lefebvre (1811-1812) et commencé les établissements de la mine et les quatre cents logements de la cité ouvrière du Grand Hornu (1816-1835). En 1822, il ouvre la place du Parc permettant de lier les jardins de l'abbatiale avec un quartier moderne, aux façades ordonnées, dont la salle des Concerts (1822-1824) sera le plus bel ornement à la jonction avec la ville ancienne. Cet aménagement se réalise avec quelques démolitions, dont l'ancien hôtel de ville, la tour des Six, les halles, la prison dite de la Tannerie et l'hôtel des doyens des corps de métiers.

La salle des Concerts fut surnommée par les Tournaisiens « le tambour à pattes », sobriquet lié à sa configuration en rotonde, portée par douze colonnes doriques en pierre bleue permettant de tenir un marché couvert sur la place. La plupart des immeubles néoclassiques, œuvres de Bruno Renard, Alexandre Decraene et Allard-Pecquereau, furent détruits par les bombardements de la Seconde Guerre mondiale ; on remarquera néanmoins, au numéro 9, la composition néoclassique et les fontes d'ornements en allèges des fenêtres et en panneaux ajourés du portail de l'ancien hôtel Gorin (aujourd'hui musée de la tapisserie) réalisées vers 1825.

DJF

LILLE
MAISON « NÉOCLASSIQUE »

19

5, RUE SAINTE-CATHERINE · VERS 1795

Cette petite façade à deux travées est un vrai bonheur de goût et de rigueur dans le tracé, les proportions et les modénatures des différentes parties de la composition. Au bel étage, de hautes portes-fenêtres à imposte en plein cintre sont flanquées de trois bustes de cariatides engainées. Au rez-de-chaussée, trois pilastres doriques soutiennent un entablement servant de support à un balcon en fer forgé à dessins géométriques. À l'intérieur, un petit salon « néoclassique » manifeste les engouements du style à l'époque de sa construction.

TOURNAI – FROYENNES, CHÂTEAU BEAUREGARD

336

ANTOINE PAYEN ARCH., 1795

Dans les dernières années du XIXe siècle, cette « résidence de campagne » fut conçue par le Tournaisien Antoine Payen le Vieux (1749-1798) dans une robuste volumétrie animée par ce portique créé par un rang de colonnes doriques reliant deux courtes ailes. Cette puissante harmonie a été détruite en 1841, l'ensemble étant alors rehaussé d'un étage, dans le respect du vocabulaire des fenêtres de tradition locale.

TOURNAI, HÔTEL PARTICULIER

61

11, RUE SAINT-JACQUES · VERS 1820

C'est un hôtel de maître réalisé en brique enduite. L'architecture ne peut donc trouver son expression que dans la rigueur de la composition du trait et du relief portant ombre. La cour, en hémicycle au revers du portail, est superbement gouvernée par le dessin palladien du corps de logis.

SECLIN
PORTAIL DU CIMETIÈRE

336

BENJAMIN DEWARLEZ ARCH.
1808

C'est une œuvre singulière et monumentale que ce pavillon pour un gardien, œuvre de Benjamin Dewarlez (1767-1819) marquée par l'héritage conjugué des Lumières, de la Révolution et par l'esprit des loges maçonniques. Dans un registre volumétrique simple, le portail est un pylône de temple égyptien flanqué d'un porche de temple grec, toutes formes épurées ornées de couronnes de lauriers et de sabliers du temps.

COURTRAI
MAISON D'ANGLE DU PLEIN

65

32, PLEIN · LOGGIA ET BELVÉDÈRE, 1819

C'est une maison Empire couronnée par un belvédère, édifiée à l'angle du Plein, lieu majeur d'entrée de la ville. La composition cubique du pavillon, la puissante loggia du bel étage tenu par quatre colonnes doriques sous un entablement et une corniche à consoles et modillons, l'élégance des proportions entre les ouvertures à imposte en demi-lune du soubassement et les carrés de l'étage d'attique, confèrent à ce pavillon une remarquable facture néoclassique.

COURTRAI – MARKE, CHÂTEAU

1

JEAN-BAPTISTE PISSON ET BENJAMIN DEWARLEZ ARCH., 1803-1811

Le château de Marke est un charmant pavillon de plaisance de forme cubique, surmonté d'un belvédère, puits de lumière qui éclaire la distribution du logis. Les stucs, préfabriqués à Lille, à décors de palmettes, de griffons et de candélabres, accompagnent à profusion les pièces de la résidence et lui confèrent une élégance et un raffinement rares pendant la courte durée des belles années de l'Empire.

VILLENEUVE D'ASCQ LES MOULINS DE L'ARAM

RUE ALBERT SAMAIN • 1743 ET 1776

Les moulins de Villeneuve d'Ascq aux formes élégantes et aux longues robes sont caractéristiques des moulins flamands du XVIIIe siècle. C'est l'époque d'érection des plus beaux moulins, tant à huile qu'à farine, de construction soignée, aux poutraisons parfois entièrement moulurées, le pivot orné du décor typique de style Louis XV. Leurs toitures aux formes courbes variées sont semblables à celles que l'on peut voir à Villeneuve d'Ascq. Les charpentes bien conçues sont généralement en chêne et en orme. La toiture et la face au vent toujours recouvertes de bardeaux en chêne, maintenant en châtaignier. Les engrenages, dont le rouet souvent daté et signé, sont toujours en orme, avec les dents en charme ou en bois fruitier (pommier).

Moulins voyageurs, de par leur structure facilitant les déplacements au gré des circonstances. Ainsi le Moulin des olieux originaire d'Audruicq, érigé en 1743 par un charpentier flamand d'Arnèke, est déplacé en 1901-1902 à Offekerque puis en 1976 à Villeneuve d'Ascq. Celui à farine, construit en 1776 à Bambecque, est déplacé à Ruminghem vers 1895, puis deux cents mètres plus près de la maison du meunier en 1936 et enfin en 1979 dans son site actuel.

Le premier retrouve à cette occasion sa destination primitive, la fabrication d'huile. Là encore une caractéristique bien flamande. Lille en était la capitale qui en a compté dans son territoire actuel presque cent dans le même temps, sans compter les centaines environnant la ville. Tous à de rares exceptions en bois sur pivot. Si la structure est presque semblable au moulin à farine, le moulin à huile ou tordoir a cependant une silhouette plus étroite et étirée, à cause des pilons qui broient la graine oléagineuse. Une charpente plus forte aussi, due aux trépidations de ces mêmes pilons, soulevés par des cames implantées dans l'arbre-moteur.

Ces deux édifices, dont le tordoir d'huile unique au monde encore subsistant de ce type sur pivot, ont été sauvés et entièrement restaurés dans les règles de l'art par l'Association régionale des amis des moulins. Ils font maintenant partie intégrante du musée des Moulins inauguré en 1995.

JB

VILLENEUVE D'ASCQ
MUSÉE DE PLEIN AIR

336

143, RUE COLBERT

Le musée de Plein Air offre une promenade verte de culture et de loisirs. Qu'il soit qualifié de parc ou d'équipement touristique, il peut être présenté comme un « musée d'architecture ». En effet, vingt-deux bâtiments représentatifs de la région (anciennes provinces de Flandre, d'Artois, de Picardie et du Hainaut) ont été sauvés et remontés dans leur environnement d'origine reconstitué. Dans ce contexte de muséographie les bâtiments représentent les objet d'une collection qui pourra en compter à l'avenir une quarantaine, sur un terrain de treize hectares. Ces constructions vernaculaires (chaumières, granges, ateliers, chapelles, etc.) concrétisent le trait d'union qu'est l'architecture entre l'homme et son environnement. La lecture de leurs formes est facile : on comprend alors bien comment la fonction, la géographie et la culture produisent l'architecture. Ces édifices sont le fruit du génie de l'homme et l'héritage d'une culture universelle. Les matériaux étaient essentiellement la terre, le bois et le chaume. Les briques et les tuiles se développant quand la ville prit le pas sur la campagne, notamment à l'ère industrielle. On peut alors parler de monuments au sens de la mémoire. « Un paysan ne parle jamais d'art, il produit l'art » dit Hassan Fathy, architecte père du développement durable dans *Construire avec le peuple*. Dans ce site poétique le bâti est un vecteur de transmission du patrimoine collectif qu'est la ruralité. Si des historiens comme Éric Hobsbawm s'accordent à dire que la grande révolution du XXe siècle est le passage de la civilisation rurale à la civilisation urbaine, nos origine sont liées à cette ruralité, à ce patrimoine collectif, constitué non par les grands monuments, mais par le legs fondamental que nos prédécesseurs nous ont laissé à travers ce qu'ils ont entrepris et construit. À l'heure de la haute qualité environnementale ces constructions sont

des modèles écologiques. Conserver, c'est maintenir une fonction. « La tradition ne signifie pas conserver des cendres, mais garder la flamme allumée » (Jean Jaurés). Au musée de Plein Air, le bâti et l'environnement sont prétextes à ranimer les arts et traditions populaires, ainsi que les métiers traditionnels et les savoir-faire qui y sont liés. Outre la conservation et la présentation, cela induit la formation et l'animation et confère une dimension vivante à l'ethnologie. C'est un lieu à vocation globale de plaisir, de connaissance et d'échange, un site du passé pour l'avenir.

GT

LINSELLES FERME DE HAUTEVALLE

1

DOMAINE DE HAUTERALLE

XVIIe-XVIIIe SIÈCLE

Bel exemple de cense entourée d'eau, elle garde son ordonnancement de bâtiments formant la cour : porche de 1714 dont la porte charretière en anse de panier ornée d'un larmier de brique moulurée est surmontée de l'ancien colombier – imposante grange avec une tourelle d'angle remarquable – charretil à colombage – étables et habitation.

TOURNAI – TEMPLEUVE, FERME DE BETTIGNIES

336

35, TRIEU WAZON · XVIe SIÈCLE

Comme souvent en Tournaisis dans la première moitié du XVIe siècle, cet imposant quadrilatère mêle harmonieusement le calcaire local et la brique. Au-delà du pont enjambant les douves, le pavillon d'entrée, que ses ancres datent de 1536, livre passage vers la cour par un portail en arc surbaissé dont l'encadrement de pierre aux montants harpés et linteau droit, en formant feuillure, atteste de l'ancienne présence d'un pont-levis.

VERLINGHEM, CENSE DES TEMPLIERS

336

57, RUE DE PÉRENCHIES · XIVe-XVIIe SIÈCLE

Entourés d'eau, les bâtiments s'ordonnent autour d'une cour rectangulaire. La façade en brique est percée de fenêtres à meneaux de pierre. L'ensemble repose sur un soubassement de grès. L'ancien pont levis se dessine sur le porche décoré des armoiries de la famille De Coninck.

TOURNAI – ERE FERME DU CHÂTEAU

336

15, RUE DU CHÂTEAU

L'appellation garde mémoire d'un gros manoir dont la « ferme du château » était la dépendance agricole. Aujourd'hui totalement rayé du paysage, ce château est connu par une lithographie imprimée à Tournai vers 1823, pendant d'une seconde «Vue prise à Ere près Tournay » qui détaille cet opulent porche-colombier, élément ostentatoire de tant de nos « Censes » régionales, bâti traditionnellement de briques et de roc et frappé ici des armes de la famille de Thiennes.

BOURGHELLES, FERME

336

1, RUE NATIONALE · XVIIe-XVIIIe SIÈCLE

Magnifique corps de ferme à l'impact visuel fort, cette cense est un modèle de la typologie du Pévèle Mélantois. En effet, si les bâtiments ne forment pas un plan orthogonal, ils organisent une cour fermée accessible par le porche pigeonnier. Évidemment fermé sur l'extérieur, on note la qualité esthétique des ouvertures à l'intérieur.

WANNEHAIN, « LA GRANDE FERME »

336

RUE DE LA GRANDE FERME · XVIIe-XVIIIe SIÈCLE

Cette cense imposante comprend quatre époques différentes : le porche qui possède une élégante tour ogivale; un pigeonnier au centre des étables, contemporain de la vaste grange à l'impressionnante toiture et aux solides contreforts; la partie gauche constituée d'une tour ronde de 1630; l'habitation de 1748.

ART ET INDUSTRIE

LOOS, HÔTEL DE VILLE

336

RUE DU MARÉCHAL FOCH
LOUIS-MARIE CORDONNIER ARCH., 1885

Plus que tout autre programme d'équipement public, c'est celui de l'hôtel de ville qui, de la fin du XIXe siècle jusqu'aux années 1930, va permettre à quelques architectes du nord de la France de prôner le retour à un répertoire architectural néo-flamand, d'inspiration batave. Dans la lignée de l'architecte belge Van Ysendyck, disciple de Viollet-le-Duc et auteur des hôtels de ville d'Anderlecht ou de Schaerbeck (Belgique), Louis-Marie Cordonnier (1854-1940), originaire d'Haubourdin, va faire de l'hôtel de ville la construction manifeste du régionalisme.

Les huit hôtels de ville qu'il réalisera dans l'avant ou l'après-guerre arboreront tous, comme élément majeur de composition, un beffroi monumental directement inspiré des premiers beffrois du Moyen Âge, époque de la conquête de l'autonomie communale pour les villes des anciens Pays-Bas.

Premier de la série, l'hôtel de ville de Loos, réalisé de 1882 à 1885, reprend certains morceaux choisis des hôtels de ville médiévaux, tout en appliquant les principes de composition classiques, hérités de la formation « Beaux-Arts » de l'architecte.

Deux volumes contrastés organisent l'édifice : le corps d'hôtel massif et surmonté d'une haute toiture à lucarnes, et la tour du beffroi en saillie, au centre de la façade, dans une composition toute symétrique.

Dans cette première œuvre régionaliste se trouvent déjà tous les ingrédients de l'affirmation du retour au lieu et à la culture locale.

C'est d'abord le beffroi, donc, à la silhouette massive et trapue, doté d'un couronnement en flèche avec quatre tourelles d'échauguettes marquant les quatre angles réunis par des mâchicoulis. C'est aussi le traitement des pignons « wimbergues » latéraux avec leurs pinacles en boules flamandes. C'est encore le jeu des matériaux qui associe les briques et la pierre blanche traitée en bossage, ou l'emploi de brique vernissée venant souligner les arcs des baies de l'étage principal.

À l'image de l'hôtel de ville d'Arras, les lucarnes, aux dimensions de plus en plus réduites au fur et à mesure qu'elles se rapprochent du faîtage, viennent amplifier l'effet d'élancement dynamique de la toiture.

Le traitement différencié des étages renvoie également à la tradition communale locale. Comme les anciens hôtels de ville flamands où la salle échevinale occupait la place majeure, l'étage de la salle du conseil et des mariages se trouve magnifié au-dessus d'un rez-de-chaussée et d'un entresol qui apparaissent dès lors comme écrasés.

Après cet édifice, un grand nombre d'hôtels de ville adopteront le style néoflamand. Mais c'est surtout après la Première Guerre mondiale, lors de la reconstruction, que le régionalisme se développera à grande échelle, en particulier dans l'architecture des mairies reconstruites.

cm

TOURCOING, HÔTEL DE VILLE 54

PLACE V. HASSEBROUCQ · CHARLES MAILLARD ARCH., 1866-1885

Aux antipodes de la mairie de Wambrechies qu'il réalise pourtant au même moment, l'architecte Tourquennois Charles Maillard utilise pour l'hôtel de ville de Tourcoing un style éclectique fortement inspiré par l'Opéra de Paris de Garnier. Image de la prospérité de la ville, alors en pleine expansion industrielle, le palais municipal mit près de vingt ans à être édifié, faute de ressources suffisantes. Il ne sera achevé qu'au prix de nombreuses modifications, et dix ans après la mort de l'architecte.

MOUSCRON HÔTEL DE VILLE 1

1, GRAND PLACE
RENÉ BUYCK ARCH., 1888

Suite à un concours organisé en 1887, l'architecte de Bruges, René Buyck, avait emporté la commande de ce monument hautement symbolique qui exprimerait le passage du village à la ville après l'essor de l'industrie textile. Cette fierté communale justifie l'option néogothique, mêlant brique et pierre bleue, dans l'ordonnance de cette bâtisse de treize travées, dont les trois centrales forment l'indispensable accent vertical.

TEMPLEUVE, MAIRIE 336

AVENUE GEORGES BARATTE · LOUIS BONNIER ARCH., 1893

Dans cette « mairie sur crédit restreint », réalisée pour son village natal à la demande du conseil municipal de Templeuve, Louis Bonnier, plus connu pour ses réalisations et règlements d'urbanisme parisiens, a su concilier traditions locales et modernité. Utilisant les matériaux du pays, il développe une écriture sobre relevée par quelques détails discrets comme les arcatures en brique ponctuées de corbeaux en pierre qui marquent le couronnement de l'édifice, ou les fers d'ancrage figurant à la fois les chauves-souris, symbole du village, et la forme d'un T, initiale de Templeuve. À l'angle, le beffroi vient se greffer de façon surprenante sur l'édifice pour former un auvent.

WAMBRECHIES 336
MAIRIE

2, PLACE DU GÉNÉRAL DE GAULLE
CHARLES MAILLARD ARCH.
1866-1868

Bien avant les hôtels de ville de Louis-Marie Cordonnier, la mairie de Wambrechies va afficher des références régionales et rompre avec le style républicain alors en vigueur. Mais ici, c'est plutôt dans l'architecture de la maison de ville que l'architecte va puiser ses sources, en donnant une échelle monumentale à la façade à pignon néoflamand. Le beffroi d'angle au plan circulaire apporte, quant à lui, une touche pittoresque qui évoque bien plus la tourelle de château que le beffroi médiéval.

ROUBAIX 44
HÔTEL DE VILLE

GRAND PLACE
VICTOR LALOUX ARCH., 1907

Pour édifier le nouveau palais municipal, symbole de la prospérité industrielle de Roubaix, la commune a fait appel à l'architecte de la gare d'Orsay à Paris. Mélange de classicisme et de baroque, l'édifice affirme une monumentalité exacerbée qui s'exprime tant dans son architecture extérieure que dans l'opulence de ses espaces et volumes intérieurs.

Véritable bande dessinée organisée en six tableaux, la frise sous l'attique rappelle la vocation textile de la cité : récolte du coton et tonte des moutons, lavage et peignage, filature, tissage, teinture et apprêts, manutention finale.

TOURNAI, GARE ET BUREAU DE POSTE 60

PLACE COMBREZ

HENRI BEYAERT ARCH., VERS 1875

Le développement des chemins de fer imposa à Tournai le remplacement d'une gare à rebroussement implantée sur la rive droite de l'Escaut *intra-muros* par une nouvelle « station traversière ». Cette gare, inaugurée officiellement par Léopold II le 24 août 1879, est tangente au tracé des boulevards circulaires créés suite à la démolition des remparts et reliée à la ville par trois rues, patte-d'oie tracée au cordeau dans un esprit « hausmannien » et porteuse de visées spéculatives nettement affirmées... L'architecture monumentale d'Henri Beyaert vient donc focaliser trois perspectives et offrir aux voyageurs un prestigieux espace d'accueil donnant une vision directe sur la ville et notamment sur la cathédrale.

La composition du « bâtiment des recettes » articule, sous le jeu complexe des toitures, la rhétorique colorée des matériaux combinés avec une virtuosité typique d'un brillant représentant de l'éclectisme. Sols, parois et couvertures de

l'espace central étalent ce dialogue incessant des matières orchestrant une polychromie sonore en cette création massive qui contrastait jadis avec l'arachnéenne couverture de fer et de verre, immense marquise lancée sur les quais et les voies pour le confort des voyageurs. L'atout de cette partie métallique a été totalement sacrifié lors de la reconstruction consciencieuse de la gare... totalement écrasée sous les bombardements américains de 1944. Cette opération de reconstruction à l'identique a été menée par Eugène Dhuicque (1877-1955), l'aîné des quatre enfants illégitimes nés d'une longue liaison que l'architecte Beyaert entretint avec Athalie Dhuicque...

La gare proprement dite était complétée par plusieurs réalisations annexes, traitées avec la même ostentation d'exalter une tradition nationale (néorenaissance flamande). Si un entrepôt luxueux et les bâtiments des douanes ont été totalement ou en grande partie rayés du paysage, l'imposant local de la Poste, aujourd'hui abandonné, a survécu en bordure du boulevard.

SLBDT

ROUBAIX, HALL ET BÂTIMENTS DE LA GARE

44

PLACE DE LA GARE · SYDNEY DUNNETT ARCH., 1888

Après avoir déplacé en 1863 le site de la gare entre les rues de Mouvaux et du Fresnoy, la ville souhaita un bâtiment à la dimension de la réussite industrielle de la cité. La Compagnie accepta cette opportunité en échange de la création d'une large avenue vers la place de l'hôtel de ville. L'avenue fut percée en 1882, la gare réalisée en 1888 par l'architecte en chef de la Compagnie. C'est un hall central surmonté d'un campanile avec horloge, bordé par deux pavillons en pierre de facture « renaissance française ». Une grande halle des voyageurs était également installée au-dessus des voies (bombardée en 1915).

TOURCOING, HALL ET BÂTIMENTS DE LA GARE

54

PLACE PIERRE SÉMARD · STEVE DUNNETT ARCH., 1903-1905

C'est en 1899 que les élus de Tourcoing décidèrent de remplacer l'ancienne gare, « si pitoyable et mesquine », pour réaliser une importante opération d'urbanisme qui se prolongera vers le centre-ville jusqu'en 1928. Le bâtiment des voyageurs est réalisé entre le 1er avril 1904 et le 4 décembre 1905. C'est une œuvre d'aspect semblable à la gare de Roubaix, réalisée quinze ans plus tôt, bien que l'architecture de référence s'y trouve plus classique. Pour cadrer avec le plan en trident de la nouvelle place de la gare, la façade, dessinée par l'architecte Ligny en 1903, est allongée sur quatre-vingt-dix mètres par deux portiques de dix travées reliant le hall central aux pavillons latéraux, servant d'hôtels et de logements.

LILLE, GARE DE MARCHANDISES DE LILLE SAINT-SAUVEUR 33

BOULEVARD JEAN-BAPTISTE LEBAS · 1858-1865

Le septième agrandissement de Lille étudia le déplacement de la gare vers les nouveaux quartiers de la ville, afin « d'apporter la vie et la prospérité dans ces quartiers un peu déshérités jusqu'ici sous le rapport du mouvement industriel et commercial ». Cette hypothèse repoussée par les milieux d'affaires dont les intérêts se trouvaient autour de la Grand Place, il fut décidé de séparer les trafics passagers et marchandises pour créer une nouvelle gare de marchandise. sur le site de Saint-Sauveur, devant une large esplanade. Les « bureaux de la petite vitesse » sont logés dans un pavillon ordonné par une haute galerie vitrée, distribuant au rez-de-chaussée les guichets et bureaux des arrivées et départs des marchandises. Ce bâtiment reste un rare exemple des premières constructions ferroviaires modernes. Deux des halles, construites l'une en 1864, l'autre en 1920, ont été réaménagées en 2009 pour abriter des activités culturelles dans le cadre de Lille 3000 (services de la ville/ETR ingénierie).

LILLE, FAÇADE DE LA GARE LILLE FLANDRE 25 175

PLACE DE LA GARE · LÉONCE RAYNAUD ARCH., 1867-1869

C'est la façade de l'ancienne gare du Nord de Paris (1846), démontée pierre par pierre et acheminée en 1867 à Lille. Afin de cadrer avec la perspective de la nouvelle rue de la gare (rue Faidherbe), la Compagnie des chemins de fer du Nord réalisa une surélévation sur les cinq travées centrales, avec horloge en pignon fronton, composition très directement inspirée par la façade de la Grand-Garde, sur la Grand Place.

ROUBAIX, ÉGLISE SAINT-JOSEPH

RUE DE FRANCE

BARON JEAN-BAPTISTE BÉTHUNE D'YDEWALLE ARCH., 1876

L'église Saint-Joseph a été consacrée le 10 novembre 1878. C'est un monument exemplaire de la production du baron Béthune, une figure majeure du courant néogothique en Belgique, et le principal responsable du prolongement de cette option stylistique par le rayonnement d'une nébuleuse d'écoles Saint-Luc fondées à son initiative et formant aux métiers d'art dans le respect de références obligées à une production chrétienne, nationale et fonctionnelle.

Le chantier, ouvert en août 1876, doit être relié au phénomène de la très forte immigration flamande en rapport avec l'essor de l'industrie textile. Le projet y trouve la justification de son ampleur. Conçue pour quelque deux mille cent places, l'église sera progressivement accompagnée de bâtiments paroissiaux complémentaires (sacristie, presbytère, vicairie, salles de réunions, patronages, une école ménagère, puis deux autres écoles encore).

Un semblable effort sera poursuivi pour l'équipement mobilier et une décoration que l'on veut chargée de valeurs pastorales. Il en résulte un extraordinaire intérieur : « L'église... est entièrement décorée de peintures, du sol au sommet de ses voûtes de bois. Les vitraux, l'autel, les motifs muraux, le pavement de mosaïque forment un accord parfait. Le répertoire des couleurs privilégie les tons sourds, diaprés, aux

alliances rares... faisant admirablement ressortir l'éclat des dorures. Le mobilier d'origine, abondamment sculpté, contribue à l'homogénéité de l'ensemble. C'est un décor viscontien, grandiose et chargé. » (J.-L. Andréi)

Soulignons le fait que les contributions des différents architectes ne changent rien à la réussite exceptionnelle de cette esthétique globalisante. Elle s'épanouit ici dans le respect de l'unité de style et porte ses plus beaux fruits au bénéfice d'une paroisse ouvrière.

SLBDT

TOURCOING ÉGLISE SAINT-CHRISTOPHE

54

PLACE DE LA RÉPUBLIQUE
CHARLES LEROY ARCH.
LOUIS CROÏN ARCH. (CLOCHER)
1856-1865 ET 1895-1898

D'importants travaux sont entrepris entre 1856 et 1865, puis le clocher surélevé de 1895 à 1898, afin de présenter une tour en harmonie avec la nouvelle grandeur de l'édifice. Ces campagnes de travaux ont effacé pour bonne part le premier édifice (XIIIe-XVIe siècles). Les verrières du chœur ont également été posées entre 1873 et 1871 (maître verrier Nicolas Lorin).

LILLE ÉGLISE DU SACRÉ-CŒUR

29

RUE NATIONALE
JULES BATIGNY ARCH.
1874-1928

Reflet de l'essor économique du Nord à partir du milieu du XIXe siècle, la multiplication des églises ouvre « le règne du pastiche » (E. Lotthé). C'est au gothique qu'il est fait appel pour cette église du Sacré-Cœur (1875-1898), mais on prit parfois ses références dans l'architecture romane, byzantine, Renaissance, jésuite ou baroque...

LA MADELEINE ET MARCQ-EN-BARŒUL COUVENT DES DAMES DE SAINT-MAUR

37

AVENUE DE SAINT-MAUR · ÉMILE VANDENBERGH ARCH., 1869

Le plan du couvent à la forme d'un vaste U ; les travées régulières sont ponctuées par un avant-corps central et les pignons des ailes en retour, sur lesquels Vandenbergh déploie avec conviction la réalité de sa construction. Les conjugaisons entre ossature métallique, profil des menuiseries, rosaces, modénatures de brique et de pierre, confèrent à ce bâtiment une étonnante facture de modernité.

TOURNAI, CIMETIÈRE DU SUD TOMBE DES FRÈRES NICOLAS ET MARC LEFEBVRE

336

1844

Les épitaphes se lisent dans les deux lancettes de cette fausse fenêtre, bel exemple (1844) de l'utilisation du vocabulaire néo-gothique dans une stèle. Exprimant le désir de paraître chez les disparus, les monuments funéraires prennent aussi la forme de chapelles, tant d'inspiration romane que gothique...

LILLE, BASILIQUE NOTRE-DAME DE LA TREILLE, CHAPELLE ABSIDIALE

22

304

PLACE GILLESON • CHARLES LEROY ARCH., 1854-1864

Suite au mémorable Concours de 1854 imposant « que l'on bâtisse une église de style ogival de la première moitié du XIIIe siècle », l'architecte local Charles Leroy, désigné pour concrétiser le projet primé (Clutton et Burges, des Anglais !), entreprit cette chapelle absidiale, première étape d'un chantier grandiose, anachronique... et interminable.

BOUVINES, ÉGLISE SAINT-PIERRE

336

AUGUSTE NORMANT ARCH.

1879-1885

On dit que la chapelle fut érigée sur le lieu où Philippe-Auguste se recueillit avant de mener la célèbre bataille de Bouvines, le dimanche 27 juillet 1214. L'édifice, pastiche réalisé par Auguste Normant (1826-1906) dans le style gothique du XIIIe siècle, apparaît comme une châsse pour une suite de vingt et un vitraux monumentaux (huit mètres de hauteur et trois mètres vingt-cinq de large) contant les épisodes de la bataille, à la manière d'une bande dessinée. Les vitraux furent réalisés entre 1889 et 1906 par Emmanuel Champigneulle, peintre verrier à Bar-le-Duc.

LILLE, ÉCOLE DES ARTS ET MÉTIERS

25

8, BOULEVARD LOUIS XIV
JULES BATIGNY ARCH., 1881-1900

La réalisation de l'école des Arts et Métiers fut une œuvre de longue haleine. Créée par une loi le 10 mars 1881, l'école n'ouvrit ses portes que le 15 octobre 1900. Lille, comme pour les autres universités publiques, apporta à l'État un terrain de quinze mille sept cent quarante-sept mètres carrés, avec deux cent trente-sept mètres de façade sur le boulevard Louis XIV. C'est le plus vaste de tous les édifices du quartier universitaire. Son plan, pour trois cents élèves répartis sur trois années, sépare clairement le bâtiment consacré aux salles d'étude et les ateliers. Comme la plupart des autres édifices universitaires, l'école est édifiée sur la base d'un plan en grille, à la manière de l'Escurial. La cour devient donc l'élément majeur de composition du plan et les galeries qui les bordent deviennent les lieux importants du projet architectural. Chaque cour est qualifiée par les fonctions qu'elle dessert : cour d'honneur auprès du grand amphithéâtre, du musée et de la grande galerie (dans cette cour se trouvent aujourd'hui déposée des sculptures de bélier réalisées par la manufacture de Sèvres pour l'exposition des Arts Décoratifs de 1925), cour des premières années avec ses salles d'étude, puis cours des deuxièmes années et des troisièmes années, cour de service auprès du réfectoire, des écuries et des magasins, et enfin une cour-jardin près de l'infirmerie et de la salle de fanfare. Tous les dégagements sont vastes et bien aérés, et permettent une circulation aisée entre toutes les parties du bâtiment, tandis que de nombreux escaliers relient les quatre niveaux monumentaux aux sous-sols carrelés de faïence blanche. Dans cette partie de l'école, Jules Batigny, comme ses confrères des autres bâtiments universitaires, s'est employé à élever sur le boulevard une façade monumentale et académique.

Un siècle après, son œuvre apparaît plus intéressante à l'intérieur, dans les galeries, lorsqu'il allie fonte,

acier, brique vernissée et émaillée, voûtains et colonnes pour composer l'atmosphère de chaque lieu, selon sa destination.

Une longue cour pour les exercices militaires sépare ces bâtiments des ateliers. Ils sont édifiés autour de la cheminée d'une station centrale regroupant la production de la force motrice des ateliers et de l'école. Ici, tout est charpente métallique sur colonnes de fonte. Les ateliers donnent son véritable caractère à l'établissement : ateliers des forges, fonderie, chaudronnerie, menuiserie et grand hall d'ajustage et de montage. Ce dernier, traversant toute l'épaisseur de la parcelle le long de la rue Kléber, est une remarquable nef moderne, avec bas-côtés, somptueusement éclairée par des verrières et un triforium ajouré, dont le dessin de charpente, composant arc plein cintre et croisillons, forme un motif décoratif courant tout le long du hall (rénové par Gilles Neveux, 1996-1998).

DJF

ARMENTIÈRES, ANCIENNE ÉCOLE NATIONALE PROFESSIONNELLE LYCÉE GUSTAVE EIFFEL 1

96, RUE JULES LEBLEU · CHARLES CHIPIEZ ARCH., 1882-1887

L'école fut créée sur quatre hectares pour former des contremaîtres, chefs d'équipe, monteurs, ouvriers qualifiés, « artisans instruits et habiles capables de gagner leur vie dès leur sortie ». L'école est un ensemble de pavillons séparés de cours et de jardins, remarquable par le décor des façades réalisé à travers les multiples appareillages de brique polychrome et vernissée, et par des éléments d'architecture métallique qui évoquent les propositions d'éclectisme raisonné de Viollet-le-Duc.

ROUBAIX BIBLIOTHÈQUE DE L'ÉCOLE NATIONALE DES ARTS INDUSTRIELS 44

PLACE DES MARTYRS DE LA RÉSISTANCE, FERDINAND DUTERT ARCH., 1885-1889

L'école fut créée pour réunir les arts et les industries du textile. La façade monumentale est une œuvre académique. À l'intérieur, la bibliothèque (rénovée en 2003, Trace architecte) développe des qualités spatiales et constructives qui permettent de se souvenir que Ferdinand Dutert (né à Douai, Grand prix de Rome) réalisa également, en 1889, la galerie des machines de l'exposition universelle de Paris.

TOURNAI – RAMEGNIES-CHIN, ÉCOLE SAINT-LUC 336

50, CHAUSSÉE DE TOURNAI · PAUL CLERBAUX ARCH., 1904

Le 22 mars 1904, on posait la première pierre de cet immense pensionnat de Passy-Froyennes, conçu dans l'esprit néogothique par un tout jeune architecte, Paul Clerbaux (1879-1960). Partout, la verticalité s'impose dans le rythme soutenu des percements animant les surfaces murales de brique jaune, dans la répétition des lucarnes, dans l'élan de la flèche couronnant une chapelle superposée à un étonnant théâtre !

LILLE, FACULTÉS CATHOLIQUES

29

60, BD VAUBAN · LOUIS DUTOUQUET, 1879-1889, ET PAUL VILAIN ARCH., 1911

Sur cent trente mètres de long, l'hôtel académique est le fief principal des facultés catholiques. Cour d'honneur, *atria*, *aula maxima* ou grande salle des actes, bibliothèque, église, occupent les différentes ailes du bâtiment, reliées par des couloirs « servant de promenoir aux étudiants avant l'heure des cours ». Les plans font référence à l'organisation des collèges anglais, d'Oxford ou de Cambridge, alors que les façades sont traitées dans le style gothique, avec gargouilles, tourelles, arcs brisés et pinacles.

TOURCOING ANCIENNE ÉCOLE DES BEAUX-ARTS

55

12, RUE DE GAND · ÉMILE MARQUETTE ARCH. 1900-1904

Sur rue, trois hautes arcades d'ordre colossal, ceintes d'un fronton brisé par une lucarne, portent une sculpture représentant la Ville couronnant les Arts. Les travées d'entrecolonnements sont garnies de mosaïques de terre cuite émaillée polychrome encadrant baies et loggias, d'inspiration italienne. L'intérieur renferme un joli cloître inspiré de l'architecture espagnole.

LILLE, SALLE OVALE DU CONSERVATOIRE DE MUSIQUE

22 280

PLACE DU CONCERT · ÉMILE VANDENBERGH ARCH., 1897

Le conservatoire de musique, construit par souscription populaire, installé place du Concert en 1808, est une œuvre de Dewarlez-Lepoutre. Émile Vandenbergh remania en 1897 le hall et la salle d'auditions. On retrouve en façade le vocabulaire usuel de Vandenbergh, notamment les balustrades en fonte. L'auditorium de cinq cents places, de forme ovale, est simple et somptueux. Des motifs de palmettes et de rinceaux courent en frise sur la rampe du balcon et sur un grillage métallique installé comme une voilette au devant les lucarnes qui entourent la coupole.

LILLE, PALAIS ET SERRES DE MONSIEUR RAMEAU

29

39, BD VAUBAN • AUGUSTE MOURCOU ET HENRI CONTAMINE ARCH., 1876-1879

L'histoire du palais de Monsieur Rameau commence le 7 juillet 1875, chez un notaire qui enregistre le don fait à la ville de Lille d'une somme de trois cent mille francs « pour l'affecter entièrement à l'érection d'un monument destiné principalement à recevoir des expositions horticoles » et exceptionnellement des fêtes musicales et expositions artistiques. Charles Alexandre Joseph Rameau (1791-1876), sans héritier direct, est un agronome de belle réputation ; président fondateur de la société d'horticulture de Lille, il a contribué à l'amélioration de variétés de fraises, de pommes de terre et perfectionné la race de « la chèvre indigène, qui est la vache du prolétaire ce que, du reste, le comice agricole de Lille a proclamé dans sa dernière distribution de récompenses en lui décernant une médaille ».

Le palais, achevé en 1879, coûtera à la ville près de huit cent mille francs. Installé sans vergogne sur l'une des places publiques du plan d'agrandissement de 1858, ex-place de Roubaix, le palais est une forme d'église dédiée à la flore qui cache sa moderne ossature de colonnes en fonte, d'arcatures en fer et d'habillages de verre derrière des reliefs éclectiques de façade aux accents toscan et byzantin.

Son plan est en trois parties : un porche couronné par deux clochetons à bulbe (forme convenable pour célébrer l'horticulture, hélas aujourd'hui remplacés par deux tétraèdres), une grande halle en forme de nef flanquée de bas-côtés éclairés par des lanterneaux, nef traversée par un transept érigeant une coupole à la croisée, puis une serre dodécagonale en posture de chapelle absidiale, « rotonde de cristal » destinée aux palmiers. Enfin

le buffet d'un grand orgue (disparu pendant la Seconde Guerre mondiale) fut installé sur la galerie au revers du portail.

Auguste Mourcou (1823-1911) et Henri Contamine (1818-1897) furent « chargés par Monsieur le Maire de la Ville de Lille de la construction du palais Rameau et de la Grande Rotonde ». Architectes académiques, ils réalisèrent pour cette occasion une œuvre duale. Elle associe, pour l'intérieur, la clarté et la simplicité de la structure, et pour l'extérieur, un paravent de façades éclectiques. Cet éclectisme dessiné qui enserre la structure moderne directement produite par l'industrie peut être lu comme la volonté de promouvoir une image d'architecture nouvelle, représentation permise par le programme et le commanditaire.

Malgré l'abandon des verrières en toiture, le palais conserve une atmosphère incomparable de légèreté et de rigueur qui convient pour toutes fêtes et solennités. Expositions générales d'horticulture, expositions d'art industriel, expositions des Beaux-Arts, banquets, bals, congrès et épreuves universitaires se sont succédé dans la grande halle, accomplissant et perpétuant le rêve de jardins extraordinaires de Monsieur Rameau.

DJF

TOURNAI, GALERIE DU MUSÉUM 60

RUE SAINT MARTIN
COUR D'HONNEUR DE L'ANCIENNE ABBAYE
BRUNO RENARD ARCH., 1829

C'est le 15 septembre 1839 que la ville de Tournai inaugurait son Muséum, créé une dizaine d'années plus tôt, dans les locaux de l'ancienne brasserie de l'abbaye Saint-Martin que Bruno Renard avait adaptés à la présentation des collections d'histoire naturelle... Espace heureusement conservé avec son éclairage zénithal dans ses voûtes à caissons et ses vitrines murales aux colonnes corinthiennes !

LILLE, HALLE AUX SUCRES 22

AVENUE DU PEUPLE BELGE · CHARLES BENVIGNAT ARCH., 1838-1847

Édifiée sur la place de l'ancien marché au charbon de bois, c'était à la fois une halle aux grains et une halle aux sucres. La construction en brique et la forte charpente de bois, simple et solide, convient à la rusticité de son usage. Les larges baies en plein cintre superposées et l'avant-corps du pavillon principal jouent avec la massivité de l'ouvrage, en l'absence de toute autre forme d'ornement.

LILLE
HALLES DE WAZEMMES 29

PLACE DE LA NOUVELLE AVENTURE
1869

Colonnes en fonte, charpente en fer et verrières des lanterneaux sont les matériaux économiques pour créer les équipements de la ville industrielle. Comme à Paris, comme les halles centrales voisines, les halles de Wazemmes sont emblématiques des équipements de la ville agrandie. Édifiées sur la place d'une ancienne maison de plaisir appelée « la Nouvelle Aventure », les halles de Wazemmes ont su garder autour d'elles, depuis leur création, l'âme et l'identité d'un quartier lillois.

LILLE, GRANDE HALLE DE LA GARE LILLE FLANDRES

 163

PLACE DE LA GARE · SYDNEY DUNNETT ARCH., 1889

Pour abriter l'extension des voies de la gare terminus, une nouvelle grande halle fut réalisée en 1889 par la Compagnie de Fives-Lille, en même temps que se construisaient la salle des pas perdus et l'hôtel des voyageurs (1887-1892). L'entreprise réalisa, à travers le monde et les colonies françaises, un nombre exceptionnel d'ouvrages d'art et la même année 1889, la célèbre galerie des machines à l'exposition internationale de Paris, de même conception mais de plus grande portée (détruite en 1910).

ROUBAIX, SALLE WATTREMEZ

44

9, RUE DE L'HOSPICE · AUGUSTE DUPIRE ARCH., 1908-1910

C'est une salle d'exposition et de fêtes pour mille deux cents personnes assises, qui doit servir pour les expositions artistiques et horticoles, les fêtes de bienfaisance, la distribution des prix, des concerts et des conférences. La salle de mille cinq cents mètres carrés est constituée d'une grande halle de quarante-trois mètres sur vingt-sept, flanquée de part et d'autre d'une galerie à cinq mètres du sol qui assure la stabilité de la structure métallique. Seule l'entrée en pierre de taille sculptée revêt un caractère « monumental et artistique ». Réaménagée en 1934, une réhabilitation récente lui a permis de retrouver ses formes originelles (Zig-Zag arch., 1998).

LILLE, GALERIE DU MUSÉUM D'HISTOIRE NATURELLE

26

19, RUE DE BRUXELLES · ALFRED MONGY ING. (ATTR.), 1911

La ville, la faculté et la société des sciences de Lille attendaient depuis de nombreuses années un toit pour accueillir les riches collections géologiques et zoologiques du muséum d'histoire naturelle, afin de servir à la communauté des chercheurs et des étudiants, et offrir un « caractère éducatif remarquable pour le public [...], lui permettre d'aborder d'une manière plus concrète certaines questions de haute philosophie, en ce qui touche la généalogie de l'espèce et la grande doctrine de l'Évolution ». La grande galerie de zoologie répond à ce vœu.

WAMBRECHIES DISTILLERIE CLAEYSSENS

336

1, AVENUE DES CHÂTEAUX

Située en bordure de la Deûle et le long d'une rue qui porte son nom, la distillerie Claeyssens constitue un des éléments phares du tourisme fluvial de la région Nord-Pas-de-Calais et plus particulièrement de la route du genièvre.

Fondée au début du XIXe siècle, elle est une des toutes dernières distilleries en activité où la fabrication du genièvre se base sur un savoir-faire traditionnel et l'utilisation du matériel d'origine. (Le processus de production ainsi que les machines ont été classés au titre des objets mobiliers le 19 janvier 1999. Le 27 mars 2000, les façades et toitures des bâtiments étaient protégées au titre des monuments historiques.)

Récemment achetée par un groupe industriel belge, elle était auparavant exploitée par la neuvième génération de la famille Claeyssens. C'est en effet en 1789 que Joseph Guillaume Claeyssens quitte la Belgique afin de fonder une huilerie sur la commune de Wambrechies. Son fils remarque alors les conditions idéales offertes par le site pour la production du genièvre : la rivière toute proche ainsi que le moulin produiraient l'énergie hydraulique tandis que la présence d'une nappe phréatique fournirait l'eau pure nécessaire à la fabrication de la boisson. L'huilerie se transforme officiellement en distillerie de genièvre en 1817.

Les divers bâtiments de ce vaste site industriel s'édifient au XIXe siècle et s'organisent, selon le cycle de production, autour d'une cour d'honneur pavée. La malterie se situe en face de la distillerie, face au bâtiment des moulins. Elle est séparée des bâtiments de la distillerie par la création du passage à grand gabarit du canal de la Deûle. Autrefois préparées dans la malterie, les céréales arrivent par camion et sont stockées dans les silos à orge malté et seigle construits à la fin des années 1930. Ces matières premières sont transformées en farines dans le bâtiment des moulins où elles circulent selon un ingénieux système de chaînes à godets dissimulées dans des éléments de charpenterie. Ces farines sont transportées manuellement dans le bâtiment de cuisson et de fermentation implanté le long de la

Deûle afin d'être cuites et malaxées dans des tambours avant de recevoir des levures qui permettent la fermentation alcoolique. Le liquide pâteux obtenu, qui n'a qu'un faible degré d'alcool, est distillé en deux phases dans la haute salle de distillation qui accueille colonnes et alambics. Espace où se réalise l'opération la plus délicate, cette salle de distillation, encore appelée « palais », s'ouvre sur l'ancienne cour d'honneur. Sa façade aux larges baies en arc plein cintre et aux travées ponctuées de pilastres semi-encastrés se différencie par son esthétique industrielle des autres corps de bâtiments dont la facture présente des références multiples à l'architecture rurale et domestique.

MCM

TOURNAI
ALLAIN
FOUR MADELON
RUE DE LA LYS
DEUXIÈME MOITIÉ
DU XIXe SIÈCLE

336

TOURNAI
CHERCQ
FOURS
AU LIEU DIT L'ALMANACH
DEUXIÈME MOITIÉ
DU XIXe SIÈCLE

336

TOURNAI
CHERCQ
FOURS
SAINT-ANDRÉ
LE LONG DE L'ESCAUT
DEUXIÈME MOITIÉ
DU XIXe SIÈCLE

336

Si l'historien local Fernand Chantry a pu évoquer l'histoire de *Cent chaufours d'Antoing à Tournai* (1979), on doit hélas constater la disparition de beaucoup de ces précieux témoins de l'archéologie industrielle. Rares sont ces puissantes structures qui ont été sauvées par quelques particuliers, sensibles à la beauté de ces « ruines » dont les formes variées suivent l'évolution des techniques de la cuisson du calcaire pour la production du ciment. Dans ces monuments du Pays Blanc, les voûtes et les coupoles couvrent souvent des espaces impressionnants, aujourd'hui en quête de fonctions nouvelles, porteuses d'avenir...

ROUBAIX, ANCIENNE DISTILLERIE « LA CONFIANCE » 44

69 BIS À 75, RUE MA CAMPAGNE

L'entrée de l'ancienne distillerie de la société coopérative « La Confiance » rompt par un léger décrochement avec la linéarité de la rue ouvrière. Le portail, surmonté des bureaux, est monumentalisé par un fronton sculpté en pierre symbolisant la distillation du raisin et du grain.

LILLE
BRASSERIE-MALTERIE DES MOULINS 33 306

47, RUE D'ARRAS

1891

Construite et agrandie sur une parcelle urbaine irrégulière, la brasserie présente sur la rue d'Arras un grand pignon d'inspiration flamande marquant l'ancienne salle des cuves de brassage tandis que les germoirs et la touraille incurvent leur long mur de brique selon le tracé de la rue du Petit-Thouard, à l'arrière de l'édifice. Les écuries en pierre de Lezennes, datant de la première brasserie du XVIIIe siècle, témoignent de l'origine rurale de l'entreprise. L'ensemble est transformé en Maison Folie dans le cadre de Lille 2004 (Thierry Baron, Philippe Louguet arch.).

ARMENTIÈRES
ATELIER, ENTREPÔT ET MAISON DE COMMERCE AUGUSTE MAHIEU 1

1, RUE DE LA GARE · ÉMILE VANDENBERGH ARCH., 1881, RECONSTRUIT EN 1918

L'architecte Émile Vandenbergh réalise pour la façade de cet ancien magasin un décor remarquable, véritable enseigne publicitaire pour les Établissements Mahieu-Rose qui y commercialisaient les produits issus de leurs filatures et usine de blanchiment. Ponctuée de blasons d'amortissement représentant les armes des diverses villes de France, clientes des Établissements textiles, cette façade s'organise de part et d'autre d'un hall central traversant, composition récurrente dans l'œuvre de l'architecte.

ROUBAIX

ANCIENNE USINE MOTTE-BOSSUT

BD DU M[AL] LECLERC · 1853 À 1922, RECONVERSION 1993, ALAIN SARFATI ARCH.

Véritable forteresse néogothique, l'ancienne filature de coton de la société Motte-Bossut dresse ses imposantes structures sur le boulevard du Maréchal Leclerc, au cœur de Roubaix. Construite au départ comme une annexe, l'usine commencée en 1853 et 1862 se double et s'agrandit après l'incendie de 1866 qui anéantit la filature Monstre qui s'élevait alors de l'autre côté du canal aujourd'hui comblé et reconverti en boulevard. Les différents corps de bâtiment dont la construction s'échelonne sur un siècle ont su associer la sobriété massive de l'architecture industrielle fonctionnelle et le pittoresque du décor néogothique alors très en vogue en Grande-Bretagne. Cheminée et cages d'escaliers sont déguisées en tours médiévales tandis que les jeux de brique et de pierre animent les façades d'arcades, de bandeaux et de pignons à redents, davantage dans le goût flamand. Pour les volumes intérieurs, poutrelles de fonte, charpentes métalliques et voûtains de brique assurent la protection contre l'incendie selon des procédés de construction importés par des architectes anglais. L'usine est classée à l'inventaire supplémentaire des monuments historiques en 1978 avant même la fermeture de son activité textile en 1981. Le site est alors racheté par la ville pour ses projets de restructuration du centre : il s'ensuit une bataille entre les tenants de la conservation du patrimoine et les rénovateurs ; la décision de l'État en 1983 d'installer dans la nef principale les archives du monde du travail, dans le cadre des grands travaux de l'État en région (1989-1993) va permettre la préservation de l'ensemble : l'architecte Alain Sarfati, qui s'est vu confier le programme de réhabilitation, a su conserver les caractéristiques essentielles de l'édifice tout en enchâssant des éléments métalliques dans la

façade et en ouvrant de façon monumentale toute la hauteur d'une partie de la nef intérieure qui sert de lieu d'exposition. Le centre international de la communication Eurotéléport en font un lieu ouvert sur la ville. C'est par cet exemple, un des premiers bâtiments industriels réhabilités à Roubaix d'une façon aussi médiatique, que la ville et la population vont reconnaître la valeur de leur patrimoine et s'accorder à le préserver et à le recycler pour de nouvelles activités.

DM

TOURCOING, MAISONS DE MARCHAND-FABRICANT

55

97, 99, 101 RUE DE LILLE · VERS 1850

Il reste quelques exemples rue de Lille de ces grosses demeures industrielles qui associaient résidence et commerce en front-à-rue et ateliers de production en fond de parcelle entre jardin et verger. C'est la généralisation de la machine à vapeur à la fin du XIXe siècle qui imposera une dissociation et peu à peu un zonage répondant à la croissance de la taille des entreprises.

AVELGEM, FILATURE LEURENT

1

151, DOORNIKSESTEENWEG · 1907

Cet ensemble, témoignage de la prospérité de l'industrie textile, trouve un intérêt majeur dans la sauvegarde de l'ensemble des fonctions caractérisant un site industriel. On y retrouve, outre les bâtiments de production, la salle des machines, la cheminée, le vivier de refroidissement, les bureaux, et la maison du directeur.

LILLE, BOIS-BLANCS, TOUR DE LA FILATURE LEBLAN

307 336

AVENUE DE BRETAGNE · 1900

Industriels du lin et du coton, les Leblan ont multiplié leurs lieux de productions à Moulins-Lille et aux abords du canal de la Deûle. La haute tour crénelée permet la desserte des différents niveaux de la filature et la localisation de la réserve d'eau en privilégiant la référence stylistique aux châteaux féodaux. Le bâtiment a été rénové et a retrouvé une vocation économique dans le cadre du projet Euratechnologie (Vincent Brossy, architecte, 2009).

LEERS
TOUR DU TISSAGE MOTTE-BOSSUT

336

RUE DU G^AL LECLERC
USINE, 1871-1911
TOUR, 1895

Le tissage de Leers (1871-1911) est représentatif de ces constructions basses où le travail de la brique révèle une attention régionaliste. La tour abrite le réservoir d'eau contre les risques d'incendie et fait concurrence à la cheminée comme repère symbolique. L'ensemble est aujourd'hui transformé en salle de sport.

TOURCOING, HUILERIE DUMORTIER

1

RUE DE ROTTERDAM · VERS 1900

L'introduction du béton armé dans la construction industrielle remonte au début du XXe siècle avec l'application du procédé « Hennebique ». L'huilerie et les moulins Dumortier associent des bâtiments en brique et en béton dans un jeu formel de créneaux et de tours.

HOUPLINES ANCIENNE FILATURE DE LIN

1

RUE VICTOR HUGO · 1920

La filature Ireland Frères remonte aux débuts du Second Empire. Le fronton en pierre, de style néo-classique, contraste avec les ateliers bas en brique et leurs toitures en sheds déployés en allées.

LILLE, CHAMBRE DE COMMERCE ET D'INDUSTRIE

22

PLACE DU THÉÂTRE • LOUIS-MARIE CORDONNIER ARCH., 1906-1921

La réalisation de la nouvelle Bourse de Lille fut une longue histoire. Le premier vœu de la chambre de commerce de Lille « de procurer aux négociants et courtiers de la place de plus grandes facilités pour leurs opérations » fut émis en 1864. Le premier projet étudié fut la couverture de la cour de la vieille Bourse, mais le statut particulier de l'immeuble, composé de vingt-quatre propriétaires, mit fin à cette solution de réaménagement du bâtiment ancien. En 1905, l'augmentation considérable du volume des transactions et des marchands appela la création d'une commission spéciale qui étudia, avec la ville, la création d'un nouveau bâtiment à l'entrée du boulevard Carnot, voie nouvelle reliant le centre historique au « Grand Boulevard » vers Roubaix et Tourcoing. L'emplacement était de premier choix. Louis-Marie Cordonnier (1854-1940) fut sollicité en 1906 pour présenter des avant-projets de construction. Cette commande fut une consécration et une revanche. Lauréat en 1885 du concours international d'architecture pour la réalisation de la Bourse d'Amsterdam, il fut ensuite détrôné au profit de l'architecte Hendrik Pétrus Berlage qui réalisa finalement un bâtiment emblématique de l'architecture moderne (1896-1903). Pendant ce temps, Louis-Marie Cordonnier gagnait de nouveaux concours et réalisait nombre de projets : l'hôtel de ville de la Madeleine en 1886, le concours international pour la restauration de la façade de la cathédrale de Milan en 1896 (dont il fut également dessaisi), l'hôtel de ville de Dunkerque en 1894, le concours de la fondation Carnegie pour le Palais de la Paix à La Haye en 1905. Tous ces projets présentent une grande unité dans un style flamboyant et pictural puisant ses richesses dans les formes et les matériaux de l'architecture flamande du XVe au XVIIe siècle. Ainsi la nouvelle Bourse de Lille sera le produit dérivé d'une manière de penser et de produire l'architecture, pratiquée par Cordonnier sans renoncement ni reniement pendant plus de soixante années de vie professionnelle.

À Lille, le dessin de façade est issu d'une transposition de la travée lilloise de la fin du XVIIe siècle, telle qu'elle se présente sur les modèles du rang du Beauregard et de la vieille Bourse. Pour convenir aux dimensions des lieux, grand hall et salles de réunion, les travées furent considérablement augmentées dans leurs dimensions et le soubassement augmenté d'un entresol. À l'angle, un beffroi, avec carillon et échauguettes, subtilise à l'autorité municipale l'emblème des libertés communales. L'intérieur de la nouvelle Bourse est somptueusement décoré de marbres, mosaïques et vitraux. Les aménagements furent longuement discutés entre l'architecte et Alfred Descamps, industriel représentant le maître d'ouvrage qui s'attacha, pendant huit années de travaux, à ordonner une commande qui fut souvent reconsidérée dans son programme. En juillet 1914, la guerre vint interrompre le chantier. Il se poursuivit aux lendemains de l'armistice. La nouvelle Bourse fut inaugurée le 16 mai 1921 par le président de la République, Alexandre Millerand.

DJF

TOURCOING ANCIENNE CHAMBRE DE COMMERCE ET D'INDUSTRIE

54

PLACE CHARLES ET ALBERT ROUSSEL
CHARLES PLANCKAERT
ET CHARLES GODEFROY ARCH.
1903-1906

Il fut édifié comme palais du Commerce dans le goût de l'architecture de la renaissance. La masse générale est accentuée par la haute toiture et les clochetons bulbeux. Peut-être fut-elle un modèle pour la Chambre de commerce de Lille, tant apparaissent notables les similitudes de silhouette et de composition, sinon d'échelle.

ROUBAIX, LE CONDITIONNEMENT PUBLIC

44 306

PLACE FAIDHERBE-BOULEVARD DE BEAUREPAIRE · ALBERT BOUVY ARCH., 1901

La Condition Publique des matières textiles était destinée « à sauvegarder la dignité et la moralité du commerce, en mettant un terme aux discussions, malheureusement trop fréquentes, que soulevait le degré d'humidité réel ou supposé des laines destinées à la filature ». C'est un vaste entrepôt, servi par une rue intérieure, recouverte d'une verrière. La toiture des bâtiments est une terrasse engazonnée, afin de maintenir à l'intérieur une hygrométrie constante. Le bâtiment est transformé en Maison Folie dans le cadre de Lille 2004 (Patrick Bouchain arch.).

ROUBAIX, BANQUE DE FRANCE

44

PLACE DE LA LIBERTÉ · ÉDOUARD DUPIRE-ROZAN, ALPHONSE DEFRASSE ARCH., 1902

L'extension considérable du commerce et de l'industrie réclama, en 1868, la création d'une succursale de la banque de France. À la fin du siècle, la banque devient un édifice monumental de goût classique. Cette architecture pompeuse est destinée à inspirer respect et confiance, deux valeurs sans lesquelles le système de la banque ne peut exister.

LILLE, THÉÂTRE SÉBASTOPOL

29

PLACE SÉBASTOPOL · LÉONCE HAINEZ ARCH., 1903

C'est un théâtre provisoire de 2000 places construit en cent jours par la ville pour offrir à ses concitoyens une salle de spectacle après l'incendie accidentel du théâtre de Lequeux, en 1903. Léonce Hainez, architecte de l'éclectisme lillois, installe à l'entrée deux robustes atlantes aux formes rubéniennes pour soutenir le balcon du foyer. Au-delà de la façade d'entrée, le décor se limite à quelques cordons de pierre blanche incisés dans la maçonnerie des bas-côtés.

LILLE, OPÉRA

22

PLACE DU THÉÂTRE

LOUIS-MARIE CORDONNIER ARCH., 1907-1923

RÉHABILITÉ EN 2003, PATRICE NEIRINCK ET PIERRE-LOUIS CARLIER ARCH.

L'architecte, doutant de l'impartialité du jury de concours ouvert par la ville, choisit de réaliser deux projets; un premier selon ses habitudes stylistiques flamandes, le second dans un genre classique agrémenté de modern style. Pensant l'avoir éliminé, la ville choisit son deuxième projet. Mais cette œuvre laissera quelques regrets. Lors de son éloge funèbre prononcé par Louis Nicolle, il fut entendu : « Nous sera-t-il permis de regretter cependant qu'il n'ait pas [...] dessiné dans le style qui avait sa prédilection ? Il eut fait alors de la vieille Bourse et de la Nouvelle, du Beauregard et du Théâtre un ensemble évocateur de l'esprit local maintenu d'âge en âge. »

TOURNAI, MAISON D'ARRÊT CELLULAIRE

63

CARREFOUR DES RÉSISTANTS · FRANÇOIS DERRÉ ARCH., 1868-1871

C'est une prison pour deux cents cellules, qui passait pour être un modèle du genre. « Aux murs se trouvent appendus deux tableaux : l'un contient une suite de maximes et de réflexions morales ; l'autre le règlement de la maison. Dès que le détenu sort de sa cellule, il doit garder le plus profond silence, marcher avec des chaussons de lisière et se couvrir la tête d'un capuchon ». Édifiée en brique dans le style anglais Tudor, la maison d'arrêt cellulaire présente l'aspect d'un château fort couronné de créneaux. L'intérieur apparaît d'esprit plus gothique.

WASQUEHAL, SÉRIE DE CINQ ÉCLUSES DU CANAL DE ROUBAIX ET MAISONS D'ÉCLUSIER

40

1877

L'idée d'un canal pour acheminer les matières de première nécessité à Roubaix, Wattrelos et Tourcoing, « et surtout de belles et abondantes eaux », prit corps en 1813. La concession fut autorisée en 1825, la première pierre de l'écluse de Marquette posée en 1827, le prolongement du canal jusqu'à l'Escaut décidé en 1839. Mais l'effondrement répété de la tranchée pour un canal souterrain sous la colline de Barbieux (dont le délaissé deviendra ensuite un jardin magnifique) arrêta les travaux en 1848. En 1854, après le rachat de la concession par la ville de Roubaix, il fut décidé un nouveau tracé comportant une série de cinq écluses, forme monumentale d'escalier d'eau ponctué par les maisons d'éclusier. Le canal fut enfin ouvert à la circulation le 1er janvier 1877, assurant la liaison entre la Deûle et l'Escaut.

MOUVAUX, RÉSERVOIR DU MONT DES BONNETS

38

1, RUE VAUBAN · AUGUSTE BINET ING., 1897

Il s'agit de deux réservoirs plats superposés réalisés en 1897 par l'ingénieur Auguste Binet, directeur du service, afin de stocker les eaux potables pour Roubaix et Tourcoing.
Avec une capacité totale de près de vingt-sept mille mètres cubes, c'est le plus important du territoire métropolitain. Sa maçonnerie extérieure évoque, comme le réservoir de Lille Saint-Maurice, les formes bastionnées de Vauban et les mâchicoulis des fortifications médiévales.

LILLE, RÉSERVOIR D'EAU DE L'ARBONNOISE

336

RUE SAINT-BERNARD • BOURDON ING., 1889

Le château d'eau offre une capacité de mille deux cents mètres cubes. Édifié à quatorze mètres au-dessus du sol, c'est une tour cylindrique maçonnée, habillée en donjon, réalisée lorsque la ville décida de séparer le réseau des eaux industrielles du réseau d'eau potable. La cuve (à l'origine en fonte) est soutenue par une maçonnerie de briques très ouvragée, incorporant des blocs de ciment moulé dans toutes les parties saillantes, les repos et les assises de la construction. Les tirants métalliques se poursuivent en façade par des fers d'ancrage qui dessinent une fleur de lys conjuguée à la lettre L de Lille.

LILLE, RÉSERVOIR D'EAU DE SAINT-MAURICE

39

94, RUE DE LA LOUVIÈRE
ALFRED MONGY ING., 1886

Ce réservoir d'eau de type « plat maçonné », d'une capacité de neuf mille cinq cents mètres cubes répartis en deux compartiments, fut créé pour compléter le réseau d'alimentation en eau potable de la ville de Lille et réduire les pertes de charges de l'ancien réseau. De l'extérieur, le réservoir évoque le mur d'escarpe d'une fortification de Vauban, avec son fruit important et ses angles soulignés de bossages moulés.

ROUBAIX, RÉSERVOIRS D'EAU DU HUCHON

38

6TER, BOULEVARD LACORDAIRE • AUGUSTE BINET ING., 1887 ET 1895

Le premier réservoir, réalisé en 1887, évoque dans la superposition des masses l'image romaine emblématique du mausolée de Cécilia Metella. La composition d'architecture superposant des baies droites, des baies en plein cintre entre des pilastres couronnés d'un relief dorique évoquent ensuite une planche d'entrecolonnement selon Blondel. Mais le plus intéressant se trouve ici à l'intérieur, dans l'espace créée sous la cuve métallique, lorsqu'elle repose sur sa couronne de seize voûtes de brique en plein cintre se prolongeant en s'élargissant vers l'extérieur. Un autre réservoir fut réalisé à l'identique en 1895, puis deux autres en béton armé en 1930, avec une façade devenue un paravent de briques cachant la réalité de la structure moderne du béton.

LILLE, CITÉ PHILANTHROPIQUE

31

RUE GANTOIS – RUE DE WAZEMMES
ÉMILE VANDENBERGH ARCH., 1859-1862
RÉHABILITATION, ALAIN-ÉLOI LEFEBVRE, 2007

Émile Vandenbergh (1827-1909) fut inlassablement un artisan de la modernité des matériaux et de la vérité des structures. Associant la raison du constructeur au sentiment de l'artiste, il fut le héraut d'une poétique de la ville industrielle. Élève de Henri Labrouste dans les ateliers de l'École des Beaux-Arts à Paris, il revint à Lille en 1852 pour commencer sa vie professionnelle par des commandes importantes d'industriels et d'imprimeurs et des projets de cités ouvrières. À travers ces différents programmes, il exprime l'ambition de construire l'espace de la ville industrielle autour de la rue-galerie comme espace couvert à déclinaisons multiples, lieu de la circulation et de la rencontre de tous, ouvriers ou bourgeois. La rue-galerie est le lieu fondateur du projet, fédératrice des espaces qu'elle structure, porteuse de l'expression rationaliste de l'architecture dans le déploiement de sa charpente et de son décor métallique. À trente ans, il affiche avec détermination une modernité qui se nourrit des matériaux de l'industrie mis en forme autour d'une composition classique, voire antique, de l'architecture. La fonte doit être support et ornement, le verre doit couvrir de vastes lieux de déambulation, en halle ou galerie, le métal doit se plier et se déployer pour franchir des espaces nouveaux.

Le Bureau de bienfaisance de Lille, créé en 1802 pour conserver le patrimoine des pauvres et distribuer les secours à domicile, souhaite « assurer le bien-être et la moralisation des classes ouvrières et indigentes de Lille par la construction de logements sains, commodes et à prix réduits ». De nombreux projets furent conçus, quelques-uns réalisés. Le plus important, pour loger mille personnes, fut confié à Émile Vandenbergh, le 9 avril 1859. Le terrain choisi « situé à proximité des agglomérations de Wazemmes, de Moulins et de la vieille ville [...] est assez grand pour permettre un large développement des constructions ». Le travail de Vandenbergh sera orienté vers la recherche d'air, de lumière, d'hygiène, de salubrité, de commodité, de simplicité dans les distributions et de durabilité. La commission administrative du Bureau de bienfaisance dut également répondre du respect de l'ordre public et de la bonne moralité des futurs locataires ; un millier de pauvres rassemblés dans une même cité effrayait les édiles lillois : « le principe de logements pour 1000 personnes, non pas dans trois mais dans six corps de bâtiments, soit 180 personnes par pavillon, isolés par des rues de

16 m de largeur, n'a rien qui puisse faire craindre pour l'ordre. La surveillance ne sera guère nécessaire dans les conditions que présente le projet, ainsi ne sera-t-elle que paternelle, elle se résumera en principes de propreté, de bonne conduite et d'ordre ».

Du point de vue de la ville, la cité philanthropique est une œuvre entièrement fonctionnaliste. Elle s'affranchit du contour de l'îlot, installe ses bâtiments selon une logique gouvernée par l'ordre de la lumière, de l'air et de la distribution, toutes considérations assemblées qui seront professées plus de soixante ans après par Le Corbusier. Du point de vue de l'architecture, la cité philanthropique est une œuvre structuraliste qui comprend les matériaux de la modernité, le fer, le verre et la fonte, pour inventer les formes et les lieux de la vie moderne.

Une transformation en 1974 a profondément altéré les éléments novateurs de cette construction lilloise emblématique de la recherche du bien-être social.

DJF

LILLE
CITÉ SAINT-MAURICE

39

RUE DE LA CITÉ, 1854

Lors de sa réalisation, la cité était environnée par des jardins et bordée par le viaduc de la ligne de chemin de fer allant de Lille vers la Belgique. L'allée d'accès, installée dans l'épaisseur des maisons bâties sur rue, est ponctuée par un double porche d'inspiration palladienne, morceau de bravoure de la cité. Les maisons sont à trois niveaux, chacun avec deux chambres. Les maisonnettes s'assemblent par deux pour figurer de plus larges ordonnances. On trouvait des potagers dans la cour.

ROUBAIX, COURÉES DUBAR ET DEKIEN

44

RUE JEAN MOULIN – CAFÉ LE SOHO · VERS 1830

Toutes les courées de Roubaix faillirent disparaître au XXe siècle, au titre d'habitat insalubre. Mais ce qui était honni hier est devenu aujourd'hui patrimoine de la ville et mémoire de la vie ouvrière. Les courées furent édifiées par de petits propriétaires qui trouvaient là une rente supérieure à celle de l'épargne. Les maisons offraient au rez-de-chaussée une salle donnant sur la cour et deux chambres sous le comble à brisis. La courée fut d'abord marquée par les modes constructifs de la maison rurale, puis des éléments de décor vinrent simuler une architecture plus urbaine. En 1900, a peu près la moitié de la population roubaisienne vivait dans mille trois cents courées.

LILLE, VILLA CAMILLE

31

162-166, RUE DES POSTES · 1899

Son propriétaire la réalisa comme dotation pour la naissance de son fils, afin de lui assurer des rentes suffisantes au bien-être de son existence. La composition axée sur une forme de pavillon, les débords de toiture, les planches de rives sur les volumes à redans, la brique vernissée autour des baies et sous chéneau confèrent à ce lieu une belle intimité, malgré l'étroitesse de la parcelle. Cet exemple est le témoignage attachant d'un siècle qui s'achève.

LILLE-FIVES, CITÉ CASSEVILLE

39

49, RUE DES MONTAGNARDS
VERS 1880

C'est un ensemble de quatre rangs de maisons accolées, avec jardins potagers sur le devant. La qualité du décor des briques, leur mise en œuvre savante entre relief et polychromie, la composition axée sur un pavillon central et des alignements de platanes confèrent à cette cité une atmosphère paisible et confiante.

LILLE-HELLEMMES, CITÉ DU PARC BOCQUET

336

175, RUE ROGER SALENGRO
1920-1923

C'est, vers 1895, une maison de campagne dans un parc conçue par l'architecte Victor Mollet, directement inspirée par sa villa de Lambersart. En 1920, la villa « Lisbeth » et son parc sont rachetés par la compagnie de Fives-Lille afin de réaliser, sur le pourtour du parc, une série de maisons pour accueillir ingénieurs, chefs de service et contremaîtres. La hiérarchie de l'entreprise se retrouve clairement installée dans l'organisation spatiale et architecturale de la cité. Les bâtiments furent réalisés par le service d'architecture de la compagnie qui édicta, pour tous ses logements, un règlement à l'usage des attributaires.

MARCQ-EN-BARŒUL, CITÉ SCRIVE

336

RUE DU MIDI, RUE SCRIVE ET RUE DU NORD · TIERCE ARCH., 1854

Afin d'attirer la main-d'œuvre par l'attrait d'un logis sain et aéré, les frères Scrive, qui venaient de racheter une ancienne grande filature fondée en 1826, confièrent en 1854 à l'architecte Tierce le soin de réaliser une centaine de logements. Le long d'allées rectilignes, les maisons sont entourées de jardinets. L'architecture se manifeste par quelques reliefs de brique formant pilastres aux angles et à la mitoyenneté, frises décoratives sous chéneau et encadrement des baies. Les platines en fonte, servant de point d'ancrage aux planchers, sont laissées apparentes et concourent au décor.

LILLE, RUE GOUNOD

ARMAND LEMAY ET ALII ARCH.

1903-1911

Issu de la division parcellaire des grandes propriétés rurales et des « campagnes » des faubourgs de Lille, le quartier Saint-Maurice se développe au tout début du XXe siècle, le long de la chaussée pavée, ancien chemin de grande communication de Lille à Courtrai. Le lotissement de la rue Gounod est composé d'une série de maisons de ville implantées à partir du cadre que fixe le règlement du lotissement de 1903 : « Grande propriété appartenant à madame Bonduelle-Lesaffre, à vendre par lots à Saint-Maurice, banlieue de Lille. [...] l'avenue aura seize mètres de largeur entre les façades des maisons : des emprises pour portiques, marquises, et en général toutes constructions légères concourant à l'agrément de l'extérieur seront admises ; cependant les saillies ne devront pas dépasser un mètre. Les maisons de chaque côté de l'avenue seront du genre chalets ou cottages : les acquéreurs devront établir devant un jardinet de trois mètres de profondeur, précédé d'une grille et

d'un trottoir de deux mètres de large, de façon à donner à la chaussée pavée une largeur de six mètres. »

C'est l'architecte Armand Lemay qui est chargé par la propriétaire de contrôler le dessin des façades et de dessiner la clôture sur rue, ferronnerie qui évoque des piques et des lances. Il imagine une bonne part des maisons et signale le nouvel ensemble urbain depuis la rue du faubourg de Roubaix en flanquant deux oriels largement vitrés en symétrie à l'about des deux rangs de maisons. Le reste de la rue où s'alignent les maisons Beau Séjour, Orphée, Rose's Cottage, Sweet Home, montre toute une gamme de variations ornementales : briques vernissées polychromes, menuiseries sophistiquées, encorbellements et marquises que les architectes éclectiques combinent avec talent. Proche de l'ambiance des lotissements bourgeois de la périphérie de Bruxelles, la rue Gounod est à l'image des engouements et hésitations stylistiques des architectes de la métropole et de leurs clients. Ici cohabitent l'éclectisme aux

relents géométriques et mauresques (n° 22, Gustave Dehaudt architecte, 1905), les mélanges savants de l'Art Nouveau et du régionalisme (n° 13), le classicisme (n° 27, Duclermortier architecte, 1911); dans les séries de l'architecte Armand Lemay se glissent quelques morceaux de choix, par exemple le n° 39 présente une façade en pierre sculptée qui conjugue de manière savante et subtile le langage des matériaux et les formes de l'Art Nouveau; le n° 29 (H. Gallet architecte) propose une composition, une porte d'entrée et des vitraux dignes des meilleures réalisations de l'architecte belge Paul Hankar. C'est grâce à cette combinaison entre la règle urbaine symbolisée par l'épineuse grille continue des jardinets et la fantaisie de ses architectures que l'ensemble atteint le lyrisme et le sens de la mélodie du musicien Charles Gounod (1818-1893), nom que lui donne finalement la ville lorsqu'elle reprend la propriété de la rue, initialement baptisée « avenue Beau Séjour ».

DJF

LILLE, RANG DE MAISONS

39

RUE COURCOT · GABRIEL PAGNERRE ARCH., 1912

C'est un lotissement de maisons pour la petite bourgeoisie. Afin de donner du volume à la rue, Pagnerre (1874-1938) effectue un retrait de façades contrôlé par deux échauguettes, réalisées en éléments préfabriqués de ciment moulé. En face de la rue, deux maisons avec fresques en sgraffite apportent leur variation stylistique. La composition, le décor et la mise en œuvre des matériaux apparaissent clairement influencés par les maîtres de l'Art Nouveau bruxellois, Paul Hankar et Victor Horta.

LILLE RANGS DE MAISONS

39

PLACE ALEXANDRE DUMAS
DIVERS ARCH., À PARTIR DE 1906

Il était habituel, pour divers architectes, de réaliser la totalité d'un lotissement. Ainsi prenaient-ils soin de varier la composition des façades dans les détails et de composer des ensembles de maisons, afin de procurer de la diversité dans un paysage d'harmonie. Les maisons réalisées par Armand Lemay, Gabriel Pagnerre et Ferdinand Hennequin, autour de la petite place triangulaire sont de beaux témoignages de ce savoir-faire.

LILLE, RANG DE MAISONS BOURGEOISES

25

76-78, RUE JEAN-BART ET BOULEVARD JEAN-BAPTISTE LEBAS
LÉONCE HAINEZ ARCH., 1900-1910

La ville offre peu d'exemples de conjugaison et de continuité entre immeubles à loyers et maisons de ville, l'immeuble à appartements étant généralement voué à une composition haussmanienne de sa façade. Ici, Léonce Hainez poursuit le registre de la maison de ville sur la partie basse de l'immeuble et masque deux étages sous un comble virtuel. Sur le boulevard, la maison au numéro 20 reprend les figures d'atlantes utilisées pour le théâtre Sébastopol.

ROUBAIX, « RANG DES DRAPIERS »

38

52-88, BOULEVARD DU GAL DE GAULLE
ÉDOUARD DUPIRE-ROZAN ARCH.
VERS 1880

C'est un large boulevard ombragé de platanes, menant au parc Barbieux. Cette artère résidentielle fut le lieu privilégié pour élever hôtels particuliers et maisons de maîtres. Édouard Dupire-Rozan réalisa en presque totalité, du numéro 68 à 72, une série de maisons de style classique et renaissant, richement ornées. Balustrades, colonnes, frises décoratives, balcons, loggias, lucarnes et bow-windows s'assemblent dans une suite ininterrompue pour former le décor du boulevard, contrôlé par la ville à travers un règlement sur les hauteurs d'alignement des baies et les formes des portes cochères.

COURTRAI, ENSEMBLE DE MAISONS DE VILLE

1

JAN BREYDELLAAN ET MARIE-JOSÉPLEIN · DIVERS ARCHITECTES

Cette rue et la place y attenant nous confrontent à la diversité des mouvements architecturaux du début du XXe siècle. Se retrouvent côte à côte des bâtiments d'inspiration Art Nouveau, des constructions puisant leur vocabulaire dans l'Art déco, ainsi que des édifices influencés par l'architecture hollandaise.

LAMBERSART, VILLA SAINT-CHARLES

336

193, AVENUE DE L'HIPPODROME
VICTOR MOLLET ARCH., 1891-1893

À la fin du XIXe siècle, la question de l'aménagement des banlieues fut, pour quelques esprits éclairés, un sujet de préoccupations. Émile Vandenbergh proposa un plan directeur pour ordonner, autour des communes de La Madeleine et Lambersart, une vaste cité-jardin où villas, cottages et chalets seraient édifiés dans les méandres d'allées arborées. L'art de construire des quartiers de ville selon leur destination, pour les affaires, le commerce, l'industrie, le sport ou les plaisirs et selon une distinction entre quartiers résidentiels, cités-jardins, quartiers ouvriers ou populaires fut une préoccupation des sociétés savantes et des congrès hygiénistes. Mais sans volonté d'une politique d'aménagement du territoire, les élus des trois villes de Lille, Roubaix et Tourcoing, souvent industriels et représentants des milieux d'affaires, préférèrent laisser faire et laisser aller à la création de multiples lotissements autour des territoires d'industries.

Deux opérations de voirie avec volonté d'embellissement essayèrent de modifier cet état d'esprit : les avenues autour du champ de courses à Lambersart (1886) et le « Grand Boulevard » de cinquante kilomètres entre Lille, Roubaix et Tourcoing (projet, 1896 ; réalisation, 1905-1911). Il s'agit de voies triomphales, destinées à traverser le territoire agricole de voies de communication dédiées à divers moyens de locomotion, bordées de parcelles résidentielles.

La campagne de Lambersart, autour de la haute Deûle, était occupée par des maisons de plaisance, des fermes et des guinguettes. En 1884, la ville de Lille y installe son hippodrome, sur des terrains inondables inscrits dans le périmètre de défense de la Citadelle. La vocation sportive de cette part de banlieue est affirmée avec la proximité des sports nautiques et du vélodrome. Edmond Ory (1847-1936), riche propriétaire de terres agricoles, saisit l'opportunité de l'attraction du champ de courses pour créer un quartier résidentiel autour de quatre avenues (Colysée, Hippodrome, Pasteur, amiral Courbet) reliées directement à la ville par la porte de Dunkerque. Par convention, la réalisation des avenues puis leur entretien est à la charge de la ville de Lille. Les maisons à édifier doivent répondre à un strict cahier des charges ; afin d'installer une émulation entre les propriétaires, Edmond Ory instaure un prix annuel de trente mille francs (qui ne fut délivré qu'une fois) pour la plus belle réalisation. Il fut attribué en 1893 à la villa Saint-Charles. C'est une œuvre simple par son plan et grandiloquente par son aspect extérieur. Le plan est coforme aux usages de la bourgeoisie à la fin du siècle : pièces de réception et de services aux rez-de-chaussée, grand escalier menant aux chambres des maîtres de maison au bel étage et chambres diverses sous combles. Tout va se jouer sur l'apparence. L'escalier devient prétexte à dessiner quelque chose qui ressemble à la fois à une tour, un beffroi, un clocher et un campanile ; la toiture se déborde d'auvents où se glissent balcons et bow-windows ; les fenêtres s'ornent de meneaux et toutes les parties maçonnées reçoivent des ornements à la manière flamande, en cartouches et cordons. Le succès que connut cette demeure, réalisée pour un entrepreneur oncle de l'architecte, lui permit d'en édifier une réplique plus petite pour M. Descamp-Bocquet à Lille-Hellemmes.

DJF

VILLA

TOURNAI, MAISON DE MAÎTRE

60

77, RUE ROYALE · M. DUBOIS ARCH., 1877

Le 4 mai 1877, le Collège des bourgmestres et échevins de la ville autorisait un certain M. Dubois à construire dans la rue Royale, une artère nouvelle menant à la gare délocalisée, cette maison double, une composition asymétrique, la plus opulente réalisation de l'éclectisme à Tournai par l'extravagance de ses décors de stucs rythmant la corniche ou servant de frontons aux fenêtres du bel étage.

LILLE, HÔTEL CASTIAUX

29

7, RUE DESMAZIÈRES

ÉMILE VANDENBERGH ARCH., 1885-1887

Émile Vandenbergh fait de cette façade un exercice de style, conjuguant les matériaux et le décor, interprétant avec liberté la composition des travées et la superposition des ordres. Ainsi tout ce qui était convenu (comme cela apparaît par exemple sur la maison du côté gauche) devient différent, parce que l'architecte exploite le langage des formes vers une vision cohérente avec les matériaux du temps.

COURTRAI, MAISON DE MAÎTRE

1

22, DOORNIKSEWIJK

HENDRIK BEYAERT ARCH.

1864

Cet axe majeur de la ville a vu s'implanter, tout au long du XIXe siècle, des maisons de maître classiques et éclectiques. Cette maison, dont l'intérieur et l'extérieur sont remarquablement conservés est une des seules réalisations de Beyaert dans sa ville natale.

LAMBERSART
VILLA SAINT-GEORGES 336

218, AVENUE DE L'HIPPODROME
ALBERT BAERT ARCH., 1894

Albert Baert est un architecte prolifique, une figure représentative de l'éclectisme lillois. Nourri de références académiques, du gothique au baroque, il présente ici une savante composition finement ordonnée et richement ouvragée par le relief et la polychromie des matériaux. La villa a hélas perdu ses toitures en poivrière et la flèche de sa tour d'entrée qui contribuaient à accentuer son côté gothique.

TOURCOING
VESTIGES DU PALAIS VAISSIER 41

2 ET 20, RUE DE MOUVAUX
ÉDOUARD DUPIRE-ROZAN ARCH.
1892

C'est un industriel qui fit fortune dans le savon et commandita, pour couronner sa vie, un palais hindou et mauresque avec coupole de verre, clocher à bulbe et tours festonnés. De cette luxueuse fantaisie, folie de la fin du XIXe siècle, il reste, en pierre et brique émaillée, les pavillons du concierge et du jardinier.

LILLE, HÔTEL PARTICULIER 25

142, BOULEVARD DE LA LIBERTÉ
LOUIS-MARIE CORDONNIER ARCH., 1890

C'est une belle largeur de parcelle pour cette maison de maître. Louis-Marie Cordonnier utilise un vocabulaire d'architecture médiévale et renaissant, accordé aux nécessités de la distribution et de la composition bourgeoises. Pour autant, le rythme des travées, grandes ou petites, et le jeu des volumes entre intérieur et extérieur – enfoncement du porche et saillie du bow-window – créent une dynamique bienvenue dans la succession des façades du boulevard.

LILLE, MAISON COILLIOT

29

14, RUE DE FLEURUS
HECTOR GUIMARD ARCH., 1898-1900

Depuis que Lille est consacrée ville universitaire en 1887, la place Saint-Michel est le cœur d'un « quartier latin » composé de facultés et de maisons de ville édifiées sur des trames régulières. La famille Coilliot est à l'origine d'un ensemble urbain comprenant plusieurs immeubles : le 12 rue de Fleurus, dépôt et magasin du tailleur de pierre Jean-Baptiste Coilliot, les 13 et 17 de la rue Fabricy (1895-1897), dépôt et appartements commandés par son fils, le céramiste Louis Coilliot où l'on décèle l'emploi précoce et utilitaire du béton armé au service d'une démonstration urbaine éclectique proche des dessins de l'architecte Léonce Hainez, le n° 14 de la rue de Fleurus, commerce et l'habitation de Louis Coilliot. construit entre 1898 et 1900 sur les plans de l'architecte parisien Hector Guimard (1867-1942). Si les modifications successives de ces constructions et de leur fonctionnement ont brouillé la lecture des relations d'usage qu'elles pouvaient entretenir, la maison Coilliot apparaît comme un véritable manifeste de l'art nouveau se confrontant subtilement à l'écriture régionale de la maison de ville. Au programme du céramiste qui cherche à développer la lave émaillée dont il est le dépositaire, Hector Guimard répond par une façade dont la plastique toute publicitaire affirme sans feinte le matériau vert texturé avec son jeu de calepinage et de joints. Mais l'intelligence du projet est aussi révélée, au-delà des aspects stylistiques et de la perfection du dessin, par la faculté d'exploiter une situation urbaine spécifique. Alors que les maisons voisines masquent la réalité des limites parcellaires qui forment des obliques par rapport à la rue, Hector Guimard fait de cette configuration la source principale de son projet. Le cadre de la première façade principale suit la règle et l'ordre de la rue, alors qu'une seconde façade de céramique blanche, en retrait, restitue une géométrie rectangulaire aux pièces de vie des premiers et deuxième étages. C'est la lisibilité de ce dispositif et le confort d'un espace extérieur couvert qui produisent la béance spectaculaire de l'élévation. Oscillant entre respect et transgression des règles urbaines Hector Guimard met en évidence les deux trames différenciées qui conditionnent la distribution intérieure. Si la maison Coilliot reste une œuvre unique, elle est une démonstration exacerbée de l'utili-

sation des composants que doivent manier les architectes confrontés à l'exercice de la maison de ville. La trame étroite engendrée par la forme de la parcelle, l'alignement, souvent la hauteur, la juxtaposition et la répétition des habitations constituent la règle que les architectes transgressent avec des moyens stylistiques, constructifs et décoratifs qui font la variété des rues métropolitaines. C'est dans cette dialectique entre la singularité et la modestie que se distinguent quelques-unes des plus talentueuses architectures régionales.

RK

CERAMIQUE
COILLIOT
CARRELAGES
ARTISTIQUES
LAVE EMAILLEE

TOURNAI, MAISONS 60

27, 28 BIS, 29 AVENUE VAN CUSTEM ET 2 RUE DES VOLONTAIRES
GUSTAVE STRAUVEN ARCH., 1904

Ce rang de maisons de ville comporte une série de variations communes à la production de la plupart des protagonistes de l'Art Nouveau : la ferronnerie complexe élaborée à partir d'éléments simples, le cartouche spectaculaire indiquant « Frères Strauven architectes » gravé dans la pierre du soubassement (n° 27), le dessin fusionnel de la maçonnerie et de la menuiserie (n° 28 bis), l'articulation du métal et de la pierre, l'introduction de la couleur (n° 29), le traitement ostentatoire de l'angle urbain (n° 2).

COURTRAI, MAISONS 67

21 À 29 MINISTER TACKLAAN · JEAN-ROB VAN HOENACKER ARCH., 1905

L'architecte actif à Anvers et Courtrai s'est sans doute amusé à encadrer deux maisons jumelées relativement austères (n° 23 et 25) par deux modèles plus joyeux en brique de parement jaune (n° 21 et 27). Par les détails, Van Hoenacker multiplie les occasions de perturber cette référence à la symétrie en utilisant un vocabulaire caractéristique de l'éclectisme et de l'Art Nouveau.

TOURNAI, MUSÉE DES BEAUX-ARTS 60

53, RUE DE L'ENCLOS SAINT-MARTIN · VICTOR HORTA ARCH., 1903-1928

Issue d'une complexe et longue gestation mise en lumière par la découverte récente de documents, cette œuvre de Victor Horta (1861-1947) est restée longtemps méconnue et sous-évaluée. Derrière une situation urbaine atypique et une masse de pierre sculptée se cache un écrin dont le plan et les dispositifs d'éclairage révèlent toute la science d'un des grands maîtres de l'Art Nouveau. La surprenante formule de l'articulation de salles rayonnantes autour d'un hall central allongé est servie par une lumière naturelle zénithale filtrée. Le plan d'ensemble et certaines salles encore préservées sont révélateurs de la période charnière que traverse l'architecte au moment de la conception du musée.

TOURCOING, ANCIENNE BOULANGERIE ET MEUNERIE « AU PAIN NORMAL » 38

59, BOULEVARD GAMBETTA · CHARLES BOURGEOIS ARCH., 1906-1908

Bien que modifiée et amputée d'une partie de son décor, la façade commerciale de l'édifice montre l'influence des maisons bruxelloises de Paul Hankar sur les premières réalisations de Charles Bourgeois, qui deviendra un des concepteurs attitrés des demeures de la bourgeoisie industrielle locale.

LILLE, MAISON 19

2, RUE DU VERT-BOIS

HORACE POUILLET ARCH., 1910

Pour sa propre maison et son agence, Horace Pouillet (1878-1946) se devait de montrer son savoir-faire : rationnel en densifiant la parcelle, publicitaire pour le choix non convenu d'une brique vernissée verte, esthétique en adoptant tous les attributs de l'Art Nouveau. Malgré son passage de deux ans chez Hector Guimard, au moment de l'élaboration de la maison Coilliot, les premières maisons d'Horace Pouillet s'inspirent plus volontiers de modèles bruxellois.

TOURNAI, MAISON ART NOUVEAU 60

5, PLACE VICTOR CARBONELLE

GEORGES DE POORE ARCH., 1903

L'exemple est particulièrement démonstratif de la liberté prise par rapport aux canons de la composition. La travée étroite est une démonstration d'inventivité formelle. Le bow-window, soutenu par un fin potelet de pierre reporté sur l'appui de la baie circulaire formant l'imposte de la porte d'entrée devient, aux étages supérieurs, un balcon couvert par un clocheton. L'Art Nouveau, héritier de l'éclectisme, prend ici la forme d'une pièce de haute couture dessinée sur mesure : depuis le gratte-pieds jusqu'aux épis de faîtage, en passant par les linteaux métalliques et la stéréotomie de la pierre bleue.

ROUBAIX, PARC BARBIEUX

38

AVENUE JEAN JAURÈS

GEORGES AUMONT ET PIERRE BARILLET-DESCHAMPS PAYS., 1867-1907

Le « beau jardin » s'étend sur trente-trois hectares au sud de Roubaix et en limite de Croix. La forme oblongue particulière de ce grand espace de verdure à l'entrée de la ville qui s'étire sur un kilomètre et demi est dû à une origine industrielle. On peut y voir une des premières réhabilitations de friche ! En effet, il s'agissait du tracé d'un canal de la Deûle à l'Escaut pour les besoins de l'industrie : le premier tronçon avait été réalisé de Lille à Croix en 1831, le second de Roubaix à la frontière belge en 1843 ; la jonction devait être creusée en souterrain sous la montagne de Croix mais les difficultés de confection de cet ouvrage d'art amenèrent l'arrêt du chantier. Il restait une friche vallonnée où l'eau remontait naturellement en la rendant impropre à l'urbanisation. Faute de pression foncière, la municipalité décide en 1863 d'en faire un jardin public et retient le projet du paysagiste Barillet-Deschamps, alors très en vogue pour ses réalisations parisiennes, commandes officielles du second Empire, comme les Buttes-Chaumont ou le parc Montsouris. Le projet tarde dans sa réalisation et est repris en 1878 par le paysagiste Georges Aumont, collaborateur de Barillet-Deschamps et auteur de nombreux jardins privés de la bourgeoisie industrielle locale. La première partie est achevée en 1886 et il faut attendre 1907 pour que le

jardin soit réalisé dans son ensemble, toujours d'après les plans de Georges Aumont. Rivière, étangs et cascades se succèdent dans l'ancien lit du canal alors que les pentes sont aménagées en grottes, rocailles et en plantations variées d'arbres, de fleurs et de pelouses. Rotonde, kiosque, serres, estaminet animaient l'ensemble, mais il en reste peu de traces. Il fut le lieu de l'Exposition internationale du Nord de la France en 1911 du temps de la splendeur et de la richesse industrielle de la région et de la métropole, et en 1939, le site de l'Exposition du progrès social. Il en subsiste des sculptures çà et là dans le jardin. Ce magnifique poumon de verdure a très vite attiré les investisseurs sur son pourtour, le long de l'avenue Le Nôtre et de l'avenue Jussieu qui le bordent de part et d'autre, pour en faire le lieu de résidence favori de la bourgeoisie qui délaisse alors son habitat à proximité des usines du centre. Le parc a été classé en 1994 au titre des sites à protéger.

DM

LILLE, JARDIN VAUBAN

29

BD DE LA LIBERTÉ – BD VAUBAN · PIERRE BARILLET-DESCHAMPS PAYS., 1865

Le jardin Vauban, ancien jardin de l'impératrice Eugénie fut créé lors de l'extension de Lille sous le second Empire par Barillet-Deschamps sur trois hectares et demi face au « bois de Boulogne » ou parc de la Citadelle, dessiné par le même architecte de l'autre côté du canal. Sa grotte, sa rivière serpentine, sa rotonde de marronniers, ses cheminements en courbe, ses bosquets denses en périphérie et sa vaste pelouse plantée de mosaïculture en font un prototype du style paysager.

ROUBAIX, SQUARE CATTEAU

45

RUE RÉMY COOGHE – RUE MIMEREL · GEORGES AUMONT PAYS., 1878-1880

Ce jardin public de un hectare et demi, en cœur d'îlot, est l'ancien parc privé de monsieur Pierre Catteau, industriel roubaisien qui fit construire ici son hôtel particulier devenu Palais de justice. C'est G. Aumont qui en a conçu le dessin à partir des eaux du Trichon.

LILLE – HELLEMMES, PARC DE LA MAIRIE

336

155, RUE ROGER SALENGRO · 1870

Cette ancienne propriété d'un patron de l'industrie, édifiée vers 1870, convertie en mairie, présente un parc éclectique à la saveur « bourgeoise » : il est composé d'une grande pelouse ovale avec un bassin et des jeux d'eau devant la maison, des traces d'un cours d'eau en cascade, et un étang, avec cygnes et canards, surmonté d'une île en rocher très fleurie et d'un kiosque en bois dans la partie arrière du parc.

LAMBERSART, PARC DE LA MAIRIE 336

RUE GEORGES CLEMENCEAU · J. COONTAL PAYS., 1880-1912

Les trois hectares quatre-vingt actuels qui entourent la Mairie sont la réunion des parcs de deux propriétés bourgeoises du début du XXe siècle ; se juxtaposent ainsi les deux grands principes de composition des jardins de cette période : parc paysager dans l'esprit romantique des « Charmettes » et jardin régulier dans l'esprit français du « Pré Fleuri ».

MOUVAUX, PARC DU HAUMONT 38

AVENUE DU HAUMONT · 1870

Profitant d'une déclivité naturelle du terrain, l'ancien parc de la propriété Masurel, maintenant loti, se profile selon la composition de Barillet-Deschamps au XIXe siècle. Il reste les vallonnements et les grands arbres aux essences variées disposées selon l'art du jardin paysager. Une partie est maintenant un parc public de la ville de Mouvaux.

XXe SIÈCLE
1919-1990

YPRES, MÉMORIAL BRITANNIQUE

1

PORTE DE MENIN

SIR REGINALD BLOMFIELD ARCH., 1923-1927

Ypres fut pendant toute la guerre une ville défendue par les soldats britanniques, formant un « saillant » dans les lignes allemandes. Cette défense acharnée se fit au prix de lourdes pertes. Le mémorial, construit à la place de l'ancienne porte du rempart bourguignon, commémore les cinquante-quatre mille huit cent quatre-vingt-seize

soldats morts, sans sépulture, dans le saillant d'Ypres. Par cette porte, ils s'en allaient de la ville ravagée vers les lignes et les collines du front. En leur souvenir, tous les soirs à vingt heures comme pendant les années de guerre, le clairon y sonne le « Last Post ».

Le mémorial est, de l'extérieur, un arc de triomphe présentant une arcade en serlienne, surmontée d'un cénotaphe couronné du côté des douves par le lion de l'empire britannique. De l'intérieur, c'est une arche de cent vingt-six pieds, à voûte surbaissée, transpercée par trois oculi qui éclairent la voûte et les parois où sont gravés les noms des disparus ; l'atmosphère du lieu est proche de l'antique panthéon romain. Profitant de sa situation sur le rempart, le mémorial présente, sur la courtine, deux autres façades en colonnade de temple dorique. Les sculptures sont de William Reid Dick et les inscriptions apposées ont été choisies ou composées par Rudyard Kipling. Sir Reginald Blomfield (1856-1942) conjugue références antiques, classiques et palladiennes. La pierre blanche est mise en œuvre selon un calepinage soigneusement ajusté, avec le relief ornemental qui sied à la commémoration. Le 24 juin 1927, jour de son inauguration, sir Reginald Blomfield ouvrit deux autres chantiers derrière la halle aux Draps : l'église anglicane *in memoriam* de Saint-George et une petite école, dénommée Eton en souvenir des trois cent quarante-deux étudiants de la prestigieuse université morts à la guerre. Les locaux sont aujourd'hui un club pour la communauté britannique d'Ypres.

L'Imperial War Graves Commission fut fondée en 1917 pour réaliser et entretenir quelque trois mille cimetières et mémoriaux à travers le monde, commémorant les un million cent mille puis cinq cent soixante-dix mille soldats de l'Empire britannique et du Commonwealth morts sur les champs de bataille des deux

guerres mondiales ; cent soixante-dix cimetières se trouvent aux alentours d'Ypres.

La commission, sous la conduite de Fabian Ware et de Frédéric Kenyon, désigna sir Edwin Lutyens architecte

en chef ; il proposa pour tous les cimetières un répertoire d'éléments d'architecture et une nomenclature de matériaux, d'arbres, d'arbustes et de plantes vivaces, répertoire à aménager par l'architecte-paysagiste selon la nature du site et l'origine du régiment à commémorer. Deux constructions s'y retrouvent communément : la Croix du Sacrifice, érigée sur une base octogonale, porte une épée en bronze sur une croix en pierre, dessinée par sir Reginald Blomfield ; la Pierre du Souvenir, sorte d'autel dessiné par sir Edwin Lutyens dès 1917, gravée par les mots du livre de l'Ecclésiaste « Their name liveth for evermore » ; puis divers pavillons, guérites ou petit temples forment entrée et abri.

La stèle de chaque tombe est réglée à deux pieds et huit pouces de haut, en forme d'arc au sommet afin de singulariser chaque tombe d'entre les autres ; la stèle porte, de haut en bas, l'insigne du régiment, le matricule et le grade, le nom du soldat, son unité, la date du décès et son âge, puis éventuellement un emblème religieux et une phrase souhaitée par la famille. Les alignements de stèles sont fichés en terre dans des plates-bandes de plantes vivaces. Le dessin général conjugue muret de clôture, pelouses immaculées et quelques arbres et arbustes taillés dont les silhouettes ordonnées ponctuent le paysage de ces « cités du silence » (Rudyard Kipling).

Quatre-vingts années après leur création, les cimetières britanniques en Flandres représentent une remarquable expérience de commémoration par la maîtrise d'éléments de paysage sur un territoire, ainsi qu'un précieux conservatoire de plantes vivaces.

DJF

TOURCOING, MONUMENT AUX MORTS DE LA PLACE DE LA VICTOIRE 54

LUCIEN BRASSEUR SCULPTEUR, 1924-1931

Une victoire triomphante emportée par un cheval ailé « appelle les héros tombés face à l'ennemi et les conduit à la gloire et à l'immortalité ». Cette

œuvre grandiose, au dynamisme exacerbé, installée dans la perspective de la grande avenue ouverte en 1880 reliant Tourcoing à Roubaix, est établie sur le contraste entre la masse du socle et le mouvement des soldats sortant des tranchées et emmenés par la Victoire vers la Gloire.

YPRES – ZILLEBEKE, BEDFORD HOUSE CEMETERY 1

N. 365, À 2 KMS AU SUD D'YPRES · CAPITAINE WILFRID CLEMENT VON BERG ARCH.

Le cimetière est construit à l'emplacement de l'ancien château Rosendal, quartier général de plusieurs régiments et hôpital de campagne. Il rassemble cinq mille cent trente-neuf tombes de la Première Guerre mon-

diale et soixante-neuf de la Seconde. C'est l'une des réalisations les plus achevées en matière de paysage ; des murets découpent la terre sacralisée des labours, une becque transformée en rivière ondule entre les îlots, un abri et deux petits temples monoptères ponctuent le paysage entre les frondaisons.

MENIN, CIMETIÈRE MILITAIRE ALLEMAND POUR 48 049 SOLDATS 1

ROUTE DE MOORSELE, À 2 KMS AU NORD DE MENIN · R. TISCHLER ARCH.

En 1956, les tombes des soldats allemands tombés en Belgique furent rassemblées dans quatre cimetières, qui s'organisent de la même manière : les pierres noires couchées à même le sol, les chênes venant abriter les tombes, quelques croix noires... le traité de Versailles ayant réservé l'usage de la pierre blanche aux vainqueurs.

QUESNOY-SUR-DEÛLE
PYRAMIDE POUR 1964 SOLDATS ALLEMANDS DE LA 40e DIVISION

336

DRÈVE DU GRAND MEURCHIN · 1917

À côté du cimetière communal, c'est une longue terre sous les marronniers qui étire six rangées de croix à bords déchiquetés, taillées dans la pierre bleue du Tournaisis. Au centre géométrique du cimetière, une pyramide constituée de blocs bouchardés, surmontée de la croix de fer, porte deux versets du sermon des Béatitudes.

WERVIK – GELUWE
MONUMENT AUX MORTS

1

SINT-DENIJSPLAATS

HUIB HOSTE ARCH., 1922-1925

C'est un monument réalisé comme une œuvre plastique inspirée par le cubisme et l'expressionnisme. C'est une sculpture spatiale en briques avec à chaque angle des pierres bleues assurant un étagement et des rétrécissements successifs vers la croix du couronnement. Huib Hoste a souhaité réaliser ici une œuvre à la fois belle, moderne et en sympathie avec le paysage dominé par l'ancienne église.

COMINES – PLOEGSTEERT, BERKS CEMETERY AND PLOEGSTEERT MEMORIAL

1

N. 365, À 4 KMS AU NORD D'ARMENTIÈRES · HAROLD CHALTON BRADSHAW ARCH.

Gardé par deux lions, le mémorial est une vaste colonnade circulaire de soixante-dix pieds de diamètre pour trente-huit de haut, renfermant une pelouse sous les cieux. Deux ouvertures laissent percevoir la perspective rigoureuse de la Croix du Sacrifice et de la Pierre du Souvenir.

TOURCOING, PARC CLEMENCEAU

RUE DE LA FIN DE LA GUERRE
ÉDOUARD ANDRÉ PAYS., 1927

L'évolution du site est en rapport direct avec la croissance de Tourcoing au XIXe siècle et l'objectif de régulation de l'urbanisme entre les deux guerres : au début du XIXe siècle, un premier cimetière est implanté en retrait du centre-ville entre la rue des Poutrains et la rue du Calvaire. Insuffisant face à la croissance rapide de la ville, il est désaffecté et transformé en jardin des plantes tandis que le cimetière central est installé à proximité sur quatre hectares en 1858. Le calvaire entouré de deux moulins est le lieu d'un petit jardin composé en 1876 autour de la croix. Le cimetière central arrive vite à saturation et un nouvel espace est retenu au nord de la ville pour cet usage. En 1919, en application de la loi Cornudet sur l'obligation pour les villes de plus de dix mille habitants d'avoir un plan d'aménagement, d'embellissement et d'extension, Tourcoing propose de transformer l'ancien cimetière en jardin public. Le maire Gustave Dron dans son plan partiel de 1919 propose : une large avenue boisée entre le nouveau jardin public à créer, à l'emplacement du cimetière désaffecté à partir de 1920 et le terrain de sport des Orions, ainsi que la création d'un grand parc public. Le plan est ensuite confié à l'urbaniste J. Greber qui reprend l'idée en la magnifiant davantage par de vastes avenues plantées de trente mètres de large et une place annonçant le jardin. Jugé trop coûteux et trop ambitieux, ce plan est rejeté et un troisième plan d'aménagement est présenté en 1926 par la municipalité sous l'égide de G. Dron qui intègre la création du jardin public sur le site du cimetière. En 1927, la commande est passée à un architecte-paysagiste de renom, Édouard André, professeur à l'École nationale

d'horticulture de Versailles (à ne pas confondre avec son homonyme plus célèbre encore et mort en 1911). Dans cette ville en pleine effervescence industrielle, É. André préconise la conservation des marronniers qui bordent la rue de la Fin de la Guerre et « forment un écran précieux en face d'usines peu esthétiques ». Il met en scène une pièce d'eau, le « lac aux cygnes », un parc aux fleurs, un kiosque, un tertre planté d'arbustes, des quinconces... On réemploie certains matériaux comme les rocailles du château Vaissier pour la cascade et les piliers d'entrée du château Masurel pour l'entrée de la rue de la Latte. Répondant à la demande de la municipalité d'instaurer des jardins des mères, un espace est aménagé pour les mamans et les nourrissons. Le jardin est inauguré en 1931. É. André en profite pour signer à Tourcoing quelques jardins privés de la bourgeoisie dont il reste peu de traces aujourd'hui.

DM

WATTIGNIES, CREPS

336

11, RUE DE L'YSER · ACHILLE DUCHÊNE PAYS., XVIIe SIÈCLE, 1880, 1927, 1960

Les vingt-deux hectares boisés du parc conservent quelques éléments de la longue histoire paysagère de l'ancien domaine des Seigneurs de Wattignies : la composition d'origine est attribuée à Le Nôtre et la reconstitution du jardin classique avec son vaste tapis vert terminé par une exèdre et ses bosquets enserrant des aires de jeux est due au paysagiste Achille Duchêne, célèbre pour la réinterprétation des jardins « à la Française » au début du xxe siècle.

LILLE, SQUARE FOCH

19

RUE NATIONALE · SERVICES TECHNIQUES DE LA VILLE, 1930

Dans la prolongation du quai du Wault, cet ancien canal comblé donne sa forme linéaire au jardin dit du « P'tit Quinquin » établi au tournant du xxe siècle avec son palais d'Hiver et restructuré dans les années 1930 dans un esprit Art déco. De nouveaux aménagements et embellissements y sont réalisés dans la perspective de Lille 2004.

LILLE
SQUARE DU RÉDUIT 25

RUE DU RÉDUIT
SERVICES TECHNIQUES
DE LA VILLE
1930

Sa création remonte à 1930 sur le bastion du Réduit, ancienne résidence du maréchal Vauban à Lille. C'est un jardin régulier, symétrique et architecturé avec tapis de gazon, alignements de tilleuls en rideaux et taille ornementale d'arbustes à fleurs.

SECLIN, PARC DE L'HOSPICE 336

ALLÉE DES MARRONNIERS · RESTAURATION APRÈS 1945

La longue et majestueuse drève des marronniers est l'axe de composition de ce jardin régulier. À la fin du XIXe siècle, les parterres et les plates-bandes étaient garnis de légumes. Après 1945, la même composition est le support d'un jardin d'agrément où les variétés de fleurs se succèdent au gré des saisons.

BLEHARIES – BRUNEHAUT ÉGLISE SAINT-AYBERT

336

HENRI LACOSTE ARCH., À PARTIR DE 1919

Après les destructions de la Première Guerre mondiale, lors de la reconstruction, dans le débat d'idées où s'affrontent passéistes et modernistes, Henri Lacoste occupe une position assez originale. En effet, si ses options personnelles pour une création contemporaine le conduisent à l'esprit Art déco, sa passion de l'histoire et de l'archéologie l'amène à nourrir constamment son inspiration de la tradition, sachant par sa culture architecturale qu'il y trouverait grandeur et simplicité.

« Il n'est pas question de faire un pastiche, ni roman, ni gothique » avait écrit l'architecte en débutant son projet en 1919. Initialement, la nouvelle église devait s'inscrire dans un plan global de rénovation du centre du village, dont une petite partie seulement a été réalisée lors de la réception des travaux le 26 avril 1927. La façade affirme le choix d'un toit fort pentu, la verticalité de ses percements accompagnant la haute tour qui la flanque sur sa droite. À gauche, une chaire de vérité extérieure étonne aujourd'hui. La porte en bronze et les décors de grés émaillés contrastent avec l'imposant socle en pierre et la mise en œuvre très soignée des briques.

L'intérieur surprend dans la structure affirmée en béton armé organisant une succession de grands arcs diaphragmes ouverts, chacun allégé d'un triplet et ouvert d'un plein cintre enjambant la nef. Un espace unitaire est ainsi créé, prolongé par un chœur utilisant une disposition semblable mais surbaissée. La rythmique des poutres du toit intègre la répétition de trois niveaux de lucarnes triangulaires. Des vitraux de Paul Leclercq, sur des cartons de Lacoste, ceux du chevet plat équilibrant ceux de la façade, contribuent à l'animation des matériaux choisis sobres pour revêtir le sol, sombres pour habiller la base des murs et de l'ossature. Cette lumière abondante fait chanter aussi les étranges globes dorés des luminaires et la géométrisation polychrome de la chaire et de son curieux abat-son.

SLBDT

ZONNEBEKE, ÉGLISE PAROISSIALE ET PRESBYTÈRE

1

HUIB HOSTE ARCH., 1921-1924 ET 1922

L'église Notre-Dame fut présentée lors de l'Exposition des Arts décoratifs à Paris en 1925. Alors que le plan est traditionnel, l'austérité de la masse de brique et la structure intérieure en font un exemple rare de reconstruction moderne d'édifices religieux en Flandre occidentale. Le presbytère est d'une conception plus radicale bien que le remplacement du toit terrasse par une toiture traditionnelle dès 1928 rende l'influence de l'école d'Amsterdam beaucoup moins lisible.

TOURCOING, CHAPELLE DU VŒU

54

22, RUE FAIDHERBE · JEAN-BAPTISTE ET HENRI MAILLARD ARCH., 1921

Manifestation tardive du goût pour l'éclectisme, cette chapelle, édifiée dans le style d'inspiration « renaissance » cher à J.B. Maillard, répond à un vœu fait par le clergé en 1916 durant l'occupation allemande. La modeste façade ne laisse pas deviner la taille réelle de l'édifice, dont la plus grande partie consiste il est vrai en un chœur des religieuses, qui n'est pas accessible aux fidèles. L'immeuble voisin, ancien hôtel particulier de 1862, abrite le couvent.

FRELINGHIEN, ÉGLISE SAINT-AMAND

1

PLACE DES COMBATTANTS · LOUIS SIX ARCH., 1925

Dans la région d'Armentières, la reconstruction des églises détruites pendant la guerre, donne lieu à des variations stylistiques importantes, mais généralement inscrites dans des plans et des volumes plutôt traditionnels. Dans ce contexte, l'originalité de l'œuvre de Louis Six apparaît d'autant plus évidente ; il y manifeste le souci de créer un sanctuaire de conception simple et cohérente mais dont le caractère pittoresque correspond à ce qui est attendu d'une église de campagne.

COMINES – FRANCE ÉGLISE SAINT-CHRYSOLE ET CAMPANILE

1

MAURICE STOREZ ET DOM BELLOT ARCH.
1925-1933 ET 1925-1929

« Une présence aussi imposante qu'exotique » a-t-on écrit à propos de cette église. Si la tour-clocher prend des allures de beffroi, face à celui de la mairie, des références byzantines et mauresques surprennent par les tracés et plus encore par la riche polychromie. Dans la croisée, des arcs à pans en béton... signature d'un bellotisme en devenir !

LA MADELEINE, ÉGLISE NOTRE-DAME DE LOURDES

37

MICHEL VILAIN ET CH.-P. SEREX ARCH., 1934-1937

Le programme du concours de 1934 prévoyait une église pour « mille personnes assises au minimum, dont l'esthétique extérieure s'accorderait avec celle des bâtiments existants et dont l'intérieur aurait un caractère d'un moderne tempéré ». C'est un grand carré de trente mètres de côté, ponctué par quatre grandes arches brisées en béton armé qui prennent naissance à trois mètres du sol et forment une figure de croix grecque, aux bras de dix-sept mètres de largeur. Les architectes, utilisant le béton de structure et la brique Bonzel pour les parements « qui par ses tons chauds donne plus de vie », réalisent une église économique, haute en formes et en couleurs, contrastée entre un espace académique – le plan en croix grecque, les voussures ogivales, le portail d'entrée classique – et les matériaux de la modernité – armature en béton armé, briques appareillées dans un esprit Art déco encadrant serrureries et fresques murales, pavés de verre comme source de lumière et toiture en Eternit.

LILLE, HÔTEL DE VILLE

25

PLACE AUGUSTIN LAURENT, RUE DU RÉDUIT, RUE SAINT-SAUVEUR, PLACE ROGER SALENGRO · ÉMILE DUBUISSON ARCH., 1924-1932, EXTENSION JEAN ET MARTINE PATTOU, 2000

La décision de transférer au cœur du quartier populaire de Saint-Sauveur l'ancienne mairie, le palais Rihour, détruite par un incendie en 1916, illustre les intentions municipales de Gustave Delory (maire de 1896 à 1904 puis de 1919 à 1925) puis de Roger Salengro (maire de 1925 à 1936) et la volonté d'édifier un temple moderne au service de la politique sociale démocrate lilloise. Jalon essentiel du nouveau plan d'aménagement, d'embellissement et d'extension de la ville, adopté en 1921 et imaginé également par Émile Dubuisson, la construction de l'hôtel de ville est entreprise dans la foulée des travaux de reconstruction du centre de la ville dont elle déplace les limites vers l'est. Émile Dubuisson (1873-1947), diplômé de l'École nationale des Beaux-Arts en 1901, professeur d'architecture et d'art décoratif à l'École régionale d'architecture de Lille entre 1905 et 1935 et directeur de 1940 à 1942 réalise avec l'hôtel de ville son œuvre la plus remarquable. Une grande galerie, appelée *rue municipale*, articule en peigne trois halls et une série de pavillons accueillant le travail administratif rationnel d'un service public alors en plein développement. Cette architecture monumentale et complexe propose une version originale d'un programme municipal servi par la maîtrise des techniques les plus sophistiquées du béton armé appliquées aussi bien à l'ossature qu'aux traitements de surface. Le beffroi, soutenu par les deux géants lillois Lydéric et Phinaert et qui culmine à cent cinq mètres, ainsi que la grande galerie portée par ses piliers champignons en sont les morceaux de bravoure. L'ensemble articule la tradition flamande au gothique structural mâtiné d'arts décoratifs en un idéal improbable de réconciliation identitaire et moderne. Le palais de brique et de béton, bien qu'inachevé au moment de son inauguration en 1927 puis en 1932, atteint un niveau de complétude poussé jusqu'au dessin du mobilier qui, comme la brique, l'enduit de ciment et la céramique ornementale se parent d'une déclinaison sur le thème de la fleur de lys identifiant systématiquement les réalisations municipales de cette période.

RK

COMINES – FRANCE, HÔTEL DE VILLE

1

GRAND PLACE • LOUIS-MARIE CORDONNIER ARCH., 1924-1927

Le nouvel hôtel de ville est reconstruit après la Première Guerre mondiale à l'opposé de l'emplacement initial qu'il occupait sur la place. La masse imposante, traitée dans le genre renaissance flamande, est ponctuée par un beffroi campanile recomposé « à l'identique » dont les échauguettes et le dôme bulbeux ajoutent de l'exotisme à cette version appliquée du régionalisme.

ARMENTIÈRES, HÔTEL DE VILLE

1

GRAND PLACE • LOUIS-MARIE CORDONNIER ARCH., 1925-1934

Louis-Marie Cordonnier poursuit la formule régionaliste, mise au point pour l'hôtel de ville de Loos (1884), cette fois à Armentières où il coordonne la reconstruction de la Grand Place, de l'église et des halles dans la même veine.

TOURNAI, IMMEUBLE LE CARILLON

60

GRAND PLACE · HENRI LACOSTE ARCH., 1937-1938

Si la façade sur la place affiche avant tout une silhouette d'accompagnement des pignons environnants, quelques bas-reliefs sculptés par Nathan Imenitoff (1884-1965), l'encastrement d'une cloche au sommet du pignon mais surtout la porte latérale arborant quatre masques et la signature de l'architecte illustrent la fantaisie expressive avec laquelle Henri Lacoste (1885-1968) avait traité l'architecture de cet ancien grand café.

LILLE, LA VOIX DU NORD

19

PLACE DU GÉNÉRAL DE GAULLE · ALBERT LAPRADE ARCH., 1934

Les excroissances modernistes qui émergent des versants latéraux de la toiture laissent imaginer l'ambiguïté de la tentative d'alliance entre références régionales et modernisme. L'aspect monumental de la façade de représentation traitée à la manière d'un support publicitaire protégeait une plus grande subtilité de l'aménagement intérieur et de la partie arrière. L'ancien hall a été rentabilisé au rez-de-chaussée pour laisser la place à une galerie marchande.

TOURCOING
MAISON VAN DE VEEGAETE

54

33, RUE PASTEUR • GÉO BONTINCK ARCH., 1927

Les premières maisons de l'architecte gantois Géo Bontinck sont bruxelloises et se caractérisent par le travail d'équipe de Joos Mees, Robert Van Cauwenberghe et Élisabeth de Saedeleer qui, grâce à l'apport du mobilier, du vitrail et de la tapisserie réalisent avec l'architecte quelques bijoux de l'architecture et des arts décoratifs. Une de ses premières réalisations est édifiée pour la famille Vandeveegathe, filateur belge, à Tourcoing. Malgré l'apparente austérité qui donne à cette maison de ville un aspect mystérieux et quelque peu funéraire, la texture de la maçonnerie, les ouvertures dissymétriques, le parement de pierre et le revêtement de granit noir de la façade forment un cadre où des arts appliqués à l'habitation sont à l'œuvre. Cet édifice obtient la deuxième mention lors de l'attribution du prix Van de Ven, décerné en Belgique en 1930, le jury souligne la qualité de la recherche décorative menée par l'architecte. Les ferronneries, visibles depuis la rue, illustrent bien le soin qui peut être apporté à l'architecture domestique de la bourgeoisie à la fin des années 1920. Le luxe des détails de la décoration intérieure est signalé aussi par le vitrail de la cage d'escalier qui représente le passage de l'artisanat à l'industrialisation de la production textile. Les deux personnages sculptés en bas-relief, courbés sous le poids des étages supérieurs sont au service d'un renouvellement stylisé des thèmes de la sculpture ornementale. Le premier personnage représente une fileuse, le second, un footballeur en signalant le domaine d'activité du propriétaire mais aussi sa qualité de bienfaiteur du club de football tourquennois. La simplicité des menuiseries est une marque de l'évolution future du travail de l'architecte. À partir des années 1935, Géo Bontinck délaisse la production de luxueux intérieurs pour se tourner vers le logement social et les constructions publiques. Il devient professeur d'architecture, d'urbanisme et de décoration, puis directeur de l'Académie de Gand de 1944 à 1968. Après la guerre, il participe à la reconstruction et fait partie de l'équipe de conception de l'aéroport de Bruxelles en 1958 à Zaventem.

RK

LILLE, MAGASIN ET RESTAURANT L'HUÎTRIÈRE

22

3, RUE DES CHATS-BOSSUS

GASTON TRANNOY ET M. MONTAUDOUIN ARCH., 1922

La poissonnerie-restaurant a su préserver son décor intérieur et représente maintenant un exemple rare d'application des arts décoratifs à tous les aspects de l'activité commerciale. Mosaïques (Gentil Bourdet), vitraux et motifs décoratifs sont déclinés au service d'une représentation délurée de l'activité halieutique sous toutes ses formes. L'entrée, traitée par la béance de la façade sur deux niveaux, joue encore pleinement son rôle d'appel et l'encorbellement du bow-window qui y est incrusté adopte, lui aussi, des allures de coquillage.

LAMBERSART, MAISONS DE VILLE

336

AVENUE DE VERDUN · JULES LESAFFRE ARCH., 1933-1934

Quatorze maisons de ville groupées par deux sont rassemblées en un rang dont les variations, particulièrement raffinées, illustrent les possibilités qu'offrent les appareillages de la maçonnerie de brique.

TOURNAI, MAISON DE VILLE

63

114, BOULEVARD DU ROI ALBERT · ÉMILE RUCQ ARCH., 1932

Les motifs géométriques dessinés dans l'enduit, les linteaux découpés ou en forme d'arc en mitres, la ferronnerie stylisée et le fronton simplifié parcouru d'une frise enchaînant des triangles composent la façade blanche, vraisemblablement polychrome à l'origine, de cette maison de ville. Les autres maisons du boulevard méritent l'attention du spectateur attentif aux savoir-faire à l'œuvre entre les deux guerres dans l'architecture quotidienne.

MARCQ-EN-BAROEUL, MAISON CHÊNE-HOUX

39

17, RUE JULES DELCENSERIE · PAUL DUPREZ ARCH., 1933

L'aspect balnéaire et soigné de cette maison de ville comporte tous les ingrédients d'un genre décoratif tardif qui constitue le caractère de nombreux quartiers de la métropole : une stylisation des détails constructifs, les arts appliqués du vitrail intégrés aux menuiseries, une légère ponctuation des enduits grâce à un motif répétitif et une orientation intelligente qui dégage une façade latérale de la contrainte mitoyenne.

LA MADELEINE MAISON DE VILLE

37

2, AVENUE GERMAINE
ALPHONSE STEVENS ARCH.
1929

La maison médiévale avec ses encorbellements successifs, les motifs classiques revisités à la mode des tendances décoratives et graphiques des années 1920 sont parmi les références qu'Alphonse Stevens interprète pour mieux mettre en valeur le caractère vertical de cette maison de ville. L'ornementation est ainsi associée à l'idée d'élancement, corollaire de la configuration parcellaire. Alors qu'elle prend l'allure ostentatoire d'un objet unique, cette maison a son double légèrement modifié, au 60 de l'avenue Bailly-Ducroquet à Lambersart (vers 1930).

TOURCOING, « LES ARCADES »

54

AVENUE DRON, RUE D'HAVRÉ

MAURICE BATTEUR ET LÉONCE CHAUDEZ ARCH., 1930-1932

La création d'une nouvelle avenue de la Gare « belle et large artère conduisant directement de la gare au centre-ville, avenue directe mais pas tout à fait rectiligne, légèrement brisée au milieu » (afin d'éviter de couper en deux les bâtiments de l'hospice d'Havré), fut la grande affaire du plan d'aménagement, d'embellissement et d'extension, dessiné en 1919 par l'architecte-urbaniste Jacques Greber pour la municipalité de Gustave Dron. Les procédures d'expropriation permirent à la ville, là où elle le souhaitait, d'acquérir des profondeurs suffisantes de terrains pour faire procéder à de belles constructions. L'avenue sera ouverte en 1930. En 1931, les hospices de Tourcoing réalisent une grande opération immobilière, baptisée Les Arcades, sur cent soixante mètres le long de l'avenue et quarante mètres en retour sur la rue d'Havré. La construction fait référence à la très parisienne rue de Rivoli, à l'architecture haussmanienne et aux Arts décoratifs. Sous les arcades s'ouvrent ving-cinq magasins ! l'entresol comme les cinq étages du corps de l'édifice sont occupés par des appartements, vastes et luxueux dans leurs aménagements. La façade

est scandée par de légères saillies, parties d'immeubles rehaussées par des formes de frontons. Mais c'est finalement l'emploi généralisé de

céramiques colorées en façade et dans les aménagements intérieurs qui feront la distinction et la renommée de l'édifice. Le choix judicieux de tons bleu et ocre jaune dominants confèrent à l'immeuble une identité lui permettant de devenir une belle adresse pour habiter bourgeoisement dans un goût moderne et décoratif.

DJF

TOURCOING, LOTISSEMENT DU CHÂTEAU VAISSIER

41

RUES GRAU, EDISON ET SAUVAGE · ÉMILE DESMETTRE ARCH., 1930-1932

Il s'agit d'un lotissement de maisons de ville réalisé sur l'ancienne propriété du château Vaissier, après sa destruction. L'architecte associe le registre des Arts décoratifs à un vocabulaire anglo-normand, mélange toiture et terrasse, brique et béton et rehausse les façades par des incrustations de cartouches d'ornement, à la manière du XVIIe siècle.

LILLE, IMMEUBLE M. MORELLE

31

RUE GEORGES MAERTENS – RUE DE L'HÔPITAL MILITAIRE

RENÉ DOUTRELONG ET MARCEL DESMET ARCH., 1932

Les bombardements survenus lors de la Première Guerre mondiale appelèrent à de nombreuses reconstructions dans le centre-ville. Les gabarits des rues et des immeubles furent redéfinis, et des rues nouvelles dessinées, comme la rue Georges Maertens, tracé entre la place de la République à la place laissée vacante par la démolition de l'ancien hôtel de ville. Cette œuvre est en bel exemple d'immeuble de ville, avec une réelle virtuosité dans l'emploi d'un béton moulé figurant l'ossature nervurée d'une façade moderne dans le goût lillois.

MARCQ-EN-BARŒUL, IMMEUBLES DE LA S.M.G.F.

37

AV FOCH-AV DE LA MARNE · MAURICE BATTEUR, LÉONCE CHAUDEZ ET RATEAU ARCH., 1933

Le carrefour du Croisé Laroche, dont l'origine remonte à la bifurcation du tracé du « Grand Boulevard » vers Roubaix et Tourcoing, fut pendant l'entre-deux-guerres un lieu privilégié pour considérer une composition urbaine métropolitaine, à partir du centre géométrique de la conurbation entre les trois villes. L'avenue Foch de Marcq-en-Barœul aurait pu ainsi devenir une branche d'un réseau étoilé d'avenues de trente mètres de large autour de ce carrefour devenu place des Trois Villes. L'immeuble, inscrit dans un lotissement réalisé par la Société mutuelle générale française, s'inscrit dans cette perspective. On retrouvera, dans le dessin des façades, une similitude avec l'immeuble des Arcades à Tourcoing.

LILLE
IMMEUBLE « DE RAPPORT À LOYERS MODÉRÉS »

39

4-6-8, RUE DE LA GAÎTÉ
MARCEL DESMET
ET JULES JOURDAIN ARCH., 1931-1932

Version réaliste de l'habitat collectif moderne, cet immeuble de petits appartements traversants intègre à son soubassement une série de garages individuels. Sa facture confirme la présence d'une forte référence hollandaise tant par l'échelle des logements que par la mise en œuvre de la brique. L'extrême sobriété de la façade arrière est compensée par l'agrément des terrasses couvertes et balcons de la façade avant, qui se tourne vers les arbres d'un parc.

LILLE, IMMEUBLE DE LA MUTUALITÉ MEUNIÈRE

25

RUE DE LA VIGNETTE – RUE DELESALLE · MARCEL FAVIER ET J. BARDIN ARCH., 1937

Ces immeubles sont réalisés par une société coopérative, la Mutualité meunière, dont le blason orne la clef de voûte du porche. Ils évoquent les constructions des barrières de Paris et des extensions sud d'Amsterdam. Contrairement à ces exemples, les logis sont spacieux et bien éclairés, sur rue comme sur cour. La répétition du motif des pignons à pas de moineaux et la création d'un étage en attique créent l'agrément de la silhouette.

LOMME, CITÉ DE CHEMINOTS DE LILLE-LA-DÉLIVRANCE

336

RAOUL DAUTRY ING., ERNEST BERTRAND, ÉMILE MOLINIÉ, CHARLES NICOD
ALBERT POUTHIER, PAUL PIKETTY, GUSTAVE UMBDENSTOCK ARCH.
1921-1926

Après la Première Guerre mondiale, la reconstitution du réseau des chemins de fer du Nord est achevée au cours de l'année 1919 mais sa saturation explique la décision d'établir, à l'ouest de Lille, principalement à Lomme, une nouvelle grande gare de triage et une cité de cheminots. Le nom de Délivrance est choisi pour commémorer la fin des quatre années d'occupation de la région lilloise et le projet de cité, initié par Raoul Dautry pour la Compagnie des chemins de fer du Nord, devient à son achèvement, la plus importante réalisation de ce genre après celle de Tergnier. Avec ses huit cent trente-cinq logements, complétés par de nombreux équipements, écoles, bains douches, service médical, salle des fêtes, boutiques, la cité s'étend sur plus de soixante-neuf hectares en bordure des voies. En dehors de trois axes rectilignes, qui structurent et articulent un réseau de places circulaires, les voies sinueuses et massivement plantées créent un paysage pittoresque dont il faut chercher le modèle dans le parc anglais et les cités-jardins d'Ebenezer Howard (1850-1928). Les habitations, édifiées par des groupements d'architectes et d'entreprises, déclinées en types standards selon la hiérarchie professionnelle et la taille de la famille, adoptent un registre régionaliste libéré de toute authenticité. La sophistication et le soin accordé aux accessoires ornementaux, aux formes des toitures ou encore au dessin des maçonneries sont significatifs des pratiques

de l'architecture balnéaire qui fait le succès de certains des architectes participants à la conception comme le trio Molinié, Nicod et Pouthier. La réalisation illustre autant le projet patronal d'une entreprise soucieuse d'éloigner son personnel des foyers urbains révolutionnaires et de le rapprocher du lieu de travail que l'idéal de Raoul Dautry, fervent promoteur de la cité-jardin en France, tenté par la conciliation du développement industriel avec le progrès social. Malgré le bombardement en partie dévastateur de 1944 et les constructions plus récentes qui ont densifié les espaces, malgré la destruction de la tour florentine qui dominait et signalait la cité du haut de ses quarante-cinq mètres à la fin de l'année 1985, les édifices et espaces publics encore en place permettent de retrouver les qualités du cadre paysager idéaliste qu'avaient imaginé ses concepteurs.

RK

LOOS, CITÉ DU PARC LONGCHAMP 336

ROUTE DE SEQUEDIN · ARCH. INCONNU, 1923

Construit pour la société Delebart-Mallet afin de loger soixante-huit familles ouvrières, cet ensemble a été à moitié détruit et restructuré en 1984 et 1988. Les restes encore en place illustrent bien la version rustique et pittoresque de la cité-jardin patronale à la française.

TOURNAI
CITÉ-JARDIN
LE VERT BOCAGE 336

GÉO BARISEAU
ET WALTER DEVAUX ARCH.
1949-1951

Cet ensemble illustre la continuité du thème de la cité-jardin après la seconde guerre mondiale. L'aspect régionaliste de ces habitations jumelées ou groupées en bande est renforcé par l'importance donnée aux croupes de toiture, les couvertures de pannes flamandes et les appareillages et bossages de pierre brute qui soulignent les entrées et les angles.

ROUBAIX, LE NOUVEAU ROUBAIX 41

BOULEVARD DE FOURMIES, AVENUE MOTTE · JACQUES BARBOTIN, ÉMILE DERVAUX, PAUL DESTOMBES, RENÉ ET MAURICE DUPIRE, GUSTAVE POUBEL ARCH., 1923-1931

Cinq cent quatre-vingt quatres appartements et cent quatre-vingt-onze maisons composent cette opération qui s'inscrit dans le plan d'urbanisme que Jacques Gréber élabore en 1921 sous le mandat de Jean-Baptiste Lebas, maire de Roubaix. Les îlots de logements collectifs organisés selon un schéma identique se distinguent par les différents registres : de faux pans de bois et des croupes de toiture pour l'anglo-normand jusqu'à un expressionnisme proche de l'école d'Amsterdam pour certains traitements d'angle. La restructuration opérée entre 1982 et 1990 n'a pas altéré les qualités urbaines de l'ensemble.

LILLE
GROUPE GUSTAVE DELORY 25

9 ET 17, AVENUE EUGÈNE VARLIN
ARCH. INCONNU, 1924-1925

L'ensemble est édifié dans le cadre de la restructuration du quartier Saint-Sauveur. Trois blocs sont alignés symétriquement le long de l'avenue généreusement plantée en ménageant des cours urbaines où sont logées les entrées. Un pignon timidement régional pour le bloc central, une série de motifs légèrement décoratifs ainsi que des fleurs de lys déclinées jusque dans les grilles d'aération ponctuent les sept pavillons et les neuf commerces qui font partie des premières réalisations de l'Office municipal des habitations à bon marché créé en 1920.

LILLE, GROUPE DU FAUBOURG D'ARRAS DIT « LES 400 MAISONS » 336

MARCEL COOLS, LÉONCE QUESNOY ET JOSEPH SÉGERS ARCH., 1932-1934

Sur des terrains qui bordent la rue du faubourg d'Arras, acquis par la ville de Lille aux hospices, le quartier des 400 maisons est dessiné par l'architecte Léonce Quesnoy pour l'office municipal de construction de logements sociaux qui est, depuis 1920, le principal instrument lillois pour l'édification de logement social. Les dix immeubles collectifs qui affirment le rôle central de la place Albert Thomas sont dessinés par Léonce Quesnoy et Joseph Ségers. L'architecte Marcel Cools réalise la plus grande partie des deux cent quarante-deux maisons de ville alignées en bandes parallèles et scandées par de légères variations. L'ensemble Notre Chez Nous, conçus par Joseph Ségers, termine l'axe de la rue Robespierre à partir d'un programme mixte de vingt-huit logements collectifs et individuels destinés aux personnes âgées.

TOURNAI
MAISON DU PEINTRE LÉONCE PION

60

18, ENCLOS SAINT-MARTIN • HENRI LACOSTE ARCH., 1935

Henri Lacoste (1885-1968), né à Tournai, est une figure originale de l'architecture belge. Son œuvre puise dans l'art et l'archéologie les sources de sa vitalité. Archéologue pour la mission de l'école française d'Athènes en 1913, il relève pendant la guerre 1914-1918 les plans des bâtiments menacés sur le front de l'Yser; en 1930, il met à jour les ruines romaines du site d'Apamée en Syrie. Tournant le dos aux modernismes du XXe siècle, il témoigne d'une aspiration au bel ouvrage, alliant savoir-faire ancestraux, mise en œuvre artisanale et composition savante, puisant ses racines dans les architectures classiques et rurales. Il prolonge, au XXe siècle, une esthétique et une éthique de l'architecture née au XIXe siècle, largement propagée en Europe continentale depuis l'Angleterre par le mouvement Arts and Crafts.

La bourgeoisie de l'industrie et des affaires et leur descendance, en Flandre comme en Tournaisis, furent les commanditaires attitrés de ces architectes ostensiblement non-modernistes, retors aux exercices de style régionaliste et aux Arts décoratifs. Charles Bourgeois à Roubaix, Jean-Baptiste et Henri Maillard à Tourcoing, Horace Pouillet à Lille, furent les hérauts de cette attitude. Mais il appartint à Henri Lacoste de réaliser, en 1935, un chef-d'œuvre de cette posture d'architecte : la maison du peintre Léonce Pion, directeur de l'Académie de Tournai de 1929 à 1962 et successeur à ce poste de son père et de son grand-père.

C'est une maison et un atelier, réalisés sur une parcelle autrefois occupée par l'abbaye de Saint-Martin, démantelée par les Français de 1804 à 1809, lotie en 1810 en parcelles de six ares encloses de hauts murs où furent

édifiées, après 1814, avec les décombres de l'abbaye, habitations et écuries pour les officiers hollandais en garnison à Tournai. Henri Lacoste va rassembler les fragments du lieu avec les formes de son projet, afin que la maison raconte : elle est histoire et modernité, elle poursuit par sa présence l'œuvre des siècles antérieurs. Il l'installe au coin d'un mur d'un ancien enclos et intègre, dans la maçonnerie, des fragments de pierres sculptées de l'ancienne abbaye; il oppose la façade sur la ruelle, faite d'une suite de six baies fortement découpées par des piliers à brique redentés, et la façade sur jardin, largement

ouverte, dominée par le grand arc de la verrière de l'atelier, adossé à la soupente des versants de toiture. Partout règne la matière : pierre brute et polie, terre cuite ou vernissée (les tuiles vernissées vertes de la toiture ont été récupérées par Henri Lacoste lors de la démolition de son pavillon de la Vie catholique pour la Foire internationale de Bruxelles en 1935), bronze patiné d'une porte encaissée dans la profondeur d'une maçonnerie qui évoque le seuil des temps anciens. Le volume bâti, étroit et profond, teinté de médiévisme, évoque l'architecture civile urbaine des maisons romanes et l'architecture monastique. Pourtant c'est une œuvre moderne. Le contraste est saisissant entre la petite échelle de la façade d'entrée sur la ruelle et la grande échelle réservée à la façade sur le jardin enclos. Issue du mur, la petite façade développe ses niveaux et ses travées dans un rythme saccadé avant d'aller buter sur le mur pignon qui porte comme un ex-voto le plan de l'abbaye de Saint-Martin gravé sur une dalle scellée au mur pignon ; au Sud, la façade sur jardin est ordonnée par la figure du grand arc qui impose une calme symétrie axée sous le faîtage de la toiture. La nef des pièces principales se trouve ainsi bordée par le bas-côté des pièces secondaires, dans une stricte hiérarchie des formes et des lignes. L'histoire de la maison est donc celle d'un mur qui devient façade épaisse, se retourne pour s'élancer comme une travée d'église phagocytée par la maison – atelier du peintre Léonce Pion. Elle apparaît l'expression significative du sens donné à la forme architecturale comme « invention archéologique » (A. Pion).

DJF

MARCQ-EN-BAROEUL, MAISON NOTELAERS

37

21, AVENUE FOCH · R. VANDENHEEDE ARCH., 1932-1934

La maison, à façade en pierre appareillée, cultive les références classiques : tripartition de la façade, loggia à l'étage ponctuée de colonnes doriques cannelées, fronton au-dessus de la porte d'entrée portant la tête casquée d'Athéna, initiales entrelacées des propriétaires en cartouche d'ornement, légère saillie des travées latérales simulant deux ailes en retour. Mais ce sont les références à Josef Hoffmann, Otto Wagner et à la Sécession viennoise qui, appliquées sur le second œuvre, marquent le plus cette réalisation.

TOURCOING, VILLA LORTHIOIS

38

41, AVENUE DE LA MARNE · CHARLES BOURGEOIS ARCH., 1930

Cette propriété est une variation du modèle de la villa palladienne. La composition de façade, teintée de l'esprit viennois de la Sécession, est marquée par une double arcade, couverte de mosaïque bleu ciel, formant porche d'entrée. Cette liberté confère à la demeure un charme azuréen qui se conjugue avec la mise en oeuvre rigoureuse des matériaux, à la manière Arts and Crafts.

MOUVAUX, VILLA ARTS AND CRAFTS 38

202, BOULEVARD CARNOT · HENRI JACQUELIN ARCH., VERS 1930

Remarquable composition à la manière anglaise des Arts and Crafts, cette grande demeure décline les références rurales et médiévales : larges toitures pentues et débordantes, hautes cheminées ponctuant des volumes imbriqués, maçonnerie en matériaux rustiques dont les appareils forment des motifs décoratifs, murs en colombage... La note médiévale est donnée par une tour ronde coiffée d'une toiture conique sur mâchicoulis et par la série d'arcades en plein cintre recomposés par un remplage en trois baies et une rosace.

YPRES – VOORMEZELE, CHÂTEAU (KASTEEL) ELZENWALLE 1

72, KEMMELSEWEG · ERNEST BLÉROT ARCH., 1921

L'architecte Ernest Blérot (1870-1957) fut une des figures de l'Art Nouveau bruxellois dont les œuvres les plus connues datent d'avant la Première Guerre mondiale. Ce château squelettique qui est aussi sa dernière réalisation offre le spectacle romantique d'une ruine inachevée dont subsiste la structure éclectique.

LOOS, FILATURE THIRIEZ

336

RUES DU FAUBOURG DE BÉTHUNE, DE LONDRES, DE BAZINGHIEN

CHARLES VOLLERY ARCH., GEORGES PATRIX COLORISTE, 1955-1959

Le site, occupé par l'activité textile depuis la fin du XIXe siècle, présente des traces des différentes phases de l'architecture industrielle comme l'hôtel particulier de la famille Thiriez (1897) ou son « château de l'industrie » (1893), consacré initialement à la fabrication du fil à coudre, tous deux conçus par l'architecte Émile Vandenbergh. L'entreprise Thiriez père et fils fusionne en 1961 avec la société Dolfus-Mieg et Cie et prend le nom de D.M.C. Située au cœur de l'îlot, la filature conçue par Charles Vollery est issue d'une phase de modernisation du vaste ensemble dans le cadre des procédures de reconstruction. Le plan de la filature, décomposé en deux parties principales consacrées aux ateliers de préparation et de filage, s'étend sur six mille mètres carrés. Une structure métallique, supportée par quatre poteaux dans l'atelier de filage et sans support intermédiaire dans l'atelier de préparation, forme une nappe libérant un espace flexible destiné à s'adapter au renouvellement des machines. À l'intérieur, le plafond suspendu est traité de manière homogène, un léger décrochement des séries de plaques indique le moyen adopté pour canaliser le soufflage de l'air, les lignes qu'elles constituent sont doublées par l'éclairage incorporé également dans le faux plafond. Cette version radicale et rationnelle de l'espace de travail se transforme à l'extérieur. Non seulement des emplacements sont réservés aux peintures polychromes de Georges Patrix, mais le fonctionnement des ventilateurs et groupes de conditionnement de l'air est suggéré par des cheminées de brique qui sont l'expression même du problème technique essentiel de cette unité de fabrication : le traitement et la circulation de l'air. Cette mise en forme de l'industrie au travers des signes et des codes du langage moderne rejoint l'expressivité des meilleures réalisations industrielles de l'architecte Émile Aillaud (1902-1988). L'enveloppe extérieure joue un rôle de carter en justifiant ainsi la dissociation formelle entre structure et peau de la construction industrielle. Charles Vollery, dont l'itinéraire passe par le diplôme de l'École nationale supérieure des Arts décoratifs, l'agence de Robert Mallet-Stevens à la fin des années 1930 et le bureau d'étude des Établissements Kulhmann à La Madeleine, a principalement consacré son activité à la conception d'une architecture industrielle précise, raffinée et efficace dans le calme et la relative sérénité d'une commande spécifique liée à l'idée même de modernité.

RK

MARQUETTE-LEZ-LILLE, GRANDS MOULINS DE PARIS 336

LIEU-DIT SAINT-VENANT · VUAGNAUX ARCH., 1920-1923

Construit en 1920 pour la Meunerie lilloise, reprise en 1928 par Les Grands Moulins de Paris, l'édifice est le fruit de la juxtaposition d'un faisceau de colonnes doriques formant silo en béton armé tourné vers la Deule et d'un long vaisseau aux formes régionalistes reprenant le profil d'anciens magasins à blé. Le délabrement de cette splendide et titanesque minoterie-cathédrale, fermée depuis 1989, est symptomatique des difficultés de mise en valeur du patrimoine industriel.

TOURCOING, ANCIENNE USINE MASUREL 41

240, RUE DE PARIS · MARCEL FOREST ARCH., 1945

Comme d'autres constructions industrielles de l'immédiat après-guerre, la plastique moderniste de cette usine textile semble poursuivre l'esthétique de la fin des années 1930. L'horizontalité et le dynamisme des bandes filantes en béton armé qui sont encore lisibles malgré des transformations récentes, sont interrompus par une entrée formant pignon sur rue qui laisse imaginer les relations d'usage que l'unité entretenait avec l'autre versant de la rue de Paris.

MOUVAUX, ANCIENNE USINE DE BONNETERIE 38

2-4, BOULEVARD DE LA MARNE
VAN DE VENNE ARCH.
1929

Comme une démonstration rationnelle et lumineuse des possibilités du béton armé, l'édifice est soigné jusqu'au détail de ses châssis qui présentent un profil légèrement galbé. La partie de représentation de l'usine, le long du « Grand Boulevard », était réservée aux bureaux et magasins alors que l'unité de production, d'une facture plus conventionnelle est située à l'arrière.

LILLE 23

PALAIS DE L'AUTOMOBILE

RUE DES ARTS-RUE ANATOLE FRANCE

ARMAND LEMAY ARCH.

1928

L'immeuble de rapport est la référence de ce garage-parking d'une capacité de mille voitures dont l'inscription urbaine correspond à une résolution des problèmes de stationnement automobile peu courante dans la métropole. L'efficacité de la solution est visible au bon état relatif et à l'usage toujours d'actualité du bâtiment dont le rez-de-chaussée accueille maintenant d'autres commerces.

ARMENTIÈRES 1

ANCIENNE BRASSERIE MOTTE-CORDONNIER

RUE ROGER SALENGRO

GEORGES FOREST ARCH.

1920-1923

Conçue par une agence qui fera de l'architecture industrielle son principal domaine d'activité, la brasserie Motte-Cordonnier combine les formes archétypales d'un château de l'industrie régional avec la rationalité d'un processus de production moderne adopté après la Première Guerre mondiale. Le beffroi-donjon est aussi le support publicitaire de l'étoile rouge à cinq branches inscrite dans un cercle bleu, enseigne de la marque depuis 1910.

LILLE, CITÉ HOSPITALIÈRE RÉGIONALE 336

PLACE DE VERDUN

JEAN WALTER, URBAIN CASSAN ET LOUIS MADELINE ARCH., 1934-1958

À la fin de l'année 1929, l'administration des hospices de Lille décide de regrouper en un seul lieu les éléments hospitaliers disséminés sur le territoire régional. L'étude du projet est confiée en 1932 à Paul Nelson (1895-1979), architecte d'origine américaine, élève d'Auguste Perret et dont le projet de diplôme qui portait, en 1927, sur un établissement hospitalier, annonce l'intérêt pour ce type d'équipement. Paul Nelson, qui entraîne avec lui la possibilité d'un financement de la Fondation Rockefeller, installe un bureau à Lambersart où, avec quelques collaborateurs, il doit parfaire le projet. L'étude, très inspirée du Columbia Medical Center de New York (1930, James Gamble Rogers, architecte) reste dans les cartons et ne produit qu'une publication luxueuse des *Cahiers d'art* qui présente, sous tous ses aspects, le projet rationaliste, composé de deux tours cruciformes rassemblées par des ensembles plus bas, considéré par Le Corbusier comme « essentiellement représentatif des temps modernes ». Suite à des réactions corporatistes très vives qui dénoncent cette commande directe en période de crise, un des plus importants concours publics français est organisé en 1934 pour la conception de la nouvelle cité hospitalière régionale. L'équipe des architectes Jean Walter, Urbain Cassan et Louis Madeline remporte le premier prix dans un climat de

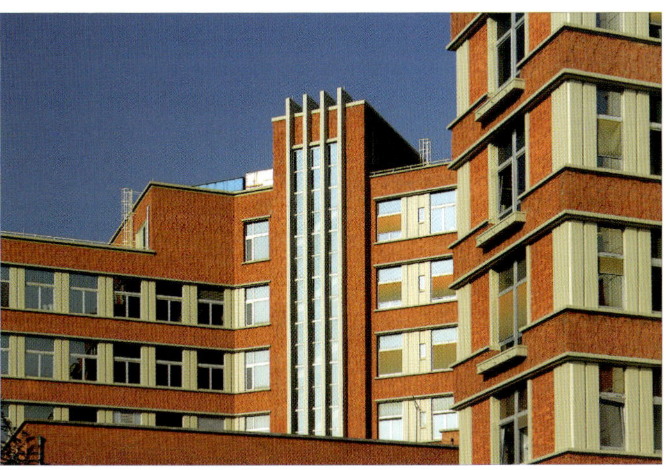

suspicion qui entache le déroulement de la consultation. Le projet lauréat reprend un schéma de fonctionnement en peigne, proche de la solution que Jean Walter avait proposée pour l'hôpital Beaujon à Clichy (1932). Le projet sera ensuite

mis au point par Jean Walter sur un mode très différent qui reprend en partie quelques principes énoncés par Paul Nelson lors de sa première étude. La taille, la complexité du programme et la durée du chantier expliquent aussi le caractère de l'édifice. Les travaux sont commencés en 1937, interrompus en 1939, repris en 1948, la cité est inaugurée partiellement en 1953 et l'aile ouest est achevée en 1958. Imaginée dans les années 1930 comme un des hôpitaux monoblocs des plus sophistiqués, la cité s'est adaptée aux modifications des conditions techniques de la pratique médicale et a subi de profonds remaniements. Sa silhouette stellaire reste cependant un des symboles les plus emblématiques de la politique sociale-démocrate lilloise de l'entre-deux-guerres.

RK

ROUBAIX, ÉCOLE PRÉVENTORIUM 336

64-80, AVENUE ALEXANDER FLEMING · JACQUES GRÉBER ARCH., 1925-1928

Présentée à Paris lors de l'Exposition des Arts décoratifs de 1925 alors qu'elle est encore en chantier, L'École préventorium de Roubaix est inaugurée officiellement trois ans plus tard pour les fêtes du 14 juillet 1928. Cet établissement annonce la construction d'équipements à vocation sociale et éducative dans la métropole. La structure de béton qui permet la découpe du passage de l'escalier, l'inévitable corniche et la brique enduite en remplissage du bâtiment des classes, illustrent une tendance rationaliste de l'architecture moderne qui puise ses références dans le classicisme.

LILLE, ÉCOLE DE PLEIN AIR — ACTUELLEMENT INSTITUT MÉDICO-ÉDUCATIF 33

5, RUE DU CAPITAINE MICHEL · RENÉ-FRANÇOIS DELANNOY ARCH., 1925-1931

En pliant le plan de l'école de plein air à l'emplacement d'anciennes fortifications et à la topographie du site, René Delannoy combine le vocabulaire rationaliste et hygiéniste des salles de classe orientées vers le soleil salvateur au style amstellodamois de la façade tournée vers la ville, un genre dont il est coutumier et qui permet d'identifier ses autres réalisations lilloises.

LILLE, OBSERVATOIRE MUNICIPAL 33

RUE DE L'OBSERVATOIRE · MARCEL BOUDIN ARCH., 1932-1934

Réalisé à partir du projet de diplôme de l'architecte présenté en 1932 sur le thème d'un observatoire régional, le programme de l'ancien Institut de mathématiques appliquées et d'astronomie est traité par la combinaison symbolique d'une entrée monumentale dans l'axe de la coupole avec les références navales d'un vaisseau de brique couvert d'une toiture terrasse accessible, entouré d'un bastingage et ponctué de la cheminée de la chaufferie. Quelque peu délaissé, l'édifice est dans l'attente d'un entretien et d'une restauration à la mesure de son intérêt architectural.

MOUSCRON, PISCINE COMMUNALE ET ARSENAL DE POMPIERS

1

RUE ROGER SALENGRO, PLACE DU GÉNÉRAL DE GAULLE – ANCIENNE PLACE DE L'OURS
JULES GELDHOF ARCH., 1936-1948

Les travaux de ce programme municipal qui associe une piscine et un poste incendie sont commencés en 1938 et ne s'achèvent qu'après la guerre en 1948. La tour et ses abat-son, le niveau supérieur en retrait qui permet d'absorber le dispositif d'éclairage zénithal du bassin, le module horizontal de brique jaune de parement, les couvre murs de terre cuite vernissée, les finitions intérieures rationnelles et hygiéniques, le soubassement de pierre et le traitement de l'angle constituent, encore de nos jours, une leçon architecturale et urbaine à la manière des meilleurs exemples hollandais. Il faut espérer qu'une restauration soignée redonnera bientôt tout son lustre à cet ensemble exceptionnel.

COURTRAI, « DE GILDE »

65

4, SINT-JANSLAAN – 48, WIJNGAARDSTRAAT
LUCIEN DE MUNNYNCK ARCH., 1930
RÉNOVATION ET EXTENSION,
D. JASPAERT ING. ARCH., 1995

L'architecte réalise ce bâtiment du syndicat chrétien en alliant les nouvelles techniques à un vocabulaire formel et à un travail de la brique qui rappellent les expériences de l'école d'Amsterdam. Le réaménagement et l'extension récente Sint-Janslaan sont de l'architecte Dirk Jaspaert.

YPRES, PISCINE EN PLEIN AIR

1

LANGE TORHOUTSTRAAT · LECLERCQ ET GITS ARCH., VERS 1930

La piscine de plein air est construite en plusieurs phases suivant des plans de l'architecte Leclercq datés de 1923 puis selon ceux de l'architecte-urbaniste Gits (1937) par la commune. Petit trésor moderniste inséré dans le site des fortifications, l'équipement offre une formule sobre du programme de la piscine publique. La surface des bassins soulignée par le dessin des rambardes est rythmée par l'alignement des cabines réparties sur deux niveaux. Modernisée et restaurée récemment, l'installation attend qu'un usage lui permette de retrouver sa vocation sociale interrompue pour des raisons normatives.

CROIX, VILLA CAVROIS

38

AVENUE J. F. KENNEDY

ROBERT MALLET-STEVENS ARCH., 1929-1932

Commande somptueuse et atypique d'un patron du textile roubaisien, la très vaste demeure s'étire d'est en ouest sur soixante mètres de longueur en articulant une série de volumes simples, recouverts d'un parement homogène de briques jaunes aux joints horizontaux prononcés. La piscine qui occupe une grande partie de la façade sud et le dessin du parc prolonge la composition qui domine l'ensemble de la colline du Beaumont. À l'intérieur, la distribution des pièces, relativement traditionnelle, accorde une grande place à la conception des détails d'éclairage, de polychromie et de mobilier ainsi qu'à l'emploi des techniques modernes au service du confort domestique. Les meubles les plus luxueux occupent les espaces liés à la stabilité familiale et à sa représentation alors que les références avant-gardistes directement liées au mouvement hollandais De Stijl sont utilisées pour conforter l'image de la jeunesse et du dynamisme économique. L'échelle du projet et son degré de perfection font de la dernière commande privée de Robert Mallet-Stevens (1886-1945), son œuvre la plus aboutie. La villa, représentative d'une des tendances françaises actives au tournant des années trente, utilisée comme manifeste au moment où Mallet-Stevens fonde l'Union des Artistes Modernes, est consacrée dès son achèvement par de nombreuses publications. Mallet-Stevens actualise dans ce projet des références comme le Palais Stoclet, édifié à Bruxelles, achevé en 1911 et conçu par Joseph Hoffmann (1870-1956), ou encore l'hôtel de ville d'Hilversum de Willem Marinus Dudok (1884-1974) achevé en 1931.

Occupée par l'armée pendant la guerre, la demeure est considérablement modifiée à partir de 1947. L'architecte Pierre Barbe réduit la hauteur du grand hall et transforme l'édifice pendant plus de dix ans, au gré de l'évolution familiale. Vendue en 1986 à une société immobilière, la demeure reste à l'abandon et subit de nombreuses et graves détériorations. Classée au titre des monuments historiques à la fin de l'année 1990, elle défraie régulièrement la chronique patrimoniale et devient

la triste incarnation des heurs et malheurs de l'architecture du XXe siècle. L'achat de la propriété par l'État, au mois de juillet 2001, résultat de l'action inlassable de l'association de sauvegarde de la villa Cavrois, correspond à l'arrêt des dégradations. Après l'amputation du parc et la naissance d'un lotissement au contact direct de sa partie la plus composée, la restauration du clos et du couvert de l'édifice permet de retrouver une apparence extérieure digne du monument de l'architecture domestique qu'elle représente. Pour retrouver totalement sa splendeur, la villa attend maintenant la restitution de son architecture intérieure et un projet cohérent d'utilisation.

RK

MOUVAUX
VILLA VAN DE VEEGAETE 38

29, BOULEVARD CARNOT
GÉO BONTINCK ARCH., 1931

Comme les réalisations gantoises de Géo Bontinck, la deuxième maison Vandeveegathe est très imprégnée des formes que va proposer l'architecte belge Henri Van de Velde à partir de son projet d'habitation personnelle « la nouvelle maison » construite en 1927 à Tervueren. Seul le volume de l'entrée se démarque de l'articulation des deux masses principales percées régulièrement de baies identiques. Le revêtement de céramique noire des trumeaux du rez-de-chaussée permet de créer l'illusion d'un grand percement horizontal.

LAMBERSART,
MAISON PAUL SDEZ 336

309, AVENUE DE L'HIPPODROME,
ANGLE AVENUE FOCH
MARCEL BOUDIN ARCH., 1932

Parmi les projets d'habitations que la courte carrière de Marcel Boudin (1902-1946) lui a permis de réaliser, la maison Sdez illustre bien comment certains programmes privés, de moyenne importance adoptent les attributs de la modernité. L'usage de la brique jaune est ici conditionné par la valorisation des détails et des ouvrages particuliers. La brique signale la présence des linteaux, souligne les ouvertures, les ébrasements des baies circulaires et simule par sa disposition l'appareillage d'un mur traditionnel. L'architecte compose, grâce à l'adossement de la maison au mitoyen un petit jardin moderne situé à l'arrière de l'habitation.

COURTRAI, MAISON

1

1, ANTOON GOETHALSLAAN · RICHARD ACKE ARCH., 1928-1929

L'influence de Berlage a guidé l'architecte Richard Acke (1873-1934) dans certains de ces travaux comme le cinéma De Gouden Lanteern réalisé à Coutrai en 1921 dont malheureusement il ne reste pratiquement plus rien. Ici, Le travail très soigné des appareillages de brique, le marquage des linteaux, des angles et des arêtes, ainsi que la frise qui souligne le chéneau sont au service d'une version simple d'une maison moderne implantée dans un vaste parc boisé.

TOURNAI, MAISON CLAIR SÉJOUR

336

21, RUE CHARLES MAUROY · ÉMILE DELEPIERRE ARCH., 1937

À partir d'un volume simple enveloppé de brique jaune, la déclinaison de motifs géométriques abstraits dans les vitraux et toute l'ornementation, ainsi que l'emmarchement qui assure le passage progressif de la rue vers l'intimité domestique, produisent un tableau démonstratif de l'art des années 1930 dans toute sa complétude. La formule sera simplifiée pour une autre maison au n° 15 de l'avenue du Général de Gaulle à Tournai.

TOURNAI, MAISON

60

13, AVENUE HENRI PÂRIS · LOUIS GAUDEMONT ARCH., 1935

Jouant du contraste entre la surface alignée de la façade recouverte d'un parement de terre cuite orangée et la partie en encorbellement, l'architecte a décliné les signes modernistes : baies d'angle, menuiseries à petits bois horizontaux, pergola autorisée par le dégagement latéral du dernier niveau.

ROUBAIX, RÉSIDENCE D'ARMENONVILLE 38

115, AVENUE DU GÉNÉRAL DE GAULLE
GUILLAUME GILLET, GUY LAPCHIN ET PIERRE ROS ARCH., 1956-1958

Les logements collectifs de la métropole lilloise construits pendant les années de la croissance respirent, comme ailleurs, la modernité optimiste partagée par le plus grand nombre. L'alliance des innovations typologiques et du confort domestique sophistiqué propose alors des solutions de vie collective qui peuvent rivaliser avec le mirage naissant de la maison individuelle. Les ensembles locatifs ou mixtes comportaient quelques morceaux de choix comme la résidence du Parc à Croix (1952-1956) de l'architecte Jean Dubuisson qui, à force de démolition, de densification et de banalisation n'est plus que l'ombre d'elle-même et devient l'expression caricaturale des erreurs de gestion contemporaine plus que celle des erreurs passées qui sont censées justifier son massacre. Les copropriétés ont sans doute mieux résisté au temps et au vieillissement tant la valeur d'usage de ces résidences reste appréciée des occupants qui en maîtrisent avec attention l'entretien matériel dans la durée.

La résidence d'Armenonville est un exemple particulièrement réussi d'un de ces ensembles qui jalonnent le tracé du « Grand Boulevard » à la faveur du rachat de vastes parcelles libres. Articulé avec la structure linéaire et arborée de l'avenue du Général de Gaulle, l'ancien boulevard

de Paris qui assure, à la suite du parc Barbieux, l'arrivée dans le centre de Roubaix, l'ensemble comporte cent vingt-huit logements. Deux barres de douze niveaux, implantées en redans, sont complétées de parties plus basses qui assurent un compromis aimable avec l'alignement. La libération partielle du sol, résultat d'une découpe de la masse du rez-de-chaussée offre une version moderne de l'assise, sans soumission à la loi du pilotis corbuséen. L'empilement rationnel des niveaux dont les façades alternent de fines menuiseries au nu extérieur et de profondes loggias creusées est couronné par une élégante casquette qui signale l'allégeance aux traditions de la composition classique tout en désignant les logements les plus prisés. La clarté du vocabulaire plastique et l'esthétique abstraite lisible dans la partition harmonique des menuiseries, rappelle un moment où l'expression contemporaine faisait bon ménage avec les usages élémentaires du quotidien.

RK

MARCQ-EN-BAROEUL 37
RÉSIDENCE ATLANTIDE
16-18, AVENUE FOCH
YACEK WACLAW SAWICKI ARCH.
1959-1962

Les trois niveaux largement vitrés de l'immeuble scandés par quatre groupes de balcons horizontaux sont cadrés par un étage en retrait formant attique et un rez-de-chaussée particulièrement soigné : léger emmarchement, niveau de finition des entrées, parements dressés en pierre éclatée brutes. Le projet de Yacek Waclaw Sawicki (1920-1995), pourtant sans concession d'écriture, assure remarquablement bien la transition entre la hauteur des immeubles vers le Croisé Laroche et l'alignement des maisons de ville cossues de l'avenue Foch.

LILLE, RÉSIDENCE DU PARC SAINT-MAUR 37
RUE RÉAUMUR, RUE DU BUISSON
AVENUE DE MORMAL
JEAN DUBUISSON
ET GUY LAPCHIN ARCH.
1961-1967

La qualité des espaces extérieurs, le plan et la finition des logements firent le succès de cet ensemble composé de sept cent vingt-six logements. Le plan de masse, trois longues barres et une tour de treize niveaux, un des plus radicaux de la métropole, est une puissante démonstration face aux discours nostalgiques vantant les mérites de l'îlot et de la ville ancienne.

COURTRAI, QUARTIER PATERS MOTE 1
SINT-MARTENS LATEM LAAN, EMIEL CLAUS LAAN
JAN DE JAEGERE ARCH.-URB., À PARTIR DE 1957

Le quartier situé en périphérie du centre de Courtrai rassemble des habitations résidentielles et quelques équipements dans le cadre d'une structure urbaine cohérente favorisant les recherches typologiques. Les maisons dont certaines sont à patio, utilisent un vocabulaire élémentaire : brique peinte, menuiserie sombre, toiture terrasse ou monopente. Cette simplicité qui est l'occasion de nombreuses variations rejoint l'évidence sans ostentation de certaines expériences scandinaves en proposant une alternative trop rare au mode de lotissement suburbain résidentiel.

MONS-EN-BAROEUL
TOURS DE L'EUROPE 336

AVENUE ROBERT SCHUMAN
HENRI CHOMETTE ARCH.
1968-1970

Cet ensemble qui structure la ZUP de Mons accueille cinq cents logements le long d'un axe fermement défini. L'alternance des tours avec les immeubles plus bas (sept niveaux) unifiés grâce au portique horizontal formant passage abrité permet à l'architecture de passer graduellement de l'échelle familière à celle de signal urbain.

LILLE, RÉSIDENCE DU BEFFROI 25

RUE DE PARIS · JEAN WILLERVAL, PIERRE RIGNOLS, ANDRÉ LAGARDE ARCH., 1962-1965

C'est sous le nom de « poutre X » que les architectes remportent en 1962 la consultation pour la construction de cette résidence proche de l'hôtel de ville de Lille. La structure qui supporte les niveaux supérieurs dégage des doubles hauteurs pour les commerces et des passages vers le cœur d'un îlot ouvert tout en ménageant un trottoir couvert pour le public. Les volets coulissants des logements en retrait ou la clôture verrière des commerces illustrent le curieux mélange de brutalité structurale et de raffinement qui transpire de l'opération. Les modules de céramique dessinés par Philippe Scrive ont été remplacés au rez-de-chaussée en 1986.

COURTRAI, PISCINE MAGDALENA
ANCIENNE PISCINE PROVINCIALE

1

1, SINT MARTENSLATEMLAAN • PAUL FELIX,
JAN DE JAEGERE, JAN TANGHE, CHRISTIAAN VANDER PLAETSE ARCH., 1960

Cet équipement fait partie du développement périurbain « Patersmote », comprenant une opération de logements et l'école provinciale. L'ensemble est significatif de l'urbanisme des années 1960, caractérisé par une dédensification du tissu et s'appuyant sur l'idée fondatrice d'une relation privilégiée à l'espace ouvert. Dans ce projet de piscine, Paul Felix adopte ce concept tout en intégrant des préoccupations qui sont communes à bon nombre d'architectes de l'après-guerre, telle la coïncidence entre la structure et la configuration spatiale et la lisibilité des éléments constitutifs de l'architecture, faite de plans et de volumes successifs.

La composition générale de l'édifice, constitué d'un rez-de-chaussée homogène quasi aveugle contenant le hall d'entrée et les espaces techniques, agissant en tant que soubassement, et de deux blocs distincts à l'étage, partitionnés selon l'axe est-ouest, formant la piscine et les espaces servants, introduit deux rapports distincts et même opposés au contexte. Ainsi la relation à la rue est caractérisée par une mise en retrait de l'édifice. Ce retrait est occupé à l'est par un bassin et à l'ouest par un jardin intérieur venant éclairer le hall d'entrée. Les architectes laissent à la seule avancée du préau et de la billetterie le soin d'établir la liaison avec l'espace public. Le rapport qu'entretient l'espace majeur de la piscine au contexte est d'un tout autre ordre : en s'élevant dans le bâtiment pour aboutir aux bassins, une relation contemplative et idéalisée à la nature s'installe, à l'intérieur d'un volume spacieux, vitré sur ses trois côtés.

Cette relation à l'environnement est soutenue par la construction dont la révélation devient un élément majeur de l'expression architecturale : ainsi le rez-de-chaussée, en maçonnerie de brique jaune perd son statut de masse grâce à la bande filante de vitrage qui dissocie le plan

du mur de la dalle. Un même traitement est donné à la partie nord de l'étage. Le volume principal de la piscine, apparaissant de l'extérieur comme une boîte en verre fermée, génère un espace interne ouvert sur le parc, où la toiture, constituée d'éléments prismatiques juxtaposés s'appuyant sur des piliers en béton armé, détermine la nature de l'espace. Cette structure, perpendiculaire au grand bassin, oriente l'espace et favorise la lecture du véritable sens du projet, l'ouverture vers le paysage.

Ce bâtiment, dont le mobilier d'origine est remarquable, a subi quelques aménagements qui altèrent la perception de l'espace d'accueil. On peut souhaiter que les aménagements futurs se fassent dans un esprit compatible à celui qui a animé les concepteurs.

BW

VILLENEUVE D'ASCQ, MUSÉE DU SOUVENIR

336

79, RUE MANGIN · LUC ET XAVIER ARSÈNE-HENRY ARCH., 1948-1956

Le projet, commémorant la barbarie nazie, comprend à l'origine l'aménagement du tertre, la terrasse pour les commémorations et un dispensaire destiné à « soulager la misère humaine ». Musée du souvenir depuis 1984, l'ensemble se distingue par sa qualité paysagère et son intégration dans un site chargé d'histoire.

WEVELGEM, COLLÈGE SINT-PAULUS

1

7, DEKEN JONCKHEERESTRAAT · VJENCESLAV RICHTER ARCH., 1958-1959

Il s'agit du pavillon yougoslave de l'Exposition internationale de Bruxelles de 1958, qui fut adapté à sa nouvelle fonction de collège par l'architecte Jan De Jaegere. Cet édifice met en exergue les possibilités techniques de la préfabrication et de la construction métallique.

VILLENEUVE D'ASCQ, BIBLIOTHÈQUE DE L'UNIVERSITÉ DES SCIENCES

49

CITÉ SCIENTIFIQUE · NOËL LEMARESQUIER ET JEAN VERGNAUD ARCH., 1965-1970

Cette bibliothèque est conçue en tant qu'élément fédérateur d'un ensemble comprenant différentes unités d'enseignement et des logements d'étudiant. L'édifice est un témoin de l'architecture des années 1960, à travers les thèmes de l'auvent, de l'escalier hélicoïdal et de la coupole en béton translucide.

LILLE, INSTITUT NATIONAL DE LA PROPRIÉTÉ INDUSTRIELLE ANCIENNE ÉCOLE DES BEAUX-ARTS

37

97, BD CARNOT · MARCEL FAVIER, LUDWIG PERETZ ARCH., 1959-1964
RÉHABILITATION, BOUCHARD-TEIL, 1998

Ceux qui ont connu les anciennes façades et leurs ouvrants à débattement, quand le sommet de l'édifice n'était pas encore coiffé d'une improbable casquette, regrettent la modernité authentique qui transpirait de l'ancienne École des Beaux-Arts de Lille dont les qualités urbaines ont, malgré tout, résisté au transformations récentes.

COURTRAI, UNIVERSITÉ CATHOLIQUE DE LEUVEN, CAMPUS KORTRIJK

1

53, ÉTIENNE SABBELAAN · EUGÈNE VANASSCHE ARCH., 1970
EXTENSION DE STÉPHANE BEEL (ILLUSTRATION CI-DESSOUS), 1991-1993

La conception de l'ensemble repose sur une mise en réseau des différentes unités composant l'université. Lors de l'extension de 1991, Beel renforce cette thématique par la réalisation d'une galerie sur laquelle se greffe le nouveau bâtiment facultaire, et qui structurera les aménagements et extensions à venir.

COURTRAI, CINÉMA PENTASCOOP (BUDASCOOP)

65

CAPUCIJNENSTRAAT · ERIK DE MEYERE ARCH., 1974
RÉAMÉNAGEMENT B. DHONDT ING. ARCH., 2006

Ce complexe de cinémas, édifié sur une parcelle exiguë dans un quartier historique, et dont les espaces de foyer sont remarquables, a réussi à revitaliser le quartier jusque dans les années 1990. Cette dynamique est interrompue par l'implantation de nouvelles salles de cinéma en périphérie.

LILLE, COUVENT DES DOMINICAINS

37

7, AVENUE SALOMON • PIERRE PINSARD, NEIL HUTCHISON ARCH.
GÉRARD LARDEUR MAÎTRE VERRIER, 1955-1964

Durant les années 1950-1960, les responsables de la construction des églises exprimèrent le besoin d'une architecture religieuse qui accompagne la progression rapide de l'urbanisation des villes, qui favorise la participation des fidèles au culte et abandonne, à un moment où s'observait une forte régression de la pratique cultuelle, tout « triomphalisme ». Ces orientations furent encouragées par l'esprit d'ouverture sur le monde du Concile Vatican II (1962-1965).

Le couvent des Dominicains de Lille s'impose comme l'un des monuments les plus représentatifs parmi les édifices qui s'inscrivent dans cette quête d'une architecture religieuse contemporaine et familière. Ce couvent est l'œuvre de Pierre Pinsard (1906-1988) et de Neil Hutchison (né en 1924). Les deux architectes organisèrent les bâtiments conventuels autour d'un schéma original de circulations adossées à l'avenue Salomon. Cette disposition « en peigne » qui se déploie à partir de la voie publique, rompt avec le plan conventuel traditionnel centré autour d'un cloître carré. Les bâtiments du couvent s'ouvrent ainsi largement sur le parc arboré et la lumière solaire. De plus, la chapelle, le bâtiment des frères et le réfectoire – réservés à la vie claustrale – sont clairement distincts des bâtiments qui, comme la porterie et l'hôtellerie, sont ouverts aux visiteurs. Par ailleurs, un ensemble de jardins clos bordés de galeries permet à la nature d'être présente dans l'ensemble du bâtiment et préserve l'intérieur du couvent des bruits de la rue.

L'ossature de l'ensemble des bâtiments est en béton armé, les murs de clôture sont en brique, les planchers et les couvertures sont constitués par des voûtes surbaissées en brique creuse ou pleine. Ce dispositif architectonique fait explicitement

référence au système constructif employé dans les usines textiles de la métropole lilloise.

La chapelle constitue l'élément majeur du couvent. Le bâtiment, rectangulaire, permet d'abriter les deux espaces distincts caractéristiques d'une église conventuelle. L'autel, disposé au centre de l'édifice, sépare les bancs des fidèles et les stalles du chœur qu'occupent les frères. La couverture de la nef est constituée par un vélum de béton à double courbure soutenu par dix colonnes. Les murs de clôture sont constitués de claustras de brique percés d'oculi rectangulaires garnis de vitraux réalisés par le maître verrier Gérard Lardeur (1931-2003).

L'emploi dominant de la brique, les détails de construction, la maîtrise de la diffusion de la lumière naturelle, l'échelle domestique des volumes et de la trame qui ordonne l'ensemble du couvent, sont autant redevables au climat des villes de la Flandre qu'à l'esthétique brutaliste des années 1950. L'architecture du couvent constitue ainsi une combinaison savoureuse de l'esprit du temps et du génie du lieu, ce qui en fait sa réussite.

PL

HEM, CHAPELLE SAINTE-THÉRÈSE

336

RUE DE CROIX · HERMANN BAUR ARCH., 1956-1958
MOSAÏQUE ET VITRAUX D'ALFRED MANESSIER, RELIQUAIRE D'EUGÈNE DODEIGNE
TAPISSERIE D'APRÈS DES CARTONS DE GEORGES ROUAULT

Philippe Leclerc, industriel et grand amateur d'art, est le commanditaire de cette chapelle dont l'architecture s'efface volontairement pour mieux mettre en valeur les œuvres qui la composent : le mur de lumière d'Alfred Manessier réalisé dans les ateliers du maître verrier Jean Barillet, une tapisserie de Georges Rouault au-dessus de l'autel, la statue en pied de sainte Thérèse sculptée par Eugène Dodeigne ou encore la mosaïque sur fond orangé dessinée par Manessier pour la sous face de l'auvent qui accueille le visiteur.

TOURCOING ÉGLISE SAINT-THOMAS

1

RUE DU DOCTEUR SCHWEITZER
ZUP DE LA BOURGOGNE
JEAN WILLERVAL ARCH.
1967-1969

Ce n'est qu'avec la blancheur intérieure que l'on peut imaginer que l'architecte a cherché dans l'église Notre-Dame du Haut à Ronchamp (1953-1955) de Le Corbusier quelques ressources pour développer un plan à partir de sections droites et courbes de maçonnerie. À l'extérieur, les murs en brique qui correspondent aux différentes unités de l'église (chœur, sacristie, chapelle de semaine), laissent émerger les structures en béton du clocher.

FACHES-THUMESNIL, ÉGLISE DU SAINT-ESPRIT

336

AVENUE DE BORDEAUX · JEAN-PIERRE SECQ ARCH., 1972

Dans le quartier des Cinq Bonniers, une ZUP lotie à partir de 1963, le plan de l'église se développe en une série de courbes formant un nid d'abeille à partir d'un plan centré. À l'intérieur, l'autel, le Christ, la Vierge et les fonds baptismaux sont réalisés en cuivre. La couleur rouge du mobilier de bois peint et la tonalité des vitraux complètent la présence de la brique et les plafonds de béton brut.

HARELBEKE, ÉGLISE SAINTE-RITA

1

LÉON STIJNEN ET PAUL DE MEYER ARCH., 1961

Comme une tentative d'évangélisation architecturale spectaculaire et brutaliste au cœur d'un quartier banal, les parois plissées de cette église en béton armé transposent un pliage délicat pour prendre la forme d'une pyramide tronquée.

VILLENEUVE D'ASCQ, ANCIEN CARMEL

51

RUE MASSENA · PHILIPPE LEPÈRE ARCH., 1971-1974

Des ensembles de cellules dont la configuration et les dimensions sont marquées par les références corbuséennes sont regroupés autour d'une chapelle et d'un cloître ouvert. Si la récente transformation en résidence privée (1997) en perturbe forcément la lecture tout en permettant son existence matérielle, on peut encore discerner la qualité des dispositifs, de l'implantation à l'articulation des formes en béton peint, qui permettaient d'assurer un subtil équilibre entre pauvreté et générosité, entre ouverture et clôture.

CROIX, MAISON DELCOURT

38

AVENUE DU GAL DE GAULLE - SENTIER GRÉSILLON
RICHARD NEUTRA ARCH., 1967-1970

L'itinéraire de l'architecte américain d'origine autrichienne Richard Neutra (1892-1970) passe par l'agence d'Adolf Loos, l'émigration aux États-Unis en 1923, la rencontre avec Franck Lloyd Wright et Rudolf Schindler, et l'élaboration à la fin des années 1920 de son langage appliqué essentiellement en Californie du sud. Les premières réalisations de Neutra sont alors considérées comme des manifestations européennes sur le sol américain alors que le développement de son activité après la Seconde Guerre mondiale diffuse vers l'Europe l'image d'une architecture américaine ouverte à la modernité et aux grands espaces. La maison Delcourt est sa dernière réalisation et son unique projet français, elle est aussi le fruit d'un échange complexe et fructueux entre l'Europe et les États-Unis. Le commanditaire, Marcel Delcourt, est tenté à la fin des années 1960 par « l'American way of life » et par les réalisations de l'architecte dont il perçoit l'intérêt au travers d'une publication consultée en 1966, à Berlin, lors d'un voyage professionnel. Cet intérêt sera confirmé après la visite des maisons de Neutra aux États-Unis puis en Allemagne et en Suisse. Le terrain dont il dispose à Croix, bien que situé en ville, est suffisamment vaste et boisé pour accueillir une architecture comme synthèse de l'observation de la vie, de la géométrie et de la technique. La maison Delcourt comprend donc tous les ingrédients qui ont assuré le succès de la formule : un plan abstrait et ouvert qui semble sans limite, les franchissements et porte-à-faux, la poursuite des sols et des plafonds au-delà des parois largement vitrées, l'horizontalité accusée, la « patte d'araignée » constituée de la prolongation d'une poutre maintenue par un fin poteau métallique, les partitions temporaires, rideaux et cloisons mobiles, les dispositifs illusionnistes sophistiqués comme les bassins d'eau extérieurs, les miroirs intérieurs ou encore la polychromie des cloisons du premier étage. Mais, les commentateurs sous-estiment habituellement l'implication réelle de Neutra et les adaptations locales du projet : l'emploi des briques de Hem pour la cheminée, les sols en grès d'Artois ou encore le dialogue avec la famille du commanditaire qui influe sur l'évolution du plan. Ainsi,

la transparence initiale de l'entrée est abandonnée au cours des esquisses au profit de l'adossement à une paroi pleine, bibliothèque à l'intérieur, et mur d'entrée qui masque la vue directe du voisinage. L'architecte suisse Bruno Honegger, ancien collaborateur de Neutra a suivi le chantier en définissant avec précision les accessoires ménagers comme le dessin de certains détails. Ultime œuvre de Richard Neutra qui meurt en Allemagne quelques jours après une dernière visite dans la maison en fin de chantier, ce chant du cygne fragile a récemment échappé de justesse au voisinage indélicat d'une construction hors d'échelle.

RK

TOURCOING, DEUX MAISONS 1

97 ET 99, RUE DU GÉNÉRAL MARCHAND · JEAN PROUVÉ CONSTR., 1952-1953

Ces deux maisons type « Métropole » conçues par Jean Prouvé pour le ministère de la Reconstruction et de l'Urbanisme sont les traces des quelques expérimentations tournées vers l'habitat industrialisé que tenta le CIL au début des années 1950. La structure à portique et l'ossature en acier sont enveloppées de panneaux d'aluminium à baies coulissantes et élevées sur un socle en maçonnerie.

MENIN, MAISON COUSSEMENT 1

141, WERVIKSTRAAT

PIERRE COUSSEMENT ARCH., 1965

Le cadre déterminé par une structure mixte d'acier et de béton armé est très légèrement décalé par rapport à l'alignement de la rue. C'est dans cet écart géométrique que se construit un projet qui mêle le sens de la protection à celui de l'ouverture. Le dispositif d'entrée, signalée par l'inflexion d'un mur de brique et l'expression de la trame à l'étage, montre comment l'architecte articule magistralement les composants de brique, béton, acier et verre au service d'un plan qui compose avec la situation et le contexte urbain une des architectures domestiques les plus accomplies de la métropole.

COURTRAI – MARKE, MAISON MAEYENS-MAERTENS 1

11, JAN VAN EYCKSTRAAT · GROEP PLANNING : JAN TANGHE, WILLY CANFYN, WERNER DESIMPELAERE ARCH., 1967-1969

Construits à partir d'un module de parpaing dense comme de la pierre, les murs se prolongent au-delà des limites de l'habitation pour créer le cheminement progressif vers l'entrée et une chicane vers le jardin. Taillée comme une sculpture abstraite et minérale cette architecture conjuguée avec le paysage n'a malheureusement pas inspiré le reste du lotissement où elle est implantée.

AVELIN, MAISON STERCKEMAN 336

58, RUE D'ATTICHES • PAUL CHEMETOV ARCH., 1969-1972

Formule pédagogique de la lisibilité structurelle, la maison élevée du sol comme une boîte tire son expression de l'utilisation savante de matériaux ordinaires. Une extension a été réalisée en 1976 avec l'architecte Christian Devillers.

MOUVAUX, MAISON WALLEZ 41

13, AV DU HAUTMONT • LUDWIK PERETZ ET GILBERT DELECOURT ARCH., 1980

La masse de la maison tassée dans son environnement, protégée par une généreuse toiture débordante et protectrice montre une adaptation des thèmes de l'architecture de Franck Lloyd Wright comme celui de l'horizontalité, exprimé par la baie de toiture qui se développe en une longue et fine mirande.

VILLENEUVE D'ASCQ MUSÉE D'ART MODERNE

49

PARC URBAIN, AVENUE DE CANTELEU, COUSINERIE

ROLAND SIMOUNET ARCH., 1979-1983

EXTENSION, MANUELLE GAUTRAND ARCH., 2002-2009

Lauréat du concours organisé par la communauté urbaine de Lille pour accueillir la collection d'art moderne léguée par Jean et Geneviève Masurel, Roland Simounet (1927-1996) réalise à Villeneuve d'Ascq son œuvre la plus septentrionale. Le musée, tourné vers le parc, adossé aux limites nord du terrain, se développe d'ouest en est en articulant deux ailes étagées en terrasse. L'aile ouest accueille l'ensemble des services : bibliothèque, ateliers pédagogiques, café du musée, bureaux, réserves et ateliers techniques. L'aile est comprend principalement les espaces d'exposition. L'entrée, nichée dans un fin cordon formant portique, relie les deux entités et annonce la fluidité des cheminements intérieurs. Les salles d'exposition sont traités suivant deux registres : au nord, de grandes salles éclairées zénithalement destinées aux expositions temporaires, au sud, une partie plus intime est réservée à la présentation de la collection permanente. Le parcours de la donation est enrichi de très légères différences de niveaux qui compensent la platitude du terrain et de discrètes et ponctuelles ouvertures ménageant des vues cadrées sur le parc. Ce caractère domestique, interprétation du thème des appartements du collectionneur, est accentué par une lumière naturelle dont le subtil dosage propose une alternative aux versions normatives et désincarnées de l'éclairage muséal. La plastique de l'édifice repose sur la répétition et les variations de quelques éléments simples composant les structures horizontales et verticales. Les pilastres, les remplissages de la paroi sont unis par l'appareillage et la multiplication du module élémentaire de brique suivant un appareillage excluant toute coupe, l'acrotère en béton ainsi que le cheminement de l'eau, traité en saignée dans la maçonnerie, sont à l'origine d'une modénature qui donne au musée

son unité formelle. Ces principes, adaptés aux différentes situations, excluent de l'édifice toute monumentalité au profit d'une fusion avec le site. En rappelant le souvenir de projets antérieurs de Roland Simounet comme la résidence universitaire de Tananarive (1962-1970), le musée d'art moderne affiche sa filiation avec une version humaniste de la modernité exprimant la recherche d'une architecture sans âge qui s'appuie sur la générosité du dessin pour engendrer le luxe des espaces.

À la suite du concours organisé au cours de l'année 2002, le projet d'extension de Manuelle Gautrand a été choisi afin de remettre au goût du jour le musée et d'accueillir une collection dédiée à l'Art Brut. L'ensemble doit ouvrir ses portes au début de l'année 2010.

RK

VILLENEUVE D'ASCQ, LOTISSEMENT DU DOMAINE DE BRIGODE

49

GÉRARD DELDIQUE URB., JEAN-PIERRE WATEL
YACEK WACLAW SAWICKI ET ALII ARCH., À PARTIR DE 1966

Créé entre les anciens villages d'Annapes et d'Ascq, à partir d'un plan d'urbanisme élaboré par Gérard Deldique, le lotissement comprend cinq cents habitations en hameaux autour d'un golf. Les premières tranches rassemblent pour une clientèle aisée des maisons et un environnement relevant des influences américaines et scandinaves dans un paysage recomposé.

VILLENEUVE D'ASCQ, FACULTÉ DE LETTRES ET DE DROIT

49

PIERRE VAGO ARCH., 1966-1974

Imaginé comme un morceau de ville latine organisé autour d'un forum et d'une bibliothèque, le projet de Pierre Vago, qui a suivi un itinéraire tumultueux à tous les stades de son élaboration, illustre la tentative de tirer un parti plastique des procédés de préfabrication mis en œuvre pour sa construction. Les transformations, modifications successives et adjonctions de bâtiment de pacotille depuis le début des années 1990 ont considérablement réduit sa flexibilité d'usage et ses qualités esthétiques.

VILLENEUVE D'ASCQ, HAMEAU DU CHÂTEAU
49

JEAN-PIERRE WATEL ARCH., 1976

Résultat des recherches de l'architecte sur l'habitat individuel groupé, l'ensemble inspiré de modèles d'Europe du Nord abouti à des solutions innovantes intégrant des usages quotidiens comme celui de la voiture. À partir d'une architecture contemporaine qui renouvelle l'utilisation de la brique traditionnelle, l'opération est significative des espoirs en un type d'urbanité inédit porté par la dynamique des villes nouvelles.

VILLENEUVE D'ASCQ, ÉCOLE VANDERMERSCH
CENTRE DE LA PETITE ENFANCE ET LUDOTHÈQUE
49

QUARTIER DE L'HÔTEL DE VILLE · BERNARD BOUGEAULT ARCH., 1974-1977

Avec cette école, l'architecte combine comme à son habitude, de délicates attentions au programme et aux usagers avec la rigueur plastique du béton brut. La fragilité de cette architecture brutaliste et le manque de considération dont elle est l'objet sont caractéristiques de l'amnésie chronique qui s'attaque aux plus remarquables réalisations des années 1970. Bernard Bougeault est aussi l'auteur du théâtre de la Rose des Vents dont l'aspect actuel n'a plus rien à voir avec le volume puissant et radical qu'il était à l'origine.

LILLE, FILATURE LE BLAN

33

RUES DE DOUAI, DE BUFFON, DE MULHOUSE

RECONVERSION 1975-1981

PHILIPPE ROBERT ET BERNARD REICHEN ARCH., ÉVA LUKASIEWICZ COLORISTE

À la fin du XIXe siècle, Paul Le Blan décide de construire sa filature de lin dans le quartier de Moulins à Lille. L'ingénieur-architecte Victor Chenal est le concepteur de l'ensemble qui, en trois phases, 1900, 1925 et 1930 prend la forme archétypale des filatures de la région lilloise : poutres métalliques, colonnes en fonte, voûtains, cernés dans une enveloppe massive développée sur deux cents mètres de long en travées répétitives de trois mètres de large sur une épaisseur variant de dix-sept à dix-neuf mètres. Cette architecture rationnelle, conditionnée par les impératifs de la production, est en activité jusqu'à l'année de sa fermeture en 1967. Acquise par la ville de Lille en 1975, l'usine est l'objet d'un concours organisé par l'Office public d'HLM de la communauté urbaine sur la base d'un programme mixte incluant des logements, commerces, bureaux, équipements culturels et lieu de culte. Le concours est gagné par les architectes Philippe Robert et Bernard Reichen qui, avec ce projet et celui de l'ancienne filature Blin & Blin à Elbœuf (1982), entament une carrière principalement consacrée à ce type d'opération. La relation avec la construction d'origine articule trois logiques : la conservation et mise en valeur des éléments qui composent le vocabulaire d'origine, l'utilisation de composants prélevés dans les parties détruites, l'interprétation de fragments de l'architecture initiale. La conception des logements, dont les différentes configurations s'appuient sur les phases de constructions, permet la mise en place de types diversifiés : des logements traversant éclairés

zénithalement par un jardin d'hiver ou des logements se développant sur deux niveaux avec des séjours à grande hauteur prolongés par des loggias. Les logements les plus inspirés sont conçus sur le mode des ateliers d'artistes et adaptent subtilement les références corbuséennes à la structure existante. Le très bon équilibre entre la conservation du caractère et la nouvelle adaptation est conforté par la recomposition de l'îlot qui permet l'innervation de la rue intérieure. Inaugurée en 1981, porteuse de sens et de perspectives d'avenir, significative d'une nouvelle attention à la ville et à ses traces bâties, l'opération, peu à peu rattrapée par l'instabilité programmatique et le réalisme normatif ou sécuritaire du gestionnaire, perd, depuis quelques années, sa fluidité au profit d'un cloisonnement souvent hasardeux.

RK

VILLENEUVE D'ASCQ – FLERS-BOURG, MAISON-AGENCE DELHAY

49

41, ALLÉE DE LA CHEVALLERIE · MARIE CAILLE-DELHAY ET FRANÇOIS DELHAY ARCH., 1986

Le traitement de trois volumes élémentaires en brique claire articulés à l'angle de deux voies assure sans ostentation une présence contemporaine dans le quartier ancien de Flers-Bourg.

LILLE, CONSERVATOIRE DE MUSIQUE ET DE DANSE

22

171

AVENUE DU PEUPLE BELGE
RUE ALPHONSE COLAS
COLETTE CERDAN
ET PHILIPPE LEGROS ARCH.
1986

En reprenant, presque sans mimétisme, l'ordonnance initiale et en la transformant progressivement, le projet d'extension de l'ancien conservatoire profite de la déclivité de la rue Alphonse Colas pour traiter, en tête de pont, le pignon du côté de l'avenue du Peuple Belge.

MONS-EN-BARŒUL, SALLE DE SPORT ET RESTAURANT SCOLAIRE

39

PARVIS JEAN XXIII · BERNARD BASSEZ ET CLAUDE FRANCK ARCH., MAÏTÉ RUMEAU-BASSEZ PLAST.-ARCH., 1988

En alliant l'expressivité d'une couverture à la complexité d'une façade restituant l'alignement, les architectes ont conçu un exemple réussi et plutôt rare de l'insertion d'un équipement sportif en ville.

LILLE, DIRECTION DÉPARTEMENTALE DE L'ÉQUIPEMENT

25

RUE DE TOURNAI – RUE GUSTAVE DELORY

BERNARD BASSEZ, CLAUDE FRANCK, EDMOND BOYELDIEU, BERNARD TRILLES DOMINIQUE MONTASSUT ET PHILIPPE LEGROS ARCH., 1984

Version postmoderne et régionaliste d'un grand équipement administratif : brique et beffroi, travail délicat de maçonnerie et intérieurs soignés pour une échelle monumentale qui tente d'établir un lien et une continuité entre les traces d'un quartier parsemé de morceaux disparates d'architectures du XXe siècle.

ROUBAIX, ÎLOT FONTENOY-FRASEZ

41

QUARTIER DE L'ALMA-GARE · AGENCE AUSIA, THIERRY VERBIEST, MARCELLINO SAAB, JEAN THEYS ET MICHEL BENOÎT ARCH., 1976-1980

Solution alternative à une opération brutale de rénovation urbaine projetée en 1973, le projet est né de la concertation avec les habitants et de l'activité militante de l'Atelier Populaire d'Urbanisme. Il est emblématique d'une nouvelle attention portée à la ville soutenue à la fois par des morphologies nostalgiques et de nouvelles recherches typologiques. Faute d'une gestion sociale réussie dans la durée, l'avenir de l'ensemble est maintenant compromis.

MOUSCRON, CENTRE-VILLE

1

PETITE RUE · RAYMOND LEMAIRE URB., PAUL BODSON, J. GEUS, A. MERTENS ARCH. 1979-1989

Conçu comme un nouveau quartier articulé au tracé ancien de Mouscron, l'ensemble occupe un site industriel désaffecté et entre dans le cadre d'une opération de rénovation urbaine entamée depuis le milieu des années 1970. L'architecture propose une relecture sobre et désincarnée de l'imaginaire de la ville ancienne, typique des espoirs régressifs qui traversent les années 1980.

LA VILLE CONTEMPORAINE

EURALILLE

39

PLAN DIRECTEUR INITIAL, REM KOOLHAAS ARCH., 1989

Conçu à la fin des années 1980, le quartier d'Euralille s'est développé à partir, et autour, de la nouvelle gare TGV Lille Europe (architecte, J.-M. Duthilleul) que les élus locaux ont réussi à implanter à proximité du centre-ville de Lille, entre une voie périphérique et l'ancienne gare de Lille Flandre.

Sur le territoire des anciennes fortifications de Lille lacéré par des infrastructures routières et ferroviaires, l'architecte néerlandais Rem Koolhaas a projeté un pôle urbain à vocation européenne, rendu crédible par le nouveau positionnement géographique, au carrefour des lignes TGV reliant Paris, Bruxelles, et Londres.

Symbole de la mutation d'une ancienne agglomération industrielle en une nouvelle métropole tertiaire, l'opération affirme sa dimension internationale de « centre d'affaires européen » à travers un urbanisme et des architectures en rupture délibérée par rapport à la ville existante.

De 1990 à 1995 la gare TGV, le centre commercial (architecte Jean Nouvel), des immeubles de bureaux et logements, un parc de 6 hectares (paysagistes Gilles Clément et Empreinte) et plus éloigné, le palais des Congrès (architecte Rem Koolhaas) ont surgi de terre, greffés sur l'interconnexion des réseaux de transports locaux, régionaux ou internationaux : gares, métro, bus, tramway et autoroute.

Le plan directeur du quartier apparaît comme la résultante de ces différents programmes qui le composent et se superposent autour des nœuds de communication.

Les deux tours de bureaux (une de Christian de Portzamparc et l'autre de Claude Vasconi) qui enjambent la gare, l'imbrication du centre commercial avec la grande barre de logements et les tourelles de bureaux, engendrent une complexité formelle, exacerbée par l'architecture des différents éléments constitutifs du programme. L'espace public apparaît alors comme une résultante des différents programmes bâtis.

La crise immobilière des années 1995 a entraîné une réduction importante du projet initial et, en particulier, l'abandon de quatre tours.

À l'aube du XXIe siècle, de nouvelles phases de développement se poursuivent, articulant le « centre d'affaires » d'origine, avec les quartiers environnants.

Au nord-est du boulevard périphérique, l'îlot Saint-Maurice (X. De Geyter urb.) s'affirme comme une transition entre les premières réalisations d'Euralille et le faubourg du XIXe. L'ensemble de logements et bureaux s'organise en bandes obliques qui reprennent le parcellaire d'origine, et se dégage du principe de cœur d'îlot privé, sans renoncer à des perceptions d'intimités autour des espaces publics paysagers.

Dans le secteur « Chaude Rivière », à l'Est du centre commercial, un programme de casino-hôtel, bureaux et commerces encadre le boulevard urbain.

Au sud de Lille Grand Palais et du siège de l'hôtel de région, s'achève le quartier du « bois habité » (Dusapin Leclercq urb.) qui rassemble dans un environnement planté une typologie variée d'immeubles de logements.

Enfin, encore plus au sud, un programme de logements et de bureaux restructurera le secteur de la porte de Valenciennes le long des boulevards de ceinture réunifiés.

CM

LILLE GRAND PALAIS

25

1, BD DES CITÉS UNIES · REM KOOLHAAS, FRANÇOIS DELHAY ARCH., 1994

En juxtaposant dans un seul volume et en enfilade : une salle de spectacle, un centre des Congrès et une foire des expositions à l'intérieur d'une ellipse de trois cents mètres de long, Rem Koolhaas a rationalisé à l'extrême le programme culturel et commercial. Au service de cette polyvalence fonctionnelle, l'espace reste volontairement banalisé. Seule façade de représentation de l'édifice, la paroi de verre en éléments brisés du palais des Congrès vient donner du signe à cette immense machine posée entre deux infrastructures.

CITÉ DES AFFAIRES

39

BOULEVARD DE LEEDS · FRANÇOIS DELHAY ET MARIE CAILLE-DELHAY ARCH., 2002

Entre le périphérique et la gare TGV, la cité des affaires comprend trois programmes découpés en trois petites tours réunies par un socle. Au sud, un hôtel, au centre l'Espace International dont le porte-à-faux de la salle de conférence vient surplomber le périphérique, et au nord des bureaux banalisés. Entièrement bardées d'une vêture en acier inoxydable teinté, cuivré et bosselé, les trois tours composent avec la lumière de la ville qui les fait varier du rose oranger au marron sombre suivant l'heure de la journée et l'incidence du soleil.

TOUR DU CRÉDIT LYONNAIS

39

BOULEVARD DE TURIN

CHRISTIAN DE PORTZAMPARC ARCH., 1996

Bâtiment-pont au-dessus de la gare TGV qu'elle franchit sans appui intermédiaire, la tour du Crédit Lyonnais, en forme de « L », est supportée par deux piles. L'une, côté centre-ville, se trouve englobée dans un bâtiment de cinq niveaux. L'autre, côté périphérique, traverse les parkings et soutient les dix-neuf étages de bureaux de la tour. D'une puissante expression plastique, l'édifice joue avec les formes trapézoïdales en s'évasant vers son sommet pour offrir le spectacle de la ville au maximum de bureaux, et crée un signal fort dans le paysage métropolitain.

CENTRE COMMERCIAL EURALILLE

39

AVENUE LE CORBUSIER • JEAN NOUVEL ET MARC PAINDAVOINE ARCH., 1994

Lien entre la gare Lille-Flandres et la gare TGV, entre l'ancienne et la nouvelle ville, le centre commercial est coiffé d'une grande toiture inclinée, « sorte de feuilleté métallique, perforé, tramé, avec transparences et jeu de lumière » qui couvre l'ensemble du bâtiment sur presque quatre hectares et vient se prolonger en auvent au-dessus de l'entrée principale. En périphérie, les volumes vitrés des logements, hôtels, buraux, école de commerce ou salle de spectacle, en barre ou en tour, viennent s'imbriquer dans le « triangle des gares » pour constituer un objet compat et complexe.

RÉSIDENCE LES CYCLADES

39

78, RUE D'ATHÈNES
OLIVIER LALOUX, JEAN-PHILIPPE LEBECQ ARCH.
2002-2003

Au cœur de l'îlot Saint-Maurice, les trois immeubles d'habitations de la résidence articulent leurs volumes parallélépipédiques autour d'un parvis commun desservant toutes les entrées des immeubles. Des jeux de cavités accueillant loggias ou terrasses, viennent animer la composition austère des façades souvent sombres. Point d'orgue du projet, une passerelle suspendue dans le creux d'un des bâtiments conduit au jardin planté du toit d'un autre immeuble et vient se prolonger en belvédère au-dessus du parvis d'entrée.

VIADUC LE CORBUSIER

39

AVENUE LE CORBUSIER • FRANÇOIS DESLAUGIERS, ANTOINE BÉAL, LUDOVIC BLANCKAERT ARCH., 1994 • MAISON DE L'ARCHITECTURE ET DE LA VILLE, X'TU ARCH., 2006

Lien entre le centre-ville et le faubourg Saint-Maurice, le viaduc Le Corbusier franchit, sur 172 mètres de long, la place basse François Mitterrand pour rejoindre le niveau haut de la gare TGV. Reposant sur des arcs transversaux, cette « rue en l'air » en acier et béton précontraint permet de dégager le sol et de laisser filer le regard sous les tabliers, de la place au parc Matisse. À l'endroit où le viaduc « décolle » la boîte transparente de la Maison pour l'Architecture et la Ville (MAV), conçue par l'équipe X'Tu, est venue se glisser et animer la place.

LES SPORADES-ART CITY

39

RUES D'ATHÈNES ET EUGÈNE JACQUET, IMPASSE DE PRAGUE · ANTOINE BÉAL, LUDOVIC BLANCKAERT, STÉPHANE BEEL, ARCH., 2005

Interprétation libre de l'îlot ouvert, les deux barres parallèles de cet ensemble de logements du quartier Saint-Maurice, viennent se caler aux limites de constructibilité du terrain. Au rez-de-chaussée, un socle commun qui rend l'ensemble compact abrite des activités organisées autour d'un patio central. En figure de proue, un porte-à-faux spectaculaire signale l'angle de l'îlot, gère la jonction des dénivelés et évite l'implantation sur le tunnel du métro.

LES ESPACES PUBLICS DE SAINT-MAURICE

39

XAVEER DE GEYTER, OLIVIER LALOUX, JEAN-PHILIPPE LEBECQ, ARCH., FABIENNE FEINDRICH PAYS., 2004

Les concepteurs ont souhaité conserver le modelé d'origine du sol naturel et préserver les arbres existants. Entre les édifices organisés en bandes obliques reprenant l'orientation du parcellaire d'origine, une succession de séquences paysagères aux ambiances variées (square, jardin public, placette, parvis, passage sous immeubles) crée des circulations transversales et des transparences visuelles qui s'affranchissent du bâti.

SOUHAM 3

39

RUE DES CANONNIERS · CHAIX ET MOREL, K ARCHITECTURES, ARCH., 2003

En limite d'Euralille, cet immeuble de bureaux vient fermer le site de l'ancienne caserne Souham dont il reprend le gabarit général des bâtiments tout en développant une écriture contemporaine aux inclinaisons, changements de direction et glissements multiples. Entièrement enveloppée d'une peau en terre cuite, la masse de l'édifice, dont les deux ailes se chevauchent d'un côté pour s'écarter de l'autre, présente un caractère sculptural particulièrement visible depuis le point haut du viaduc Le Corbusier.

SIÈGE DE LA RÉGION NORD-PAS-DE-CALAIS

25

L. DELEMAZURE, G. NEVEUX, TRACES ARCH., 2003-2008

Unis pour la circonstance et choisis à la suite d'un concours, les concepteurs du siège de Région, en s'alignant avec distance sur le boulevard Hoover, ont restitué une partie de la logique du plan urbain de Théo Leveau (1950) et tenté de donner un peu de dignité à une nouvelle entrée autoroutière dans Lille. La rationalité du plan comme la simplicité des volumes ont comme corollaires générosité, fluidité et luminosité des espaces de travail. À défaut de rivaliser d'élégance avec celui de l'hôtel de ville, le « signal », sorte de nouveau beffroi, manifeste au moins la volonté de reconnaissance de l'instrument de la politique régionale.

RÉSIDENCE LE SOPHORA-LE BOIS HABITÉ

27

RUES MARGUERITE YOURCENAR ET GEORGE SAND

PHILIPPE DUBUS ARCH., 2006-2007

Au cœur d'Euralille 2 – dont le schéma d'aménagement est dû au cabinet d'architectes Dusapin-Leclercq et aux paysagistes de l'agence TER – le « bois habité » offre un cadre fortement végétalisé à un ensemble de 600 logements, répartis en dix opérations aux typologies très diverses. La résidence Sophora est une imbrication de 48 logements sociaux et en accession, individuels et collectifs, additionnés et superposés à travers deux groupes d'immeubles se faisant face, entre une rue-cour et une cour-jardin vigoureusement plantées. Le projet se résume à quelques traits bien mesurés et mis en œuvre : traitement d'un sous-sol ouvert à usage de stationnement, passerelles franchissant les fossés de recueil des eaux de pluie, nez de dalles de généreux balcons segmentés et superposés pour mieux révéler la légère pente de terrain, baies allant du sol au plafond, bardage à la tonalité boisée ou grisée en couverture.

LILLE

39

GROUPE SCOLAIRE ARTHUR CORNETTE

20, RUE E. JACQUET · SHINOBU AKAHORI, JEAN-CHRISTOPHE LERICHE ARCH., 1996

Initialement programmé pour incarner la vocation internationale du nouveau quartier d'affaires et d'échanges Euralille, le groupe scolaire conçu en association par l'architecte japonais parisien Akahori et le Lillois Leriche, va *in fine* plus modestement répondre au besoin d'une infrastructure scolaire allouée au quartier Saint-Maurice.

Le bâtiment abrite six classes de « grandes primaires », des équipements (laboratoire de langues, salle d'activité, de sport) et un restaurant ouvert à l'ensemble du pôle scolaire regroupant les deux écoles (maternelle et petite primaire) déjà existantes sur le site.

Cette dualité préalable se retrouve dans le travail des concepteurs, qui tentent de concilier la forme urbaine et l'échelle du faubourg Saint-Maurice, constitué principalement de rues bordées de maisons de ville en rez + 2 + comble, avec les grands espaces urbains ouverts d'Euralille, ponctués d'objets architecturaux, symbolisés par les deux tours emblématiques, qui surplombent la gare Lille Europe.

Le bâtiment fait référence à la structure du boulevard Saint-Maurice par son implantation dans la continuité de l'alignement du front à la rue Eugène Jacquet, et se conforme aux gabarits des mitoyens existants. Enfin, il lui emprunte ses principaux matériaux traditionnels : brique et ardoise.

D'Euralille, le projet revendique et affiche sa modernité, déclinant quatre des cinq « préceptes d'une architecture » chers à Le Corbusier : les pilotis, la fenêtre en longueur, le plan libre et la circulation mise en scène comme une promenade architecturale. Seul le jardin ne trouve pas sa place sur le toit. Abritant la cour de récréation et l'entrée, il s'ouvre par une « grande fenêtre » sur le reste du parc des Dondaines, dernier vestige de la couronne végétale qui ceinturait les fortifications de Vauban.

Volonté conciliatrice que l'on retrouve dans le rapport entre la composition volumétrique et la conception structurelle du bâtiment qui se présente en un jeu multiple de volumes hétérogènes, constitué d'un bâtiment-pont en béton blanc, sous lequel se glissent ou s'encastrent perpendiculairement les différentes entités fonctionnelles. L'élégante légèreté du volume sur pilotis cache une ingénieuse réflexion structurelle de suspension de panneaux préfabriqués de façade à l'acrotère du bâtiment faisant office de poutre. Cependant, cette haute technologie ne s'affiche pas de façon ostentatoire, mais se veut au service de la qualité de la lumière, de l'espace et de la transparence entre la rue et le cœur d'îlot planté.

Le groupe scolaire Arthur Cornette démontre que l'architecture contemporaine ne s'inscrit pas systématiquement en rupture avec son histoire et son contexte local.

OL

ROUBAIX, ÉCOLE CAMUS

40

RUE JULES VERNE · ZIG-ZAG ARCH., 2001-2002

Le projet installe un dialogue entre l'enceinte et la fragilité de l'édifice qu'elle enclôt, entre la masse de l'enveloppe périphérique et les vides autour desquels s'articulent les locaux d'enseignement. Les toitures minérales et végétales composent un jardin suspendu offert au regard des logements avoisinants.

COURTRAI PALAIS DE JUSTICE

1

BEHEERSTRAAT
STÉPHANE BEEL
ET ALAIN BOSSUYT ARCH.
2002

L'ensemble, constitué du nouveau Palais de justice, de la maison de la justice et de la conciergerie, met en place un espace public majeur sur lequel s'ouvre l'édifice principal. L'implantation de la maison de la justice détermine un axe qui reliera le centre-ville au boulevard urbain et aux développements futurs à l'ouest de la ville.

LILLE FACULTÉ DE MÉDECINE HENRI WAREMBOURG

336

AVENUE EUGÈNE AVINÉE
GILLES NEVEUX ARCH.
1996

Implantée au sud du campus du CHR, la faculté de médecine s'inscrit en rupture délibérée avec la banalité de l'architecture hospitalière. Bien que de taille plus modeste, le bâtiment apparaît bien plus monumental que beaucoup de ses voisins, alors même que l'apparente gratuité des détails et la variété des matériaux concourent à lui donner un caractère plus humain.

LESQUIN, AÉROGARE PRINCIPALE DE L'AÉROPORT LILLE-LESQUIN

336

DENIS SLOAN, OLIVIER LALOUX, JEAN-PHILIPPE LEBECQ ARCH., 1996

Dans leur conception, les architectes ont joué avec les formes de l'aéronautique pour suggérer dynamique, vitesse, envol. Ce parti pris formel ne créée cependant pas de contraintes pour les voyageurs qui, au contraire, apprécient la clarté du plan et l'éclairage naturel des espaces.

MONS-EN-BAROEUL, PISCINE MUNICIPALE

336

RUE LACORDAIRE · ANTOINE BÉAL ET LUDOVIC BLANCKAERT ARCH., 1996-1999

L'intégration de l'équipement dans son environnement résidentiel a guidé les concepteurs dans l'implantation et la constitution de l'édifice. Le traitement des espaces internes, permettant de dépasser la logique fonctionnelle, fait de la piscine un lieu poétique.

LOMME, LYCÉE SONIA DELAUNAY

336

121, RUE DE LA MITTERIE
MARIE-PIERRE SCHEUER ET BERNARD NAUDIN ARCH.
2001

La restructuration de cet ancien lycée combine rénovation de bâtiments et constructions nouvelles. Plutôt que de chercher à gommer cette diversité des parties constitutives, les architectes l'ont habilement exploitée par la création d'une coursive qui les réunit et unifie la composition, et qui permet en outre de mettre clairement en valeur les qualités de l'espace paysager central.

LILLE, LA HALLE DE GLISSE 336
343 RUE DE MARQUILLIES
ANTOINE BÉAL, LUDOVIC BLANCKAERT, ARCH.,
LATITUDE NORD PAYS., 2005

Dans un contexte urbain entièrement remodelé par les paysagistes, en limite de voie ferrée et entre le périphérique et les faubourgs, la halle profite du socle constitué par le nouveau parc sportif pour s'étirer le long de l'espace public. Reprenant le système constructif des halles industrielles métalliques, l'édifice forme un grand volume revêtu d'aluminium, bois noirci et polycarbonate. Son assise largement vitrée s'ouvre pleinement au sud pour favoriser les déambulations des sportifs entre salle et jardin. À l'ouest, le volume noir et rouge de l'étage surplombe l'esplanade et signale clairement l'entrée.

HAUBOURDIN, EXTENSION DE LA MAIRIE 336
11 RUE SADI CARNOT · PATTOU-TANDEM ARCH., ALINE LECOEUR PAYS., 2007

Dans la continuité de l'ancienne mairie du XVIIIe siècle rénovée, le nouvel hôtel de ville et ses espaces publics relient le centre ville d'Haubourdin aux berges du canal de la Deûle et au parc préexistant, en mettant en valeur le paysage fluvial. S'inscrivant dans une démarche de haute qualité environnementale, l'organisation des bureaux et la disposition des façades optimisent le bilan énergétique du bâtiment avec notamment, sur la façade sud, le traitement en double peau vitrée du long bow-window qui s'étire face au canal.

LEZENNES, COMPLEXE SPORTIF ET DE LOISIRS 336
19, RUE DU CAMP FRANÇAIS
BERNARD BASSEZ
ET MAÏTÉ BASSEZ-RUMEAU ARCH.,
AGENCE TER PAYS., 2004

Un concours d'architecture fut lancé en 1999 pour la réalisation d'une tribune-vestiaire et d'une salle omnisports, sur la base d'un intéressant plan de paysage structurant simplement le site par un mail central fortement planté. Pour donner de l'importance aux bâtiments malgré leurs surfaces réduites, les toitures sont largement exprimées. Elles abritent les divers volumes fonctionnels géométriquement choisis. Les matériaux des façades et le dessin concourent, avec le paysage, au calme, à la plénitude et à la sérénité du lieu.

HEM, CENTRE SOCIO-SPORTIF ANDRÉ DILIGENT 336

AVENUE LAËNNEC (ANGLE AVENUE DU PROFESSEUR CALMETTE)

PAINDAVOINE-PARMENTIER ARCH., 2005

Le concours lancé en 2000 par la ville prévoyait une restructuration de tout l'îlot, en rassemblant bâtiments existants (école, salle de sport) et ceux à créer (maison des associations, restaurant scolaire). Les architectes ont pris le parti d'unifier ce programme hétérogène par un muret de briques blanches courant en rez-de-chaussée, les différentes fonctions (locaux associatifs, salles de réunion, etc.) venant s'y greffer sous forme de boîtes en léger porte-à-faux. Bien que partiellement réalisé, l'ensemble présente ainsi une monumentalité sans grandiloquence qui répond à sa vocation d'équipement public.

VILLENEUVE D'ASCQ, CITÉ SCIENTIFIQUE, SUAIO 49

JACQUES FERRIER ARCH., 2001

La brique, le bardage de zinc vertical et les sheds sont les composants principaux de l'expression simple et presque industrielle de ce programme universitaire. On appréciera particulièrement le soin nordique porté à la relation entre la peau de brique et les menuiseries d'aluminium sur la partie visible depuis la voirie. L'enveloppe traitée sobrement masque un traitement des espaces intérieurs quelquefois plus ostentatoires.

COURTRAI, EXTENSION HÔTEL DE VILLE 65

GROTE MARKT, LEIESTRAAT, PAPENSTRAAT

NOA, AN FONTEYNE, JITSE VAN DEN BERG, PHILIPPE VIERIN, ARCH., 2002-2003

Grâce à l'intégration d'une ancienne banque, contiguë à l'hôtel de ville historique, Courtrai a pu maintenir l'ensemble de ses services administratifs en un seul lieu. Ce lieu est constitué d'édifices hétéroclites reliés par des passages et des jardins. L'ancienne banque a été mise à nu, dévoilant avec force et sans complaisance une structure en béton armé quelque peu décalée. Profitant des qualités de l'espace existant, les interventions se sont limitées à l'essentiel : éclairage zénithal, mobilier disposé de manière judicieuse et code couleur pour l'orientation du visiteur.

WAREGEM, BÂTIMENT DE BUREAUX CONCORDIA TEXTILES

1

66, KALKHOEVESTRAAT

VINCENT VAN DUYSEN ARCH., 1999-2000

Les rapports entre le monde de l'industrie et celui de l'art ont été essentiels dans l'avènement du modernisme au début du XXe siècle. La mise en relation effective de l'architecture et de l'industrie et l'attitude éclairée de quelques industriels eux-mêmes, ont permis la réalisation d'œuvres architecturales déterminantes pour le développement du mouvement moderne et de l'avant-garde architecturale. La reconstruction des bureaux de la société Concordia Textiles, réalisée par l'architecte anversois Vincent Van Duysen, et conditionnée par un bâtiment préexistant, illustre le regain d'intérêt du monde de l'entreprise pour l'art et l'architecture. Elle est le témoin d'une attitude éminemment culturelle de la part de quelques acteurs de la société économique.

Cette réalisation, à travers son caractère minimal, est en adéquation à la fois avec l'esprit industriel et les impératifs modernistes que sont la dissociation entre structure et peau, la mise en œuvre du verre à grande échelle, l'industrialisation des matériaux et l'économie de moyens formels. Cette économie de moyens ramène l'architecture à ce qu'elle a d'essentiel et de non ostentatoire : l'espace et la lumière. Van Duysen semble se jouer avec une évidence déconcertante des données de base : une volumétrie simple, soumise à la trame de la structure. C'est ce qui conditionne tout le projet, lui donne sa mesure. L'architecture répond avec justesse aux desiderata du maître de l'ouvrage, résumés dans l'expression ouverte et non hiérarchisée de l'entreprise.

L'édifice, au sein duquel l'art trouve naturellement sa place, se réfère à la précision de l'architecture de Mies van der Rohe, à la fois dans la clarté de son organisation interne et dans sa relation au patio. Comme c'est le cas chez le maître allemand, l'assise du bâtiment et sa relation à l'espace extérieur sont primordiales.

La pertinence de cette construction en verre est conditionnée par la composition générale de l'espace extérieur et plus particulièrement par la mise en place longitudinale d'un réservoir à gravier. Cette intervention à la dimension du site génère le recul nécessaire au fonctionnement interne de cet édifice transparent et opère avec évidence et simplicité l'articulation de l'entrée.

La justesse de cette architecture et de l'aménagement qui l'entoure est révélatrice de la pauvreté généralisée de la planification des zones industrielles. Elle remet clairement en cause le système réglementaire inopérant régissant les espaces périurbains et son inaptitude à constituer un ensemble traité à l'échelle adéquate, celle du territoire.

BW

LILLE, INSTITUT DE BIOLOGIE

25

AVENUE DU M[al] VAILLANT

ZIG ZAG ARCH., 1996

Implanté sur un terrain cerné de constructions hétéroclites, le bâtiment qui rassemble laboratoires, bureaux et espaces universitaires, s'organise autour d'une épine dorsale de six niveaux. Sur cette barre viennent se greffer, d'un côté, trois ailes en peigne montées sur pilotis, qui accueillent les laboratoires, et de l'autre côté, une tour rectangulaire reliée au bloc central par une galerie vitrée. Habillé de tôles d'acier nervurées, de granit noir ou de panneaux vitrés, l'ensemble tranche, par sa modernité, avec son environnement immédiat.

PHALEMPIN, SIÈGE ICARE DÉVELOPPEMENT

336

CD 62 · AGENCE TRACE ARCH., 1997

Pour cette entreprise de stockage et montage de pneus, les architectes ont mis l'accent sur la partie bureaux et logement de fonction de l'édifice, perçue depuis l'entrée du parc d'activités. Posé sur un rez-de-chaussée entièrement vitré, le volume sombre parallélépipédique traité en béton d'agrégat et de liant met en scène un grand bow-window vitré, greffé sur la façade, et une « fenêtre urbaine » ouvrant sur un jardin suspendu.

WAREGEM, BUREAUX RENSON

1

8, MAALBEEKSTRAAT · JO CREPAIN ARCH., 1998-2002

Les bureaux de l'entreprise Renson, spécialisée dans la ventilation et la régulation solaire, combinent les enjeux architecturaux et techniques. L'implantation parallèle à l'autoroute, le soulèvement du bâtiment, et l'éclairage nocturne particulier, renforcent la dimension signalétique de l'édifice.

LOOS, PARC EURASANTÉ, BIO INCUBATEUR

336

LUC DELEMAZURE ARCH., 2002

Destiné à accueillir des créateurs d'entreprises du secteur biologie-santé, le bio-incubateur offre une composition claire et simple, qui exprime l'organisation du programme. Une grande boîte de verre prise en sandwich entre deux dalles de béton aux larges débords accueille sur deux niveaux les locaux voués à la recherche. La boîte, flottant sur des pilotis et un socle en retrait qui regroupe espaces de maintenance et locaux de service, est ceinturée par un filtre protecteur constitué d'une ossature métallique et de brise-soleil.

COURTRAI, BUREAUX BAMELIS KINDT & CO

1

76, ENGELSE WANDELING · COUSSÉE ET GORIS ARCH., 2001

Ce petit immeuble de bureaux redécouvre un certain nombre de concepts appliqués à l'architecture moderniste des entrées de ville : l'implantation isolée, la boîte parallélépipédique creusée accueillant l'entrée, la surélévation par rapport au sol, et l'utilisation à grande échelle du verre.

COURTRAI, HALL DE CONNEXION XPO-HALLEN

1

216, DOORNIKSESTEENWEG · CHRISTIAN KIECKENS ARCH., 2000

Cet espace de connexion met en relation les halles existantes et celles à venir. Inondé de lumière naturelle, cet espace devient un véritable lieu, faisant office de repère et de référence pour le visiteur, confronté à une juxtaposition de halls éclairés artificiellement.

LILLE, CENTRE D'EXPERTISE ET DE RECHERCHE EN ENVIRONNEMENT, ALIMENTS ET TECHNOLOGIES (CEREAT) DE L'INSTITUT PASTEUR

25

ANGLE RUE CAMILLE GUÉRIN ET BOULEVARD DU MARÉCHAL VAILLANT · BBF ARCHITECTES (FRANCIS BOURON, FRÉDÉRIC BRAULT, PATRICK FERRAND), 2007

L'usage exclusif d'une terracotta installée avec diversité en claustra joue un rôle de brise-soleil, similaire à celui d'une voilette sur le chapeau d'une dame, c'est-à-dire atténuer l'ardeur du temps, dissimuler l'outrage des ans et les imperfections de la nature. Cela confère à cette construction dense, de 7 niveaux dont 2 en sous-sol, une forme étrange, imprévue et changeante, ainsi qu'une part de mystère, essence de l'intérêt qu'on lui porte.

ROUBAIX, IMPRIMERIE IMPRESSION DIRECTE

47

61, AVENUE DE LA FOSSE AUX CHÊNES · AVANT PROPOS ARCHITECTES, 2004-2006

Au sein d'un quartier très hétérogène, ce bâtiment illustre la permanence à Roubaix d'une réelle mixité du tissu urbain, entre activités et habitat. L'enjeu était ainsi de répondre à un programme fonctionnel contraignant tout en respectant le caractère urbain du site. Le bâtiment comprend ainsi deux parties distinctes ; au-dessus des locaux administratifs, la salle de réunion, en porte-à-faux, vient donner à l'angle une échelle urbaine tandis que, en retrait, la halle de production, à la surface pourtant supérieure, semble en partie s'effacer.

MOEN, ATELIER DE MENUISERIE SOUBRY

1

VERZETSLAAN 15 · RALF COUSSÉE ET KLAAS GORIS ARCH., 2002-2004

Cet atelier reprend les caractéristiques du bâtiment industriel traditionnel : parallélépipède rectangle, structure régulière en lamellé collé et parois en béton préfabriqué. Ici, les architectes répondent à un programme bien précis en essayant de bien faire les choses. Le bien devient «le mieux» grâce au soin et à la précision avec lesquels la structure est conçue, positionnée et dimensionnée : elle permet, par des baies hautes, judicieusement placées, d'inonder l'espace de lumière naturelle; elle laisse libres les parois intérieures tout en animant finement la façade; enfin mise en œuvre et dimensionnement sont en rapport avec l'économie exigée. Une architecture fondée sur l'art de bâtir.

LILLE ET LOOS, CENTRE DE TRI

336

TROISIÈME ET QUATRIÈME AVENUE, PORT FLUVIAL DE LILLE · URBA LINEA ARCH. (RÉMY QUENON, FRANÇOIS HAERING, PIERRE-HENRI MASSE), 2004-2008

C'est à la base une série de 4 grandes halles disposées en L pour stocker et trier les déchets ménagers valorisables. Du côté de l'avenue et de l'autoroute qui bordent le site au sud, un épannelage savamment orchestré de boîtes horizontales destinées aux services de l'entreprise, finies en bardage bois et scandées par de larges ouvertures avec brises-soleil et des terrasses, installe l'image harmonieuse et équilibrée d'un objet industriel ayant vocation à travailler pour la qualité environnementale de la métropole.

VILLENEUVE D'ASCQ, BUREAUX MOULIN 19

49

AVENUE DE LA CRÉATIVITÉ, 19 PARC DES MOULINS · RICHARD KLEIN ET BENOÎT GRAFTEAUX ARCH., 2006-2007

Le Parc de Moulins est depuis les années 1980 le lieu choisi par un promoteur privé, la SEDAF, pour accompagner le développement tertiaire de la ville nouvelle, par des opérations alliant qualité architecturale et faible coût de production et d'exploitation. La 19e complète un site vacant entre la voie rapide et une place automobile. C'est une boite en bois de R+1 logeant 900 m² de bureaux labellisés HQE et un paravent de maçonnerie servant de protection phonique. C'est aussi une réflexion sur l'échelle réelle et l'échelle perçue, sur le paysage de la place et celui de la vitesse, sur le sens de la couleur et des matériaux, sur la composition et l'ordonnancement de la matière.

COURTRAI-MARKE, D-HOTEL DESIGN

1

ABDIJMOLENWEG 1 · GOVAERT & VANHOUTTE, ARCH., 2007-2008

Un site accueillant deux monuments classés, une ferme et un moulin, et un hôtel quatre étoiles à construire. C'est la question posée. Le maître d'ouvrage réunit différents lots, donnant au patrimoine, anciennement ceinturé de bâtisses, de clôtures et de haies, l'occasion de se révéler à nouveau. Ainsi, un lieu est reconstitué, s'organisant autour d'un chemin pavé existant. Les architectes offrent ce lieu aux passants, tout en créant l'intimité nécessaire à l'hôtel. Un monde à la fois sobre et luxueux, introverti et ouvert sur son environnement immédiat se découvre au cours de la promenade faite de patios et d'une succession de vues sur le moulin.

ROUBAIX
MUSÉE D'ART ET D'INDUSTRIE

44

23, RUE DE L'ESPÉRANCE

JEAN-PAUL PHILIPPON ARCH., 2000 ; PISCINE, ALBERT BAERT ARCH., 1932

Symbole du changement d'image de la ville de Roubaix, la reconversion de l'ancienne piscine municipale désaffectée, en Musée d'Art et d'Industrie témoigne d'une prise de conscience de la qualité du patrimoine des années 30. Elle exprime également le nouveau dynamisme communal à travers un programme spécialement dédié à la culture locale.

Édifiée de 1927 à 1932 par l'architecte nordiste Albert Baert, déjà auteur des bains de Dunkerque et Lille, la piscine de Roubaix, d'inspiration romane, se distinguait par son plan conventuel, avec la grande nef basilicale du bassin de natation en lieu et place de l'église, et les cabines de bains autour du jardin-cloître, à l'instar de cellules monastiques. L'imposante nef art déco du grand bassin, au décor théâtral, était surmontée par une double voûte en béton armée, éclairée à chaque extrémité par les deux verrières monumentales du soleil levant et du soleil couchant. Autour du bassin de 50 mètres de long s'élevait un double étage de cabines de déshabillage dotées de douches. Une buvette, des salons de coiffure et de massage complétaient l'ensemble. Inauguré en 1932 par le maire socialiste Jean Lebas, cet équipement sportif et hygiénique était le seul lieu où toutes les classes de la société roubaisienne se côtoyaient. Il dut fermer ses portes en 1985, la voûte ayant été sérieusement attaquée par les vapeurs de chlore.

En transformant ce « temple du corps » en palais des Arts pour accueillir les collections du musée d'Art et d'Industrie, trop à l'étroit dans une aile de l'hôtel de ville, l'architecte Jean-Paul Philippon a su respecter le génie du lieu tout en l'adaptant à ses nouvelles fonctions. Une nouvelle entrée a ainsi ouvert l'édifice sur l'avenue Jean Lebas, qui relie la gare à l'hôtel de ville, alors que l'ancienne entrée, à la façade « néo-romano-byzantine » en béton rose imitant le grès, s'effectuait dans la petite rue des Champs, plus confidentielle. Abritée derrière le mur préservé d'une ancienne usine et un petit jardin servant d'antichambre au musée, la nouvelle entrée adosse son volume contre l'ancienne piscine. Sous un grand auvent d'acier, l'accueil, largement vitré, permet de connecter les différents lieux du musée : la nouvelle aile de la salle d'exposition temporaire, la salle du grand bassin, le restaurant, et la boutique ouverte sur l'ancienne salle des machines qui filtrait et chauffait l'eau des bains. De l'accueil, on aperçoit également le second étage : le volume suspendu de l'auditorium et la coursive des ateliers pédagogiques. Espace majeur du musée, le bassin redimensionné a conservé une longue lame d'eau délimitée par des pontons de bois où se dressent des statues, organisées en double allée. Sa voûte et ses deux tympans en verre imprimé et coloré ont fait l'objet d'une restauration lourde. Autour du bassin, les cabines ont été transformées en vitrines pour présenter les collections de céramiques, textiles, bijoux ou dessins. La section Beaux Arts qui abrite une collection de peintures locales se développe dans les anciennes ailes des baignoires.

Cette transformation exemplaire s'inscrit dans le contexte volontariste de reconquête par la municipalité, de son patrimoine et de sa mémoire.

CM

LILLE, PALAIS DES BEAUX ARTS 29

PLACE DE LA RÉPUBLIQUE · JEAN-MARC IBOS, MYRTO VITART ARCH., 1997

Le monumental palais des Beaux-Arts construit en 1895 par Bérard et Delmas nécessitait une rénovation lourde pour répondre aux exigences de la muséographie contemporaine. En nettoyant le bâtiment de ses scories intérieures, les architectes ont redonné son ampleur à l'atrium central. De nouveaux espaces, tel l'auditorium ou la salle des expositions temporaires, ont été implantés sous un parvis minéral refermé par un bâtiment « lame » dont la façade en verre tramée de miroirs reflète le bâtiment ancien. Un riche dialogue est ainsi créé, entre modernité et existant, autour d'un espace public d'un nouveau genre...

COURTRAI, TOUR TACK 65

KORTE KAPUCIJNENESTRAAT

STÉPHANE BEEL ET LIEVEN ACHTERGAEL ARCH., 2000

La transformation de la brasserie en centre de production culturelle s'est opérée en juxtaposant au bâtiment existant une tranche vitrée abritant les circulations verticales et les services. Beel réussit à produire un signal urbain et à offrir à la ville un espace public en pied de tour.

LILLE, FAÇADE DE NOTRE-DAME DE LA TREILLE 22

PLACE GILLESON · PIERRE-LOUIS CARLIER ARCH., 1999

Commencée en 1854, la cathédrale néogothique de la Treille n'a pu être achevée qu'à la fin du XXe siècle, avec la fermeture définitive de sa façade principale. D'une grande prouesse technique, la nouvelle façade se distingue par son arc central en ogive d'une hauteur de trente mètres. Cet arc porte, par l'intermédiaire d'une résille en acier inox, la rosace du tympan du peintre Ladislas Kijno et les cent dix panneaux d'un voile de marbre blanc translucide qui encadre le portail de Jeanclos.

ROUBAIX, LE GARAGE 44

141-143, GRAND RUE · TRACE ARCH., 2002

« Le théâtre se nourrit d'histoire, qu'il restitue ou qu'il invente. » Le théâtre de l'oiseau mouche, implanté au cœur d'un ancien atelier de réparation automobile, s'articule autour d'une boîte noire, lieu de représentation théâtrale, unifié par une enveloppe d'écailles en métal rouillé.

TOURCOING, STUDIO NATIONAL DES ARTS CONTEMPORAINS 41

22, RUE DU FRESNOY · BERNARD TSCHUMI ARCH., 1997

Pour implanter le studio national des Arts contemporains dans l'ancien complexe de loisirs populaires du Fresnoy aux constructions hétéroclites, c'est le concept de « boîtes dans une boîte » qui a été développé. Une immense enveloppe parallélépipédique formant toiture recouvre ainsi bâtiments conservés et créés. Entre le toit en acier et les anciennes toitures en tuiles, un espace « d'entre-deux », parcouru de passerelles devient un lieu de promenade poétique.

LES MAISONS-FOLIES, 2003-2004

LILLE, MAISON-FOLIE DE MOULINS

33

47-49 RUE D'ARRAS · THIERRY BARON ET PHILIPPE LOUGUET ARCH.

LILLE, MAISON-FOLIE DE WAZEMMES

29

70 RUE DES SARRAZINS · LARS SPUYBROEK (AGENCE NOX) ET F. ANDRIEUX ARCH.

ROUBAIX, LA CONDITION PUBLIQUE

44

14 PLACE FAIDHERBE · PATRICK BOUCHAIN ARCH.

Mises en place à l'occasion de « Lille capitale européenne de la culture 2004 », les maisons-folies sont des lieux ouverts de production et de diffusion culturelle, assemblant salles de concert, de spectacles, ateliers, expositions, brasserie, salle à manger, résidence d'artistes... conjugaison de lieux permettant un foisonnement et un brassage approchant l'idée d'une cour des miracles culturels contemporains. Les usines du XIXe siècle, parce qu'elles sont constituées de multiples bâtiments d'activités assemblés autour d'une cour, cour d'entrée et de sortie des ouvriers comme des marchandises, se prêtaient aisément à ce type de reconversion.

En particulier, une brasserie à Moulins (p. 179), une filature à Wazemmes et des entrepôts à Roubaix (p. 186), tous en attente d'une programmation depuis une vingtaine d'années, furent affectés à cette ambition. Les architectes de la reconversion, disposant de budgets étroits et d'un temps mesuré, apportèrent à chaque travail des réponses différenciées : une forte gestuelle à Wazemmes où une nouvelle boîte noire bardée sur rue d'un voile de résille métallique assure le spectacle ; une attention soutenue aux lieux et une fine lecture entre l'existant réhabilité et les matériaux de la reconversion à Moulins, avec une référence à la mythique « silver factory » d'Andy Warhol à travers le chatoiement d'aluminium ; une écriture d'intervention minimalisée mais radicale à Roubaix, où le temps du chantier devient un moment clé d'une production constituée d'économie de moyens et d'absence de conformisme, et la bonne trouvaille d'une toiture végétalisée depuis un siècle par les scories de la ville promue au rang de jardin d'Eden.

LILLE-EURATECHNOLOGIES, RÉHABILITATION DES USINES LEBLAN-LAFONT

336
182

ENTRE QUAI HEGEL ET RUE DE BRETAGNE · VINCENT BROSSY ARCH., ATELIER DE PAYSAGES BRUEL-DELMAR PAYS., 2004-2008

C'est la pièce maîtresse d'une vaste opération de requalification urbaine qui se propose de transformer 100 hectares de friches industrielles en site dédié aux technologies de l'information et de la communication. Les deux anciennes filatures de lin et de coton (cf. p. 182) sont devenues des châteaux-forts du numérique, reliés par un atrium, au centre d'un vaste projet paysager écologique. La conjugaison des architectures industrielles appréciées pour leur pérennité et réhabilitées pour de nouvelles fonctions, un nouveau paysage façonné pour une représentation magistrale de l'histoire fluviale et industrielle du quartier et le soin apporté dans toutes les exécutions font de ce lieu un témoignage exemplaire de la reconversion des sites industriels.

MENIN, RESTRUCTURATION DE L'HÔTEL DE VILLE

1

GROTE MARKT · NOA, A. FONTEYNE, J. VAN DEN BERG, P. VIERIN ARCH., 2002-2007

L'hôtel de ville forme un îlot situé entre deux espaces publics majeurs du centre-ville. Cette position particulière donne une véritable présence à l'ensemble qu'il constitue avec les maisons de maître contiguës du XIXe siècle. Les architectes ont choisi de prendre possession de l'intérieur de l'îlot et de distribuer les pièces autour d'un patio central, tout en redonnant aux maisons leur structure d'origine. Dans l'espace d'accueil, leurs façades se confrontent avec le dépouillement de la structure en béton armé. Ayant opté pour l'esprit de la maison, les concepteurs ont tout mis en œuvre pour que cette convivialité se retrouve dans toutes les dimensions de l'architecture et de l'aménagement, faisant appel à l'artiste Benoît pour le dessin du papier-peint.

ROUBAIX, LA MINOTERIE

47

QUAI DE BREST-RUE CONDORCET · TANK ARCH. (L. VEAUVY, O. CAMUS), 2007-2008

Epurée de ses appendices et surélévations, cette ancienne minoterie installée au bord du canal a été reconsidérée dans sa distribution pour servir un programme de lofts. Un soin particulier a été accordé aux formes, rythmes et dimensions des ouvertures, afin de conjuguer l'image industrielle avec le nouvel usage résidentiel. Mais c'est surtout l'envolée de 4 boîtes métalliques logeant des penthouses qui transcende les formes et les signes pour écrire une nouvelle page d'architecture.

COURTRAI
CIMETIÈRE DU HOOG KORTRIJK

1

AMBASSADEUR BAERTLAAN

BERNARDO SECCHI, PAOLA VIGANO ET FILIP CNOCKAERT ARCH., 1998-2001

Le projet de cimetière de Secchi et Vigano est à situer dans le cadre plus large du concours d'urbanisme pour « Hoog-Kortrijk », l'extension sud de la ville, lancé en 1990, et auquel ont participé Stéphane Beel, Rem Koolhaas, Bernardo Secchi et Bob Van Reeth.

Le projet lauréat de Secchi met en place une réflexion prenant en compte les différentes échelles : d'abord celle du territoire se développant au sud de la ville, caractérisée par une succession de crêtes et de vallons reliant les deux vallées de la Lys et de l'Escaut. Vient

ensuite l'échelle des infrastructures routières longeant et traversant la ville, et enfin celle créée par le bâti discontinu, diffus et peu structuré du sud de la ville.

Pour pallier cette absence de structure, tout en ne mettant pas fondamentalement en cause le caractère diffus de l'espace péri-urbain et la prédominance du vide, Secchi propose un projet « au sol » constitué d'espaces publics constitués appelés « galettes ». En cela il reprend le thème de la ville historique et du vide autour duquel s'organise l'urbain. Ces espaces sont situés à des endroits stratégiques et sont dimensionnés en rapport avec leur signification « urbaine ». C'est à partir de ces « galettes » que Secchi compte structurer à la fois l'existant et les développements futurs.

Dès le projet de concours, Secchi propose pour le cimetière une localisation différente de celle induite par le programme initial. Le cimetière naît au sommet de la dernière crête urbanisée de la ville, caractérisée par un parcours sinueux offrant des vues particulières sur le paysage ouvert. Jouxté d'un parc à sculptures à l'ouest, actuellement à l'état de projet, et d'infrastructures sportives à l'est, le cimetière s'étend vers la vallée.

L'intervention globale s'inspire résolument du « Land-Art ». Elle trouve son fondement dans les caractéristiques du site en développant un jeu subtil entre la topographie du terrain et l'horizontalité. Cette horizontalité est discrètement mise en place en haut de la crête et devient l'élément référant pour l'organisation des plateaux destinés à accueillir les tombes. La confrontation entre les différents plans, horizontaux ou légèrement relevés, et la pente du terrain donne naissance aux espaces extérieurs et à l'édifice abritant les services liés au cimetière. La composition générale du projet met en œuvre un minimum de moyens matériels et formels en s'appuyant essentiellement sur un ensemble de murs de soutènement en béton, organisant à la fois les onze plateaux successifs et constituant par une incision dans le paysage, la limite ouest du cimetière.

BW

COURTRAI, GRAND PLACE

65

BERNARDO SECCHI, PAOLA VIGANO, JACQUES LANNOO ET HUGO SNOECK ARCH., 2000

Le nouvel aménagement de la Grand Place s'appuie sur la géométrie des voies et des places avoisinantes, sur le rapport à la topographie et sur l'expression matérielle de la convergence entre la ville ancienne et la ville moderne.

COURTRAI – AALBEKE, AMÉNAGEMENT PAYSAGER

1

25, BERGSTRAAT · ARTHUR DE GEYTER ARCH., PAUL DE ROOSE PAYS., 1967-2003

Cet aménagement paysager et architectural qui débute en 1967 par la construction des premiers hangars, illustre d'une manière exemplaire combien la prise en compte des dimensions paysagères et territoriales est déterminante dans le développement de programmes évolutifs de cette ampleur.

LILLE, PARC MATISSE

39

EURALILLE · GILLES CLÉMENT, EMPREINTE PAYS., 1990-1995

Dans la mouvance d'Euralille, le paysagiste Gilles Clément et le cabinet Empreinte ont conçu, entre anciennes fortifications et boulevard périphérique, une plaine entourée de jardins en mouvement, dominée par l'île Derborance, site inaccessible et peuplé d'une végétation apportée au gré des vents.

ROUBAIX, PARC DU BRONDELOIRE 41

RUE DU BRONDELOIRE · THIERRY BARON, PHILIPPE LOUGUET, OLIVIER LALOUX ET JEAN-PHILIPPE LEBECQ ARCH., 1998

Dans l'aménagement du parc du Brondeloire, les concepteurs ont mis en rapport les dimensions territoriales et locales du site. Ils se sont appuyés à la fois sur le chemin de fer et sur un système structurant d'équipements et de de loisirs, mettant en place un dialogue avec l'échelle des îlots urbains avoisinants.

HOUPLIN-ANCOISNE – WAVRIN, PARC DE LA DEÛLE 336

JACQUES SIMON ET JEAN-NOËL CAPART PAYS., 2000-2004

C'est en 1995 que les architectes-paysagistes Jacques Simon et J.N.Capart, à l'initiative de l'Espace naturel métropolitain, affichent les objectifs d'une vaste zone de loisirs au sud-ouest de Lille, le long du canal de la Deûle : protection et valorisation de l'eau, restructuration d'écosystèmes, enrichissement des paysages. Le parc s'ouvre peu à peu à la promenade et l'aménagement se poursuit sur différents sites proches de la rivière, mêlant espaces de nature préservée, espaces aménagés pour les loisirs et espaces agricoles.

HOUPLIN-ANCOISNE, PARC DE LA DEÛLE
MOSAÏC, JARDIN DES ILES BRITANNIQUES OU RAIN GARDEN 336

JOHN MEDHURST PAYS., YVONNE DEAN ARCH., ANDREW EWING SCULP., ISABELLE MEYRIGNAC ILLUS., 2007

Au cœur de ce parc, le jardin Mosaïc regroupe sur 33 hectares neuf jardins inspirés des « communautés », venues de différentes régions du monde et présentes dans la métropole : jardins de l'Europe centrale ou du Maghreb, d'Italie ou d'Afrique. Chacun est issu d'un concours de concepteur et intègre des animaux domestiques ou sauvages typiques de la région concernée. Le « Rain Garden » se compose de jardinets évoquant les quatre identités, écossaise, anglaise, irlandaise et galloise entre prairies, gazon bien net, pergolas et sous-bois. Jeux sonores et facéties en font un jardin de rêve très proche de la culture littéraire britannique.

ROUBAIX GRAND PLACE

44

BERNARD HUET ARCH.,1999-2000

Pour ses projets de restructuration du centre-ville, la mairie de Roubaix lance en 1999 un concours pour le réaménagement de la Grand Place en rapport avec l'arrivée du métro. L'architecte Bernard Huet conçoit un travail modeste et efficace de mise en scène de la Mairie et de l'église Saint-Martin par une séparation des circulations, un jeu de pavement au sol et des plantations en alignement formant promenade urbaine.

LILLE, PARC JEAN BAPTISTE LEBAS

25 33

BOULEVARD JEAN BAPTISTE LEBAS

WEST 8 PAYS., OLIVIER LALOUX, JEAN-PHILIPPE LEBECQ ARCH., 2006

La création d'un parc à l'emplacement de l'ancien boulevard des Écoles dont les terre-pleins avaient été morcelés par voies de circulation et parkings sauvages, témoigne de la volonté communale de redonner l'espace public aux piétons. La reconstitution du patrimoine végétal s'est appuyée sur les mareonniers existants, que des tilleuls sont venus compléter. Minimaliste dans sa conception, l'aménagement du parc repose surtout sur le mobilier : bancs ondulés, corbeilles, lampadaires et grille d'enceinte, dont la couleur rouge vif tranche avec l'environnement.

TOURNAI, AMÉNAGEMENT DES QUAIS DE L'ESCAUT

60

RIVE GAUCHE, SECTION PONT DE FER, PONT À PONT

ATELIER 2F, ARCH., 2005-2006

Après la Grand Place et la Place Saint-Pierre, la ville a entrepris de réaménager les quais rive gauche. Les architectes ont su mesurer le véritable enjeu de l'opération : La mise en place d'une balade confortable le long des quais, instaurant le recul nécessaire à la révélation de ce patrimoine exceptionnel. Pour cela, ils ont clairement organisé les flux piétons et cyclistes en bordure de quai, la voiture au centre, et un trottoir élargi le long des façades. Le point d'orgue de l'aménagement est certainement le quai du marché au poisson qui concrétise le lien entre la ville et son fleuve. L'ensemble des espaces publics profite de matériaux de sol à la fois sobres et durables, valorisés par un dessin de qualité.

COURTRAI, AMÉNAGEMENTS DES BERGES DE LA LYS

65

KONING ALBERTPARK, DIKSMUIDEKAAI, ETC. • DIVERS ARCH. PAYS. ET ING., INTERCOMMUNALE LEIEDAL, JORDI FARRANDO, SUM PROJECT, DIRK VANDEKERCKHOVE, TEAM PAIN, LAURENT NEY, BUREAU D'ÉTUDES GREISCH, 2001-2002

Le projet de relier par voie fluviale le bassin de la Seine et le port d'Anvers n'est pas sans conséquences pour Courtrai, traversée de part en part par la Lys. Sept nouveaux ponts sont construits, les berges sont réaménagées, des parcs ont été repensés, des équipements de loisir ont été intégrés, le tout faisant de la traversée de la ville par la Lys un nouvel événement urbain. Les collèges communaux successifs exigèrent de la Communauté flamande, responsable de l'infrastructure fluviale, une étude urbanistique approfondie de l'ensemble et la garantie d'un rétablissement de la structure urbaine après les travaux, qui fut confiée à l'Intercommunale Leiedal en 1992.

À ce stade, on peut déjà mesurer l'apport de ce projet. À l'est, un parc se développe de part et d'autre du généreux et sobre pont de Groeninge (Groeningebrug) et trouve son répondant sur l'autre rive qui accueille un skateparc. À proximité, l'ingénieur Laurent Ney propose un pont cycliste et piéton, le Collegebrug, dessiné en un seul mouvement suspendu, ondulant au-dessus de la Lys. Une promenade généreuse et continue accompagne la berge nord de la Lys jusqu'à l'autre extrémité de la ville qui verra apparaître, non loin du dernier pont du ring, le pont nord (Noordbrug), de la main du bureau Greisch. De plus, les terrains conquis sur l'ancien tracé permettront l'aménagement d'un jardin au pied de l'île de Buda et d'une plage à proximité du Collegebrug. Quant au bras mort de la Lys, traversant la ville historique, il verra son aménagement futur au paysagiste Michel Desvigne.

LAMBERSART, LA PLAINE DU COLYSÉE

336

LATITUDE NORD, GILLES VEXLARD ET LAURENCE VACHEROT, PAYS., 2004

La Plaine-Folie du Colysée accompagne sur les bords de la Deûle la Maison Folie de Lambersart construite à l'occasion de Lille 2004. Un premier « jardin mosaïque » se compose d'un patchwork de tapis fleuris variant ses couleurs et ses tissages végétaux au gré des saisons et des événements. Un second « jardin humide », en contrebas, présente une large gamme de végétation aquatique dans un jeu de niveaux et de reliefs.

COURTRAI
HABITAT SOCIAL PRADOPARK

1

ZWEVEGEMSTRAAT ET SINT-DENIJSSTRAAT
HENK DE SMET, PAUL VERMEULEN, MARLEEN GOETHALS
BART VAN SCHUYLENBERGH, JULO DEMEYERE ARCH., 1990-2003

Le réaménagement de cet ancien site industriel est l'objet d'un concours d'architecture lancé en 1990, conjointement par la ville de Courtrai et la société de logement social locale. Malgré une évolution des conditions durant la phase de réalisation, les points forts du projet lauréat ont été maintenus.

Le concept général tend, par la démolition des bâtiments industriels existants, à créer un grand vide tout en maintenant le point de reconnaissance majeur du site, l'ancienne cheminée. Cet espace ouvert, situé au cœur d'un îlot de grande dimension, joue un rôle essentiel à la fois pour la structuration du projet et pour l'ensemble du quartier. Un réseau dense de ruelles et de passages, existants ou créés, rendent cet espace majeur accessible depuis les deux voies bordant l'îlot, la Zwevegemstraat et la Sint-Denijsstraat. Cette accessibilité lui confère un statut urbain.

La mise en place des logements confirme cette prise de position initiale. Elle s'opère dans un dialogue subtil entre l'histoire du lieu, sa mémoire, et sa condition contemporaine. Chaque situation trouve sa solution typologique spécifique en rapport à l'espace public.

La relation aux rues avoisinantes s'établit d'une manière différenciée : une ouverture est créée depuis la Sint-Denijsstraat, générant par le glissement des différents volumes bâtis, une perception transversale jusqu'au cœur du site ; les percées du côté de la Zwevegemstraat ne mettent pas en cause l'intégrité du front bâti ; la terminaison de la pointe de l'îlot côté ville attend un traitement en accord avec son statut urbain particulier.

Une déclinaison typologique variée génère à la fois l'articulation avec l'extérieur de l'îlot et la constitution des espaces publics internes à celui-ci : ainsi, la reprise typologique des logements de courée permet le tissage du nouveau projet avec les amorces existantes depuis l'espace public. Le bloc d'appartements gère à la fois l'ouverture et le recul depuis la Sint-Denijsstraat et l'angle de

l'espace intérieur majeur. La limite ouest du vide est constituée de logements s'appuyant sur une ré-interprétation de la typologie traditionnelle de la parcelle en longueur, alors que sa limite nord se constitue de logements peu profonds, organisés autour d'une petite cour, rappelant la typologie du béguinage. Confrontée à l'immeuble collectif situé en face, cette bande de logements forme à son tour une rue intérieure à l'îlot, parallèle à la Zwevegemstraat. La connexion avec celle-ci est accompagnée d'une autre variation typologique sur le thème de la maison mitoyenne. L'unité de l'ensemble est obtenue par l'homogénéité des matériaux mis en œuvre.

BW

ROUBAIX, QUINZE MAISONS DE VILLE

47

RUE DU FORT • PHILIPPE ESCUDIÉ, JEAN-FRANÇOIS FERMAUT ARCH., 2002

En limite du parc du Nouveau Monde et raccordé au bâti existant, ce programme de quinze maisons individuelles avec garage intégré et jardin revisite le thème de la maison de ville. En mettant en avant les entrées des logements regroupées par deux au sein d'un volume parallélépipédique en brique de béton blanc, les architectes ont voulu minimiser l'impact visuel des portes de garages en métal gris anthracite, intégrées dans un panneau en bois sombre.

LILLE, RÉSIDENCE DE LA PORTE DE LA BARRE

19

RUE DE LA BARRE – QUAI DU WAULT • AGENCE PATTOU ET ASSOCIÉS ARCH., 1997

La reconversion en programme de logements de l'imposant navire du siège administratif d'EDF édifié en éperon sur le quai du Wault, respecte et met en valeur la structure architecturale du bâtiment d'origine réalisé en 1960 par l'architecte André Lys. La réduction des anciens châssis vitrés par des panneaux en bois ou en pierre permet de moduler les ouvertures et dynamiser les façades, tout en répondant au programme spécifique des logements.

COURTRAI, LOGEMENTS COLLECTIFS LEIEBOORDEN 65

KLEINE LEIESTRAAT

AWG, BOB VAN REETH ARCH., 2002

Le projet urbanistique a pour objet la mise en relation des bords de Lys et la ville en rendant publics les nouveaux espaces créés et en englobant les jardins existants au sein du projet. Van Reeth opte pour une architecture d'inspiration classique qui grâce à son échelle, donne au site sa dimension urbaine.

CROIX, CINQ MAISONS DE VILLE 41

RUE SAINT-EXUPÉRY · OLIVIER LALOUX ET JEAN-PHILIPPE LEBECQ ARCH., 1992

Pour ce programme de cinq maisons en bande, Olivier Laloux et Jean-Philippe Lebecq ont su renouveler l'écriture de la maison de ville traditionnelle tout en confortant la rue par le respect de l'alignement et des gabarits. Les grands volumes des verrières qui jaillissent au-dessus des façades en brique viennent affirmer une répétitivité toute « moderne » et réinterpréter le thème de la baie.

TOURCOING, MAISONS EN VILLE

55

PLACE MÜHLHAUSEN ET RUE D'ALSACE • PHILIPPE DUBUS ARCH., 2004-2006

En 2001, un consortium de dix promoteurs de la métropole lilloise ouvrirent un concours aux jeunes architectes pour des projets innovants de « maisons en ville », avec l'appui de la Communauté Urbaine, offrant des terrains en friche pour engager les projets de ville renouvelée. Lauréate, l'agence Dubus réalise en deux phases 34 maisons-serres. Autour d'un centre d'îlot défini en espace public intérieur, les maisons sont constituées par les deux volumes antinomiques du logis et de la serre de 20 m². Les forts contrastes du construit et du jardin intérieur, des volumes alternés, des murs et des grilles, des blancs et des bruns et du lisse et du rugueux des matériaux, confèrent à ce petit fragment de ville sa force d'expression.

TOURCOING, RÉSIDENCE DE LA LATTE

55

72-90 RUE DE LA LATTE • BNR ARCH.
(THIBAUD BABLED, ARMAND NOUVET, MARC REYNAUD), 2001-2005

34 logements sont répartis en 4 blocs traversés par des ruelles d'entrée des logements et de desserte des box à voiture. Les choix architecturaux renouvellent quelques principes d'aménagement de l'îlot, d'assemblage des logements et de construction en brique et béton qui firent les belles heures de l'architecture anglaise des années 1960. Ici, l'usage conjugué des briques et du béton est actualisé par le retrait de l'acrotère pour alléger le couronnement et des bardages en tasseaux de bois à l'horizontale qui confèrent une note moderne, intime et résidentielle.

VILLENEUVE D'ASCQ, VILLA DANS LE PARC DE L'ANCIEN CARMEL

51

83, RUE MASSÉNA • PHILIPPE CAUCHETEUX ET SOPHIE BELLO ARCH., 2003

C'est un ensemble de 4 belles villas, édifiées dans le parc de l'ancien carmel, qui a reçu en 2004 le prix Grand Public de l'architecture, à l'initiative hélas non renouvelée de Radio France. Bénéficiant d'une nature harmonieusement plantée, les villas déclinent entre elles une savante composition de stricts volumes, parfois avec le tragique équilibre d'un porte-à-faux, et des matières rigoureusement lisses en variations de blancs et noirs. Elles figurent un rêve d'architecture moderne, rêve partagé par trop de spectateurs et peu d'élus.

VILLENEUVE D'ASCQ, LOGEMENTS SUR LE PARC DE SAINGHIN

51

ZAC DE LA HAUTE BORNE, RUE DU PRÉSIDENT PAUL DOUMER, QUAI HUDSON
FRANÇOIS GRETHER URB., DIDIER LARUE ARCH. PAYS., RICHARD KLEIN/BENOÎT GRAFTEAUX, CATHERINE FURET, PHILIPPE ESCUDIÉ/JEAN-FRANÇOIS FERMAUT ARCH., 2003-2007

C'est un secteur de 9 ha pour 482 logements du Parc Scientifique de la Haute Borne, édifié pour servir de quartier résidentiel innovant. À l'issue d'un concours, trois cabinets d'architecture ont été chargé de réaliser un front bâti devant le parc. Relevant d'univers de conception assez éloignés, ils conjuguent leurs apports pour construire une image urbaine globale. La linéarité du quai, l'alignement des façades et des plantations, les noues végétalisées et le canal du parc servent la construction d'un paysage de qualité urbaine, un peu perdu au milieu de vastes étendues agraires.

LILLE, RÉSIDENCE CENTRAL SQUARE ET DE LA CLEF D'OR

336

PLACE PIERRE DEGEYTER ET PLACE DE LA CLEF D'OR · LUC DELEMAZURE ARCH., KENNY HUNTER SCULP., 2006-2007

Ces projets de logements collectifs et rez-de-chaussée commerciaux, d'aménagement de sols et de mobilier urbain, illustrent la volonté municipale de créer une place nouvelle pour le quartier de Fives, afin de réinstaller une centralité évanouie avec la désindustrialisation. Les bâtiments donnent une échelle et un rythme inusité, en contrepoint des immeubles et maisons du vieux faubourg. La « demoiselle » de l'Écossais Kenny Hunte, vêtue du rouge de la révolution, portant une locomotive dans sa musette, chaussée de modernes baskets, s'en va au bal popilaire ; allégorie d'un quartier qui emporte son passé vers l'avenir.

COURTRAI, MAISON MITOYENNE VDE-L

66

36, MINISTER VANDEN PEEREBOOMLAAN
VINCENT VAN DUYSEN, PASCAL BILQUIN ET STÉPHANIE LAPERRE ARCH., 2004

Cette réalisation est née de la collaboration entre le maître d'ouvrage et l'équipe des maître d'œuvre qui ont exploré la typologie de la traditionnelle maison mitoyenne. Ici les concepteurs vont à la recherche de cette ultime simplicité : un panneau menuisé allant de mitoyen à mitoyen et du niveau d'accès jusqu'au premier niveau ; et un panneau-écran en briques reprenant les deux niveaux des habitations contiguës. Ils développent à partir de cette idée simple des espaces internes de proportions et de hauteurs variés, s'inspirant du *Raumplan* de Loos.

ANNEXES

REPÈRES CHRONOLOGIQUES

Politique et société
Architecture et urbanisme
• : événements majeurs ne concernant pas directement la métropole

50 av. J.-C.	• Soumission des tribus belges : toute la Gaule est romaine
55 apr. J.-C.	*Fondation légendaire de Tournai*
IIIe siècle	Tournai, Courtrai, Wervicq, Comines et Seclin sont des *vici* prospères
Fin IIIe siècle	Évangélisation de la région par saint Piat et saint Chrysole
476	• Fin de l'Empire romain d'Occident
481	• Childéric, roi des Francs de l'Escaut meurt et est enterré à Tournai ; son fils Clovis lui succède
vers 630	*Fondation légendaire de Lille sous Dagobert : combat de Lydéric et Phinaert*
640	Saint Éloi évêque de Noyon et Tournai
vers 650	« Invention » par saint Éloi des reliques de saint Piat à Seclin
800	• Charlemagne empereur
vers 800	*Annappes, centre d'un important « fisc » (villa) carolingien, dont Lille est sans doute une dépendance*
817	Création du chapitre de la cathédrale de Tournai
843	• Partage de l'Empire carolingien : l'Escaut, fleuve frontière
862	Baudouin Ie Bras de fer, premier comte de Flandre
865	*Fondation de l'abbaye de Cysoing*
xe siècle	*Développement « proto-urbain » de Lille à partir d'un port et du château comtal*
987	• Hugues, premier roi « capétien » de France
fin xe siècle	*Fondation de Ypres*
1054	*Première mention explicite du Castellum Islense (Lille)*
1089	• *Début du chantier de Cluny III : floraison de l'art roman*
1099	• Première croisade : prise de Jérusalem
vers 1130	*Début de la construction de la nef de la cathédrale de Tournai*
1144	• *Reconstruction du chœur de l'abbatiale de Saint-Denis : début du style « gothique »*
1204	• Prise de Constantinople par les croisés : Baudouin de Flandre, empereur latin d'Orient
1213	*Siège et incendie de Lille par le roi de France Philippe II Auguste*
1214	Bataille de Bouvines : victoire du roi de France, le comte Ferrand de Flandre est prisonnier
1237	*Fondation de l'hospice Notre-Dame (Comtesse) de Lille*
1238	*Fondation du béguinage de Courtrai*
1246	• *Sainte-Chapelle à Paris : apogée du « gothique »*
1253	*Consécration du chœur de la cathédrale de Tournai*
1277	*Deuxième enceinte communale de Tournai*
1300	Annexion de la Flandre par le roi de France Philippe IV le Bel

1302 Révolte des villes flamandes ; bataille de Courtrai (les « éperons d'or ») : victoire des « communiers » flamands sur la chevalerie française

1304 *Achèvement des halles d'Ypres*

1337 • Début de la guerre de Cent Ans (dans les Pays-Bas)

1383 Siège d'Ypres et destruction de ses faubourgs ouvriers

1384 Philippe le Hardi, duc de Bourgogne, devient comte de Flandres

1399 Naissance à Tournai de Roger de la Pasture (Van der Weyden)

1402 • Ouverture du chantier de l'hôtel de ville de Bruxelles

1418 • *Début de la construction de la coupole de la cathédrale de Florence : la Renaissance en Italie*

1419 Philippe le Bon duc de Bourgogne et comte de Flandre († 1467) Lille sera sa résidence favorite

1453 • Prise de Constantinople par les Turcs : fin du Moyen Âge

1454 « Banquet du vœu » (ou du faisan) à Lille : apogée de « l'État bourguignon »
Début de la construction du palais Rihour à Lille

1455 Création par Philippe le Bon de la Chambre des comptes de Lille (administration centrale de l'État bourguignon)

1477 Mort de Charles le Téméraire : fin de l'État bourguignon
Les Pays-Bas passent par mariage aux Habsbourg

1513 Henri VIII d'Angleterre occupe Tournai

1519 • Charles de Gand, héritier de l'État bourguignon et roi d'Espagne, est élu empereur : Charles Quint

1521 Charles Quint s'empare du Tournaisis qu'il incorpore à la Flandre

1547 • *Début du chantier de la coupole de Saint-Pierre de Rome*

1555 • Abdication de Charles Quint : les Pays-Bas sont espagnols

1559 Ypres devient évêché

1567 • Arrivée en Flandre du duc d'Albe : répression féroce du protestantisme

1581 Tournai, protestante, est reprise par Alexandre Farnèse, successeur du duc d'Albe

1598 • Les archiducs Albert et Isabelle gouvernent les Pays-Bas (en fait la partie sud, catholique) : paix et prospérité sont retrouvées

1610 *Halle aux Draps de Tournai*

1621 • *Église des Jésuites d'Anvers, début du Baroque dans les Pays-Bas*

1643 • Louis XIV roi de France (meurt en 1715)

1652 *Construction de la vieille Bourse à Lille*

1667 Lille et Tournai sont conquises par Louis XIV
Début de la construction de la Citadelle de Lille
Création du quartier de la rue Royale

1675 *Début de la construction de l'église Sainte-Marie-Madeleine à Lille*

1713 • Paix d'Utrecht : fixation du tracé de la frontière entre la France et ce qui deviendra la Belgique
Lille reste française ; Tournai, Courtrai et Ypres retournent aux Pays-Bas
• Les « Pays-Bas » (i.e. la « Belgique ») deviennent autrichiens

1751	Fondation de la manufacture de porcelaine de Tournai
1778	*Hôtel Petitpas de Walle à Lille*
1789	• Début de la Révolution française
1792	Siège de Lille par les Autrichiens : destruction de nombreux bâtiments
1795	• La Belgique est conquise par les armées révolutionnaires
1803	Lille devient la préfecture du département du Nord
1804	• Napoléon Ier, Empereur Le blocus continental développe les industries sucrière et textile
1815	• Abdication définitive de Napoléon : la Belgique est hollandaise
vers 1820	Les premières machines à vapeur révolutionnent l'industrie textile *Début de l' explosion urbaine de Roubaix et Tourcoing*
1830	• Révolution à Bruxelles : la Belgique devient indépendante
1832	Première épidémie de choléra; nouveaux ravages en 1849 et en 1866
1846	*Inauguration de la ligne de chemin de fer entre Lille et Paris*
1854	*Concours international pour la construction de N.-D. de la Treille*
1858	*Lille annexe cinq de ses faubourgs (dont Wazemmes et Moulins); début de mise en œuvre d' un important plan d' extension*
1867	*Démolition des remparts de Tournai; aménagement des boulevards*
1870	• Début de la IIIe République
1875	• *Inauguration de l' Opéra de Paris*
1877	*Création des facultés catholiques de Lille — Saint-Joseph à Roubaix*
1887	*Début de la construction du palais des Beaux-Arts de Lille*
1888	L'« Internationale » est créée à Lille
1890	Naissance à Lille de Charles de Gaulle
1891	*Achèvement de l' usine « monstre » (Motte-Bossut) à Roubaix*
1892	Municipalité socialiste à Roubaix • *Hôtel Tassel à Bruxelles : début de l' Art Nouveau*
1898	*Maison Coilliot à Lille*
1903	*Création du « Grand Boulevard » reliant Lille à Roubaix et à Tourcoing*
1907	Naissance à Roubaix de Maxence Van der Meersch
1909	*Grand Place de Mouscron*
1910	Création de l'évêché de Lille
1911	*Hôtel de ville de Roubaix* *Le « Mongy » : tramway électrique sur le « Grand Boulevard »*
1914	• Première Guerre mondiale : la métropole est occupée La population souffre de la faim et des brimades de l'armée allemande La ligne de front se stabilise pour quatre ans à l'ouest de la métropole *Le centre de Lille est bombardé* *Ypres et Armentières sont détruites*
1916	*Décision de reconstruire Ypres selon un modèle historicisant*
1920	Première grève générale du textile à Roubaix et Tourcoing
1922	La Redoute commence à vendre par correspondance
1925	*Création de la Foire internationale de Lille* • *Exposition des « arts décoratifs » à Paris*
1928	*Inauguration du musée des Beaux-Arts de Tournai*

1932	*Achèvement de la villa Cavrois à Croix et de l'hôtel de ville de Lille*
1934	• *La charte d'Athènes : manifeste du fonctionnalisme* *Début du chantier de la Cité hospitalière de Lille* *Construction des « 400 maisons » à Lille*
1936	Roger Salengro, maire de Lille, ministre de l'Intérieur du Front populaire ; Jean Lebas, maire de Roubaix, ministre du travail
1940	• Invasion de l'armée allemande Lille et le Nord de la France sont rattachés au commandement militaire de Bruxelles *Les centres de Courtrai et surtout de Tournai sont partiellement détruits*
1944	Libération de la métropole par les troupes anglaises et américaines *Plan d'ensemble pour la reconstruction de Tournai*
1952	• *Inauguration de l'unité d'habitation de Marseille*
1954	Le cardinal Liénart, évêque de Lille, défend à Rome les prêtres-ouvriers
1956	*Résidence du Parc à Croix*
1958	*Achèvement de la chapelle d'Hem*
1960	Création du Leiedal (Courtrai), première intercommunale de développement économique de Belgique
1961	*Décision de créer une cité scientifique à Annappes*
1963	Comines et Mouscron (francophones) quittent la Flandre occidentale pour le Hainaut
1966	Création de la Communauté urbaine de Lille – fusion des Chambres de commerce de Lille, de Roubaix et de Tourcoing
1967	*Création du secteur sauvegardé de Lille* *Décision de créer une ville nouvelle : Lille Est (Villeneuve d'Ascq)*
1977	• Fusion des communes en Belgique
1978	*Début de la reconstruction de l'Alma-Gare à Roubaix*
1980	• Mise en place des régions Flamande et Wallone
1981	Pierre Mauroy, maire de Lille, devient Premier ministre *Reconversion de la filature Le Blan à Lille*
1983	*Inauguration du VAL, premier metro automatique au monde*
1988	*Rem Koolhaas est choisi comme urbaniste en chef d'Euralille*
1990	*Bernardo Secchi lauréat du concours du Hoog Kortrijk*
1991	Création de la Conférence permanente intercommunale transfrontalière (COPIT)
1993	• Intégration européenne : ouverture des frontières internes à l'UE Premiers TGV entre Lille et Paris *Inauguration du centre Euralille*
1997	*Le Fresnoy, Studio national des arts à Tourcoing accueille ses premiers étudiants*
1998	*Inauguration des premiers bâtiments d'Eurasanté à Lille*
2001	*Inauguration de La Piscine, musée d'Art et d'Industrie à Roubaix*
2002	*Nouveau cimetière du Hoog Kortrijk*
2004	Lille est capitale européenne de la culture *Ouverture des « Maisons Folies » dans divers lieux de la métropole*
2007	Création de Eurometropole Lille-Kortrijk-Tournai, premier groupement européen de coopération transfrontalière (GECT)

INDEX DES LIEUX ET DES BÂTIMENTS

INDEX DES ARCHITECTES ET AUTRES CONCEPTEURS

CRÉDITS PHOTOGRAPHIQUES

Vincent Lecigne pour l'ensemble des photographies de l'ouvrage à l'exception de :

Baert, Thierry : 136B
Bruggeman, Jean : 146A-147B-147C
Klein, Richard : 276B
Laloux, Olivier : 301A
Teneur, Ghislain : 151B
Tschumi, Bernard : 297B

Lille Métropole Communauté Urbaine/Max Lerouge : 86C, 87B, 105A, 105B, 121A, 127B, 138A, 138B, 139, 146B, 152C, 157, 159B, 163B, 167C, 174C, 180, 181, 188B, 189A, 190B, 194B, 199A, 205, 208A, 208B, 209A, 209B, 210A, 221B, 229B, 245A, 249D, 256B, 264A, 268A, 284, 285, 286A, 286C, 287A, 287C, 292C, 303A, 303B, 304A, 304C, 310C, 311B, 312A

CARTOGRAPHIE – JULIEN LEVY

Achevé d'imprimer en Italie par Mondadori en mai 2011

Dépôt légal : juillet 2009

ISBN : 978-2-84742-128-6

QUESNOY-SUR-DEÛLE
217A
BONDUES
140A
Canal de la Deûle
WAMBRECHIES
176
159A
VERLINGHEM
R.N.O.
152C
MARQUETTE
MARCQ-EN-BAROEUL
248A
LOMPRET
141A
195C
A22
LAMBERSART
203A
256B
313B
200
211A
232B
293C
MONS EN BAROE
261A
293B
126
Vers Dunkerque, Calais, LONDRES
238
LOMME
182C
307A
LILLE
319B
HELLEMM
83C
ENGLOS
SEQUEDIN
A25
82B
301A
82C
210C
195B
191A
246
294A
240A
156
250
294B
241B
294C
LOOS
299A
292C
FACHES-THUMESNIL
269A
A1
Deûle
LESQUIN
WATTIGNIES
220A
311B
311C
293A
145A
105A
79B
221B
SECLIN
AVELIN
273A
A1
298B
PHALEMPIN
Vers PARIS